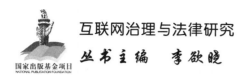

丛书主编 李欲晓

网络安全战略选编

谢永江 编

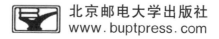

内 容 简 介

国家网络安全战略是一国网络安全的顶层设计和战略框架,是提升国家网络安全性、可恢复性的重要手段。国家网络安全战略通过确立全国性的网络安全战略目标,并规定一系列在一定时间内应该完成的优先任务,来提升国家的网络安全性,以体现国家安全、危险管理和用户保护的三位一体。本书汇编了法国、德国、俄罗斯、英国、中国、日本等十一国的网络安全战略以及欧盟网络安全战略并对其中的外文内容进行了翻译,以供有关部门和有兴趣的读者参考。

图书在版编目（CIP）数据

网络安全战略选编／谢永江编. -- 北京：北京邮电大学出版社，2022.10
ISBN 978-7-5635-6372-2

Ⅰ. ①网… Ⅱ. ①谢… Ⅲ. ①计算机网络—国家安全—国家战略—汇编—世界 Ⅳ. ①D523.3 ②TP393.08

中国版本图书馆 CIP 数据核字(2021)第 083641 号

策划编辑：马晓仟　　责任编辑：马晓仟　　责任校对：张会良　　封面设计：七星博纳

出版发行	：北京邮电大学出版社
社　　址	：北京市海淀区西土城路 10 号
邮政编码	：100876
发 行 部	：电话 010-62282185　传真：010-62283578
E-mail	：publish@bupt.edu.cn
经　　销	：各地新华书店
印　　刷	：唐山玺诚印务有限公司
开　　本	：720 mm×1 000 mm　1/16
印　　张	：13.75
字　　数	：273 千字
版　　次	：2022 年 10 月第 1 版
印　　次	：2022 年 10 月第 1 次印刷

ISBN 978-7-5635-6372-2　　　　　　　　　　　　　定价：56.00 元

・如有印装质量问题,请与北京邮电大学出版社发行部联系・

前　言

网络安全是网络空间状态的一种期望目标,即网络空间风险降低到可接受的最低程度。网络空间作为继陆、海、空、天之后的第五大空间,其安全问题已是影响社会各个层面的国家战略性问题,并成为大国博弈的新领域。

战略是为实现长期或总体目标而制订的行动计划。[1] 制定国家网络安全战略是提升国家网络安全性、可恢复性的重要手段。[2] 它是一国网络安全的顶层设计和战略框架,国家网络安全战略通过确立全国性的网络安全战略目标并规定一系列在一定时间内应该完成的优先任务来提升国家的网络安全性,以体现国家安全、危险管理和用户保护的三位一体。

自2000年俄罗斯出台《网络信息安全学说》、2003年美国制定《确保网络空间安全的国家战略》以来,截止到2016年年底,世界上已有近60个国家制定了网络安全国家战略,其中除少数国家的网络安全战略制定于2010年之前外,绝大部分国家的网络安全战略均在2010年之后出台。目前,世界上的网络大国或网络发达国家几乎都制定了国家网络安全战略,另有一些国家的网络安全战略正在制定中。此外,欧盟作为一个国际组织,在2013年也制定了欧盟网络安全战略。

各国网络安全战略之所以如此密集地出台,主要是因为随着互联网的迅速发展和普及,各国政府、关键基础设施、企业和公民均严重依赖网络的可靠功能。网络安全出现问题将严重危及政府和企业的运转,极大影响公众的社会生活。可以说,网络安全是一国繁荣与发展的"生命线"。就像美国的《网络安全国家战略》所指出的那样:"网络是(关键基础设施的)神经中枢——美国的控制系统。网络空间

---

[1] Oxford English Dictionary, 7th edition. Oxford: Oxford University Press, 2012.
[2] ENISA. National cyber security strategies: setting the course for national efforts to strengthen security in cyberspace. (2012-05) http://www.enisa.europa.eu/activities/Resilience-and-CIIP/national-cyber-security-strategies-ncsss.

包括成千上万个连接在一起的计算机、服务器、路由器和光缆,我们的关键基础设施都依赖于它们来工作。因此,网络的正常运转对我们的经济和国家安全都是必不可少的。"确保网络空间的安全性以及网络空间数据的完整性、真实性和保密性已成为21世纪的重要课题。

我国近年来也高度重视网络空间安全战略问题。2016年11月通过的《中华人民共和国网络安全法》第四条明确规定:"国家制定并不断完善网络安全战略,明确保障网络安全的基本要求和主要目标,提出重点领域的网络安全政策、工作任务和措施。"2016年12月27日,经中央网络安全和信息化领导小组批准,国家互联网信息办公室发布了我国第一个《国家网络空间安全战略》。

本书汇编了法国、德国、意大利、爱尔兰、俄罗斯、英国、加拿大、澳大利亚、中国、印度、日本等十一国的网络安全战略以及欧盟网络安全战略,并对其中的外文内容进行了翻译。参与本书翻译和校对的有北京邮电大学互联网治理与法律研究中心的谢永江、米铁男、左汉卿等老师以及刘红丽、秦悦、谢建雯、崔骋堉、郑萌萌、邰黎帆、薛轲、李欣等同学,黄浩然、袁媛、苏伟、阳浩炎等同学协助校对,最后由谢永江进行统稿、校对。由于译者水平有限,翻译存在差错之处在所难免,敬请读者批评指正。

编　者
2017年10月

目　　录

法国信息系统防卫与安全战略……………………………………… 1

德国网络安全战略…………………………………………………… 10

意大利国家网络安全战略框架……………………………………… 17

爱尔兰国家网络安全战略（2015—2017）………………………… 35

俄罗斯联邦信息安全学说…………………………………………… 44

英国国家网络安全战略（2016—2021）…………………………… 52

欧盟网络安全战略——构建一个开放、安全和有保障的网络空间………… 102

加拿大网络安全战略——为了一个更加强大和繁荣的加拿大…… 118

澳大利亚网络安全战略——推动澳大利亚创新、发展与繁荣…… 130

中国国家网络空间安全战略………………………………………… 166

印度有关国家网络安全的政策……………………………………… 174

日本网络安全战略——构建一个世界领先、强韧、充满活力的网络空间……… 181

附录　世界各国网络安全战略一览表……………………………… 207

法国信息系统防卫与安全战略

(2011 年 2 月 15 日)

前言
摘要
一、四大战略目标
二、采取行动的七大领域
附录

前　　言

2008 年 6 月法国总统发布的《法国国防和国家安全白皮书》指出，信息系统安全和威慑问题涌现，除了威慑外，在该领域应充分体现法国的主权。为了实现法国主权，还有更多的集体工作要做。

然而，网络空间安全可能看上去与国防和国家安全相去甚远。在过去 20 年内，数字技术已经侵蚀了我们个人生活和职业生活之间的界限，将公司之间的竞争提升到了前所未有的水平，让用户能更容易地获得公共服务，提升了国家机构的透明度。

网络空间让世界各种文化可以共享，让观念和信息实时交流，让人们可以讨论各种话题。如果被排除在数字世界之外，就等于判决个人隔离之刑，让公司衰败，让国家成为附庸国。

在现实世界中，犯罪分子的违法行为、战争和恐怖分子造成的破坏是高度可见的，并且通常被媒体广泛报道。在网络空间中，通过计算机攻击政府、公司或个人信息系统所造成的后果，大多数情况下只有专家知道，大众则一无所知。

网络空间，好像一个虚拟的战场，已经成为一个对抗的场所：盗取个人数据；刺探公司的科学、经济和商业资产，并导致公司成为竞争对手或外国势力的受害者；中断维持经济和日常生活正常运行的必要服务；危害有关法国主权的信息；甚至在某些情况下，造成人类丧失生命，这些都是当前数字世界和人类活动之间共同存在的潜在或实际后果。

考虑在国家安全领域突然涌现的网络空间安全和未来将面临的挑战,法国政府决定为法国提供一种有组织的防御和安全力量。因此,在2009年,我们设立了法国网络与信息安全局(ANSSI,Agence Nationale de la Sécurité des Systèmes d'Information),以满足公用机构、公司和个人的需求。在2010年7月,除了发挥安全作用外,总统决定让该机构负责信息系统的防卫工作。

本文件的目的是,在《法国国防和国家安全白皮书》公布之后,勾画出法国的战略,以保障公民、公司和国家在网络空间中的安全。

Francis Delon
(国防和国家安全部长)

摘　　要

《2008年法国国防和国家安全白皮书》(以下简称《白皮书》)指出,未来15年法国要面临的主要威胁是针对国家基础设施的大规模的网络攻击。

这一观察导致法国政府下定决心,大幅加强国家网络防卫能力。2009年设立法国网络与信息安全局是这一进程的第一步。

本文件中描述的信息系统防卫和安全国家战略体现了《白皮书》中认定的理念。本战略基于以下四个目标。

1. 成为网络防卫领域中的世界强国

在保持战略独立性的同时,法国必须努力确保在网络防卫领域进入领先国家的内部核心。因此,面对共同威胁,我们将进行操作层面和统一战略的执行层面的合作,并从其连锁反应中获益。

2. 通过保护主权信息来保障法国的决策能力

在任何情况下和完全保密的状态下,政府部门和危机管理机构应当具有通信资源。满足这一需要的网络应当扩展,特别是要扩展到地方层面上。

要确保在这些网络上所传输信息的保密性,这就要求有优秀的安全产品。我们必须拥有必要的专业技术来设计产品,优化产品开发和生产方法。

3. 加强国家关键基础设施的网络安全

为了正常发挥各项职能,我们的社会越来越依赖信息系统和网络,特别是互联网。针对法国关键信息系统或互联网的攻击若取得成功,会对公民或经济造成严重的后果。国家必须与相关设备生产商和运营商密切合作,保证和提高这些关键基础设施的安全性。

4. 确保网络空间的安全

针对信息系统的威胁同时影响着公共服务部门、私营企业和公民。

公共服务部门应当以模范化的方式运作,加强对可信的信息系统和数据的保护。

同时,应当在企业和公民中开展提升信息安全意识的活动。

对于打击网络犯罪,法国将强化现有立法和国际司法合作。

为了实现这些目标,法国已经明确要在七大领域开展行动:

① 有效预测和分析环境,以便做出合适的决定;

② 监测和阻止攻击,向潜在的受害者提供预警和支持;

③ 加强和保障我们的科学、技术、工业和人才力量,以便维护我们的独立性;

④ 保护国家和关键基础设施运营商的信息系统安全,确保国家具有更好的可恢复性;

⑤ 将技术发展和新的实践纳入法国法律;

⑥ 在信息系统安全、网络防卫和打击网络犯罪方面开展国际合作计划,更好地保护国家信息系统;

⑦ 通过开展交流、通报和说服活动,提高法国全体公民对信息系统安全所受挑战的认识。

本文件概述了经信息系统安全战略委员会批准的指南和行动的公共部分。信息系统安全战略委员会依据 ANSSI 2009 年 7 月的第 2009—834 号令组建。

"法国必须保持其主权区域在维护国家在战略上和政治上的自治所必需的能力方面集中精力:核威慑、弹道导弹、弹道导弹战略核潜艇和攻击核潜艇、网络安全均属于优先发展项目。"

——《法国国防和国家安全白皮书》,第 306 页

一、四大战略目标

1. 成为网络防卫领域中的世界强国

由电子通信网络支撑的信息社会的发展创造了价值和就业机会,是法国发展的巨大驱动力。它为我们经济竞争力做出了巨大贡献,并因此提高了法国的国际地位。

然而,电子通信网络受到来自国外直接或间接实施的非法活动的威胁。一些人通过网络从事大范围的间谍活动,以便获取有关我们主权的信息,例如机密国防资料,或者获取与法国战略部门相关的公司的科学、技术、商业、金融资产资料。

恐怖分子团伙也使用这些通信网络传播其思想观念,向他们的组织散布运作信息,从事宣传活动。

在不久的将来,外国敌对势力或恐怖分子团伙可能会攻击法国关键基础设施,因为他们将其视为理想的敌对目标。

因此,具备网络防卫能力对法国而言非常重要。

然而,与现实世界不同,网络上的对立没有边界。因此,可靠的网络防卫不能仅限于国家层面。它必须依靠联盟网络。在联盟网络中,成员能够实时交换有关漏洞、保护机制、攻击的信息,以及交流反制措施,以应对由外国或恐怖分子团伙直接或间接领导的网络攻击。法国将加强与最亲密盟友的业务伙伴关系,发挥专业优势,积极参与国际组织(尤其是欧盟),制定网络防卫政策。

2. 通过保护主权信息来保障法国的决策能力

即时访问和共享多种格式的信息,越来越成为当代社会的一种趋势。然而,确保世界稳定的部分因素仍然在于保守主权信息秘密的能力,即外交、军事、科学、技术和经济这些信息,这些信息关乎行动自由并影响国家的繁荣。

正如过去一样,世界各地的情报部门等机构都试图获取我们的主权信息。通信网络(尤其是互联网)及其上所储存的信息、网络终端上的数据,既是信息来源又是收集信息的手段。

保护主权信息最有效的方法是使用密码技术。密码技术可以防止,或者至少可以延迟对方对可能被披露或拦截的信息的掌握。密码分析的发展,取决于计算机处理能力,它要求我们用更高难度的方法和技术进行定期分析和更新。

我们的战略独立性取决于我们掌握加密技术和设计安全产品的能力。因此,我们需要确保信息系统安全领域对年轻的毕业生有吸引力,以防我们的技术逐渐落伍。

除了需要以安全、保密的方式进行通信外,与危机管理相关的决策者和组织机构应当有权配备在各种情况下都可使用的通信设备。这些用于电子数据交换、电话和可视会议的安全资源已经被设计和开发出来了。这对关键基础设施的运营商尤为重要。

3. 加强国家关键基础设施的网络安全

通过多种技术的融合,现实世界与虚拟世界相互渗透。许多现实世界的物体——从超市标签到冶炼厂,从复印机到无人驾驶战斗机——均在信息系统中制造,并且彼此相连。通过网络远程接收这些物体传输的信息成为可能,并且能够控制它们持续运行并指挥它们。

在《国防法》中,法国对关键部门做了界定,关键部门涉及的业务须满足全体居民生活、国家权力行使、经济运行、国防能力维护和国家安全的需要,并且很难被替代。

大部分关键基础设施运营商大范围使用通信网络,特别是使用互联网,进行活动和工作管理。然而,从工业界和IT界长期稳定的关系来看,工业界被互联系彻底改变,工业界缺乏信息系统安全的训练和意识,而IT界常常对工业界的局限性和功能缺乏了解。

因为经济和社会组织有以下发展趋势:外包和云计算、支持性服务合并、实时与即时的管理、漫游、工作转向顾客和公民、巨型程序的编制或重新设计,所以所有利益相关者对互联网的依赖会增加。

假设通信网络或者互联网中断,那么可替代的资源可能会严重不足,尤其是在合格的恢复处理人员缺乏的情况下。在处理与信息技术相关的新事件所直接产生的问题时,仍然没有替代资源。

世界新闻通常报道,针对关键基础设施运营商的工业处理自动控制系统的恶意行为,其可能产生的后果还没有得到恰当的评估。因此,保护电子通信网络——特别是互联网——以及保障关键基础设施运营商的核心系统,就成为国家的重中之重。

4.确保网络空间的安全

随着人口的增长,像互联网之类的电子通信网的使用渗透日常生活的方方面面,如购物、行政流程和人际交往等。

同时,在网络空间中,恶意的个人或团伙越来越高效地使用技术,盗取身份信息、银行账户信息或收集、出售个人数据。以恶意的目的远程控制计算机,意图将它们组合成具有危害性的机器网络(僵尸网络),以从事如网络攻击、发送恶意邮件这类非法活动,此类案件数量也一直大幅增长。

考虑到这些发展态势,公共机构应当制定保护公共网络空间的范式。用户应该能够信任行政机关提供的电子服务,特别是对个人数据的保护。2010年年初发布的《通用安全框架》提供了一个加强安全的常规文本。公共机构应当优先遵循和执行。

系统地保障网络空间安全包括向公司和个人提供有关风险的信息以及控制风险的方法。长期目标是在教育阶段提高公民网络安全意识。这个计划将要求贯彻积极的政府通信政策。

最后,互联网应当受到法律的约束,这一点同样重要。现行的立法有所欠缺,法国应当支持加强网络空间立法,推动国际司法合作,打击电子通信网络犯罪。

为了实现以上的四个战略目标,法国确定了七个领域的行动计划。

二、采取行动的七大领域

1.预测与分析

网络空间中的风险和威胁迅猛蔓延。新产品或软件新版本的发布,被广泛使用的软件产品的未修正瑕疵的披露,新技术或新做法的发展,甚至政治声明,都能够在非常短的期限内威胁信息系统安全。

在这种情况下,确保信息系统安全的第一步是监视和分析最新的技术发展,全面了解甚至预测公私部门的行动。

2. 监测、预警和响应

考虑到互联网上的公司、基础设施和服务越来越相互依赖,并且由于存在有关漏洞的系统性风险,因此能够尽快监测漏洞和攻击,向潜在的和已知的受害人发出警报,向他们快速提供分析和反制措施开发方面的帮助等至关重要。

- 如《法国国防和国家安全白皮书》中所计划的,法国正在发展针对信息系统攻击的侦测能力。特别是在行政网络中的部署,这些系统能够让相关人员得到预警,帮助评估攻击的性质,并获得反制机会。
- 管理所有的信息,无论这些信息是由监测工具、监视机制收集的,还是由我们的伙伴提供的,以便获得国家网络形势的实时图像,如果有必要,将对危机进行控制,法国网络与信息安全局已经配备了适用于挑战的"手术室"。
- 为了应对影响或威胁行政信息系统安全或关键基础设施运营商的主要危机,政府应有能力快速采取必要措施。为此,法国网络与信息安全局成为负责信息系统防卫的国家机构。

3. 加强和保持科学、技术、工业和人才能力

信息系统安全通过对技术的精通来保障,意图危害系统的组织和个人也容易通晓这些技术。负责信息系统安全的政府部门不仅应当熟悉技术发展水平,他们还必须保持其研究能力,以便能够预见甚至促进技术的发展,因为这是限制攻击者战术优势的唯一方法。

在密码学和形式化方法领域,法国具有世界级的研究团队。在其他领域,如信息系统安全结构领域,法国正迅速赶上先进国家。

- 为了推进研究工作,我们正在评估与工业伙伴合作设立网络防卫研究中心的可行性。这个研究中心除了提供专家意见和培训活动外,还将从事科学研究活动(密码学研究、攻击团伙及其方法分析、恶意软件和软件漏洞专门技术、安全开源软件开发、网络防卫计划的起草⋯⋯)。

信息社会的发展为公司提供了世界市场,目前这一市场由欧洲之外的人主导。就信息系统安全而言,这种态势既不能令人满意,也并非无懈可击。然而,在欧洲,法国具有独特的工业技术水平发展基础,具备掌握大部分安全产品(包括组件)设计技术的潜力。这一基础由大量具有创新能力的中小企业组成。然而,这些公司还达不到所必需的临界规模,不能满足需求。

- 加强工业水平将推动对各种政府资源的利用,特别是通过战略投资基金来促进资源利用。

IT产品和信息系统的设计者应当从一开始就考虑安全问题,以保障产品的高效率。应当增加工业基础领域的信息系统安全专家数量。应当鼓励年轻人从事这样的工作,以便扩大国家专家队伍。

一般来说,信息技术的科技培训应当加入信息系统安全课程。

4. 保护国家和关键基础设施运营商的信息系统

如《法国国防和安全白皮书》所言，法国必须"掌握和开发高安全性能的产品，以保护国家秘密，还要大规模开发政府部门使用的'可信产品和服务'，对这些产品和服务，私人部门也能够利用"。为了实施"大都会法国（Metropolitan France）中的整个决策和命令链"，有弹性的安全网络应得以应用。

- 法国安全产品和部件战略已经对机密信息重新做了定义，尤其是充分考虑了法国再次加入了北约指挥部的情况。
- 在内阁网络中，引入可靠的认证系统，如智能卡技术——法国在此领域技术处于领先水平——将对安全水平产生非常重要的影响。
- 政府部门现在有了安全的部际内网，将在 2012 年前全部配备新密码终端的高效电话网，主要用于内阁决策中心的安全视频电话系统。我们将持续发展不同的网络，尤其是在地方行政部门。
- 关于关键基础设施运营商的信息系统安全问题，我们将建立公私伙伴关系，首先使这些运营商从政府部门收集的威胁信息中获益；其次，可以让政府确保基础设施具备适当的保护水准，这对保持国家稳健运行至关重要。这项评估工作也将由设备制造商来承担。

5. 修改法国法律

网络空间的发展带来新的实践，如果没有得到足够关注，会威胁个人的自由、关键基础设施的功能和本国企业的稳定。

我们的法律法规框架应当体现技术的最新发展。当新的技术和新的做法出现时，应当对法律进行审查，以便加强个人安全，同时确保实现对公司竞争影响最小和政府为国家最大利益进行干预的需要之间的平衡。

- 对于电子通信运营商，将欧盟指令转化为法国法律将有助于制定新法来保护信息系统，以及在发生突发事件时向政府部门预警。
- 《通用安全框架》的执行及其发展将允许政府当局大幅提高信息系统的保护水平，尤其是在与用户的关系方面。

6. 开展国际合作

信息系统安全一部分立足于不同国家有关服务之间数据交换的质量。法国将寻求建立一个大范围的外国伙伴网络，以便促进关键数据的分享。例如，有关产品和服务漏洞或缺陷的信息的分享。

法国还将加强与其伙伴的关系，打击网络犯罪。

类似地，与盟国之间的紧密联系形成了有效网络防卫政策的基础。法国正在建设一个精选的可信伙伴圈，并将展开深度交流。

7. 通报和说服交流

信息系统安全不但依赖于个人的警惕，还依赖于组织机构的警觉、企业做出的选择和采取的技术手段以及政府行动。

考虑到针对国家和国民的大规模信息系统攻击的可能后果,我们应当确保个人和组织机构拥有安全意识并开展安全行动。

在法国,有关危害信息系统安全的威胁,以及其对国防和国家安全的影响,或者仅仅对我们日常生活的影响的信息和公共讨论,仍然非常不充分。

- 法国网络和信息安全局将有目的地支持决策者,帮助他们起草有关信息系统安全方面的措施和做出必要的决定,这对组织机构的运转和对技术、科学、商业和金融资产的保护至关重要。
- 从更广泛的意义上讲,法国信息和安全局将开展针对一般公众和公司的适当的宣传活动。

附录　术语表

僵尸网络

僵尸网络或机器人网络,是指被一个恶意的个体(主机)控制的受损机器网络。该网络的结构允许主机向网络中的部分或全部机器发布命令,并自由操作。

机密信息

《法国刑法典》第413-9条规定:"程序、物品、文件、信息片段、计算机网络、计算机化的数据或文件,如其披露或使用将危害国防,或者导致国防秘密的泄露的情况",则应采取保密措施,限制其散播和被利用。

密码分析

在没有密钥的情况下,对加密数据进行解密的过程。

密码学

密码学是一门学科,包括数据传输的原则、方法和手段,目的是隐藏数据内容,防止数据在未被发现的情况下被修改,以及/或防止未经授权的使用(ISO7498-2)。

网络犯罪

违反国际条约和国家法律,针对或利用网络或信息系统实施违法犯罪的行为。

网络防卫

一国在网络空间信息系统防卫中认为至关重要的一系列技术和非技术措施。

网络安全

信息系统的一种期望状态,能够抵御网络空间发生的事件,该事件可能危害所储存、处理或传输数据的可用性、完整性或保密性,以及这些系统提供的或可获得的有关服务。

网络安全利用信息系统安全技术,并立足于打击网络犯罪和建立网络防卫措施。

网络空间

通过自动数字数据处理设备在世界范围内的互联形成的通信空间。

缺陷

计算机系统的漏洞,攻击者通过该漏洞能够对其正常功能造成负面影响,或者损害所载数据的保密性或完整性。

信息系统

用于处理和传播信息的有组织的一系列资源(硬件、软件、人事、数据和程序)。

信息系统安全

借助所有的技术和非技术保护措施,信息系统能够抵御可能危害其所提供的或可访问的存储、处理或传输的数据和有关服务的可用性、完整性或保密性的行为。

可恢复性

在计算领域,是指某信息系统抵抗故障或网络攻击并在事件发生后恢复至最初运行状态的能力。

安全产品

用于保护信息系统所提供的或可访问的,所储存、处理或传输数据和有关服务的可用性、完整性或保密性的硬件或软件。

(谢永江译)

德国网络安全战略

(2011年2月)

> 引言
> 一、IT威胁评估
> 二、框架条件
> 三、网络安全战略基本原则
> 四、战略目标和措施
> 五、可持续地贯彻执行
> 附录

引 言

网络空间包括所有可经由互联网跨境访问的信息基础设施。在德国,所有的社会和经济生活主体都利用网络空间提供的可能性。作为不断增长的互联世界的一部分,德国的政府、关键基础设施、企业和公民均依赖于信息通信技术和互联网的可靠功能。

IT产品和部件发生故障、信息基础设施损坏或者严重的网络攻击,都可能给技术、企业和行政机构的运转带来相当大的负面影响,并因此影响德国人的社会生命线。网络空间的可用性以及网络空间数据的完整性、真实性和保密性已经成为21世纪的重要问题。因此,确保网络空间安全已经成为国内外政府、企业和社会的核心挑战。本网络安全战略试图提高这个领域的框架条件。

一、IT威胁评估

近年来,针对信息基础设施的攻击已经变得更加频繁和复杂,同时入侵者变得更加专业。网络攻击来自德国内外。由于网络空间的开放性和延展性,使得实施隐蔽攻击和滥用有漏洞的系统作为攻击的工具成为可能。从技术日臻成熟的恶意软件角度看，对攻击做出响应和追溯的可能性非常有限。攻击行为通常不会留下攻击者的身份和背景信息。犯罪分子、恐怖分子和间谍利用网络空间从事跨境活动。军事行动也能够隐藏在这种攻击行为之后。

受经济因素的促进，在标准元件的基础上开发工业信息系统并将其连接到网络空间的趋势面临新的漏洞威胁。震网病毒的例子表明，重要的工业基础设施不再能够免受IT攻击。

考虑到信息基础设施日益复杂和脆弱，未来的网络安全形势仍然面临危险。在德国，公私部门以及整个社会都会受到IT故障的影响，无论这种故障是有意的还是无意的。

二、框架条件

保障网络安全，执行权利和保护关键基础设施，都需要政府在国内以及国际两个层面倾注努力。考虑到政府、行业和社会责任的分担，只有各方当事人互相视为伙伴并共同履行他们的义务，网络安全战略才能成功。这同样适用于国际环境。

由于IT系统在全球网络中互联，发生在其他国家信息基础设施上的突发事件也会间接影响德国。由此，加强网络安全还需要执行国际行为准则、标准和规范。只有兼具国内外政策措施的规则才有利于问题的解决。通过加强框架条件，与盟国和伙伴起草通用的最低标准（行为规则），这样才能够加强网络安全。打击快速增长的网络犯罪需要全球执法部门的紧密合作。

三、网络安全战略基本原则

联邦政府的目标是采取实质性措施保障网络空间安全，以便维护和促进德国经济和社会繁荣。在不妨碍网络空间正常使用的前提下，德国的网络安全应当拥有与其重要性和价值相对应的信息基础设施保护水平。在此前提下，所达到的网络安全水平是所有国内外采取的，旨在保护信息和通信技术的可用性以及网络空间数据的完整性、真实性和保密性的措施的总合。

网络安全应当以综合手段为基础。这要求更加深层次的信息共享和协调。本网络安全战略主要强调民用网络安全的手段和措施。它们是武装部队所采取的保护其能力的补充部分，也是基于使网络安全成为德国防御性安全战略一部分的命令的补充措施。基于信息和通信技术的全球性特征，国际合作以及外交和安全政策是不可或缺的。这不但包括与联合国的合作，还包括与欧盟、欧洲理事会、北约、G8、欧洲安全与合作委员会以及其他多边国际组织的合作。目标是确保国际社会保护网络空间的一致行动和能力。

四、战略目标和措施

就目前的网络安全战略而言,联邦政府采取措施,以应对当前针对关键基础设施保护执行计划和联邦行政管理执行计划所建立的体系的威胁。联邦政府将特别注重以下十个战略领域。

1. 关键信息基础设施的保护

关键信息基础设施的保护是网络安全的主要优先考虑的事项。它们几乎是所有基础设施的核心,并且变得越来越重要。公私部门应当强化战略和组织基础,以便在加强信息共享的基础上进行更紧密的协调。为此,应系统地扩大保护关键基础设施执行计划所建立的合作,审查增强关键基础设施保护执行计划的约束力的法律承诺。随着国家网络安全委员会(见目标5)的加入,政府需要对其他部门的整合进行审查,引入新的有关技术将在更大范围内予以考虑。在发生特定威胁的情况下,我们应当明确:是否以及在何处应当强行采取保护性措施,是否以及在何处需要额外的权力。而且,我们将审查协调规则的必要性,以便在发生IT危机时维护关键基础设施。

2. 确保德国IT系统的安全

基础设施保护应更多面向个人和中小企业,其使用的工厂系统需要更多的安全保护。用户需要合适和一致的有关IT系统使用的风险信息及其所能采取措施的信息,以便用安全的方式使用网络空间。我们将与社会团体组织共同发起倡议,收集信息和建议。而且,我们将审查提供商是否应当承担更大的责任,确保用户能够基本使用合适的安全产品和服务。我们计划给政府认证的(如电子身份证明)、为大多数公众使用的基本安全功能提供特殊激励和基金。

为了支持中小企业安全使用IT系统,联邦经济和技术部已经在行业的参与下设立了一个"工业IT安全"特别工作组。

3. 加强公共行政领域的IT安全

公共行政机构将进一步强化IT系统的保护。政府主管部门应当在保障数据安全方面做出榜样。我们将在联邦行政机构中建设一个共同的、统一的和安全的网络基础设施("联邦网络"),作为电子音频和数据通信的基础。我们将继续推进联邦行政机构实施计划。如果IT安全形势恶化,这个计划将做相应的调整。有效的IT安全要求所有的联邦主管机构有强大的结构体系。因此,资源应当在中央和地方之间进行合理配置。在满足预算的情况下,为方便主管部门采取统一执行行动,需要对联邦政府IT安全定期进行共同投资。根据IT计划理事会的决定,与联邦州开展行动合作将会变得更加密集,特别是就计算机应急响应小组(CERTs)而言。

4. 国家网络响应中心

为了优化所有政府部门之间的行动合作,提高保护和应对IT突发事件响应措施的协调能力,我们将设立国家网络响应中心。它将向联邦信息安全办公室(BSI)汇报工作,直接与联邦宪法保护办公室(BfV)和联邦民防与灾害援助办公室(BBK)合作。在国家网络响应中心内的合作将在合作协议的基础上,严格遵守法定职能和所涉机构权限。联邦刑警办公室(BKA)、联邦警察局(BPOL)、海关犯罪学办公室(ZKA)、联邦情报局(BND)、武装部队以及监管关键基础设施运营商的主管部门均在法定职能和权限范围内参与该中心活动。

就有关IT产品缺点、脆弱性、攻击形式和入侵者的基本情况等开展快速、密切的信息共享,有助于国家网络响应中心对IT突发事件进行分析,并提供联合行动建议。对于保护私人部门利益免受网络空间犯罪和间谍活动侵害,我们也应当予以充分考虑。同时,应承担相应的责任。每个利益相关者应基于共同制定的国家网络安全评估,在其权限范围内采取必要措施,与主管当局和来自相关行业和学术界的伙伴进行协调。

安全防范的最佳方式是早期预警,网络响应中心将向国家网络安全委员会定期提供建议,并就特殊事件提供意见。如果网络安全形势达到紧迫的程度,或者已经发生安全危机,国家网络响应中心将直接通知联邦内政部危机管理部门。

5. 国家网络安全委员会

危机的认定和结构性原因的消除被认为是重要的网络安全防御工具。因此,我们希望在联邦政府信息技术专员职责范围内,建立和保持联邦政府内部以及公私部门之间的更加明确的合作,并设立国家网络安全委员会。联邦总理府和来自联邦外交办公室、联邦内务部、联邦国防部、联邦经济和技术部、联邦司法部、联邦财政部、联邦教育和研究部的国务秘书以及联邦州的代表将参与进来。在特殊情形下,其他部门也将加入。

我们将邀请企业代表作为相关会员。如果需要,也将邀请学术界代表。国家网络安全委员会旨在协调公私部门采取的网络威胁预防手段和跨领域的网络安全方法。国家网络安全委员会将就网络安全问题,在政治和战略层面补充和连接联邦IT管理工作和IT计划理事会的工作。

6. 有效的网络犯罪控制

在打击网络犯罪和防止间谍活动和破坏活动方面,应当提高执法部门、联邦信息安全办公室和私人部门的能力。为了增进各领域交流,我们打算在执法主管部门的参与下与工业界设立共同研究机构,执法主管部门将担任顾问角色。支持有结构性弱点盟国的相关项目也将服务于打击网络犯罪这一目标。为了应对不断增长的全球网络犯罪活动的挑战,我们将重点谋求根据《欧洲委员会网络犯罪公约》制定的刑法在全球范围内的协调一致。而且,我们将调查在该领域是否有必要在联合国层面制定其他公约。

7. 有效的协调行动以确保欧洲和世界网络安全

只有通过国内外协调手段才能实现全球网络空间安全。

在欧盟层面,我们支持根据保护关键信息基础设施的行动计划采取的适当措施,包括欧洲网络与信息安全局对ICT(信息通信)技术方面威胁变化的汇总,这也是欧盟IT技术能力的延伸和扩展。《欧盟内务安全战略和数字议程》提供了采取进一步行动的指南。

我们要尝试在网络安全方面打造这样的模式,即德国在网络安全方面的利益和政策将与其他组织绑定,并进行协调和互动,这些组织包括联合国、欧洲安全与合作组织、欧洲理事会、经济合作与发展组织和北约。在确保主权和决策权的基础上,多边化将成为一种趋势。基于此,应当建立网络空间中的国家行为规则(网络代码),该规则应由尽可能多的国家来制定,应包括建立信任的安全措施等内容。我们目前正在八国集团框架下集中从事反僵尸网络活动。

北约是跨大西洋安全的基石。因此,北约应当在其整个责任体系下适当考虑网络安全。我们信守承诺,并为联盟建立统一的安全标准,成员国也能够自愿将该标准用于民事关键基础设施,这一点在北约新的战略理念中已经有所体现。

8. 可靠和可信信息技术的使用

应当永远确保可靠的IT系统和组件的可用性。为提升安全所做的创新保护计划,应充分考虑经济和社会两个方面。为此,我们将加强IT安全和关键基础设施保护的研究。进而,我们将在整个核心战略IT竞争力范围内加强德国在技术方面的知识产权和赢利能力,将它们作为政治战略的一部分并加以完善。只要是有意义的,我们都将与伙伴和盟友一道,集中我们的资源,特别是在欧洲范围内。我们支持技术的多样化。我们的目标是在关键安全领域使用经国际标准认证的组件。

9. 联邦机构内的人力开发

鉴于网络安全战略的重要性,是否有必要在负责网络安全的主管机构中设立额外的团队应当作为优先考虑因素。进一步而言,加强联邦政府机构内的人事交流并提供适当的培训措施,将会强化各部之间的合作。

10. 应对网络攻击的手段

如果政府想要做好充分准备以应对网络攻击,那么政府主管部门应当合作并制定一套综合应对网络攻击的手段。我们将持续定期评估威胁形势,并采取适当的保护措施。如有必要,我们应当考虑在联邦或州层面设立额外的执法权力的必要性。最重要的是,上述目标、机制和机构应当通过有关的联邦政府、州政府和企业实施相关流程,确保其正常运转。

五、贯彻执行的可持续性

随着本战略目标和措施的贯彻执行,联邦政府能够确保网络安全,并由此确保德国的自由和繁荣。这在很大程度上依赖于我们是否能够成功地在国际上采取有效措施保护网络安全。

所使用的信息技术属于短期创新范畴。这意味着网络空间在技术和社会层面上将不断变化,这不仅带来新的机会,也会带来新的风险。为此,联邦政府将定期审查在国家网络安全委员会管理下的《网络安全战略》中的目标是否实现,并将针对既定的要求和框架条件调整战略措施。

附录　术语表

网络空间

网络空间是一个由全球所有IT系统在数据层面连接而成的虚拟空间。网络空间的基础是将互联网作为一个通用的和公开的可用连接和传输网络,并可通过任何附加的数据网络进行补充和进一步扩展。在一个独立的虚拟空间中的IT系统不是网络空间的一部分。

网络攻击、网络间谍和网络破坏

网络攻击是指网络空间中的IT攻击,直接指向一个或几个其他的IT系统,目的在于破坏IT安全。IT的安全性、保密性、完整性和可用性的目标可能全部或部分被破坏。由外国情报部门发起或控制,直接指向IT系统保密性的网络攻击,称为网络间谍行为。针对IT系统完整性和可用性的网络攻击,称为网络破坏。

网络安全以及民用和军用网络安全

(全球)网络安全是IT安全状况的理想目标,该目标意味着将全球网络安全风险降低到可接受的最低范围。

因此,德国网络安全是IT安全状况的理想目标,即将德国网络安全风险降低到可接受的最低范围。(在德国的)网络安全是合理与恰当措施的总和。

民用网络安全重点在于德国网络空间中所有的民用IT系统。军用网络安全重点在于德国网络空间中所有的军用IT系统。

关键基础设施

关键基础设施是指涉及重要公共利益的组织或机构,其失败或损坏将导致持续的供应瓶颈,很大程度上妨碍公共安全或造成其他严重后果。

在联邦层面,以下领域被确定为关键基础设施:

- 能源
- 信息技术和通信
- 运输
- 卫生
- 水利
- 食品
- 金融和保险部门
- 政府和行政机构
- 媒体和文化

（谢永江译）

意大利国家网络安全战略框架

(2013 年 12 月)

前言
行动纲要
一、网络威胁及国家信息通信基础设施漏洞的性质与发展趋势
二、加强国家网络空间防御能力的工具和程序
附录

前　　言

　　互联网的问世是这个时代的标志。网络空间正日益成为一个公民信息言论自由的领域、追求公共政策透明的领域、提高公共管理效率的领域和取得发展创新的领域。在互联网这个虚拟的国际舞台上,每天有数以亿计次的跨边界交流,知识得以共享,我们所熟悉的世界正以前所未有的速度被重塑。

　　任何一个国家的安全与繁荣都越发依赖于对信息通信网络的保护,计算机网络越来越多地掌握着知识与交流沟通。因此,确保那些在公民社会、社会经济结构、国际社会中已确立的权利义务同样存在于网络空间中也日益重要。数字平台不是法外空间,我们有责任确保我们信仰的民主原则和价值观在这一领域得到维持,个人解放、平等、自由的理念得到维护。同样地,只有在互信互尊的环境中才有可能充分利用数字平台提供的增长机遇,确保网络空间开放、安全、可信,使金融体系、企业公司和消费者受益。

　　现代社会日益依赖网络空间,一旦发生信息技术基础设施破坏的情况或者出现网络攻击,后果将不堪设想。环球网络的任一节点都可能出现威胁,最薄弱的节点往往更易受到攻击,例如易受攻击的个人、欠缺维护的计算机系统和信息通信网络。骇人听闻的犯罪行为通过全球网络实施,例如相互交换儿童色情作品,网络盗窃和网络诈骗,这些都会给个人财富造成严重损失,破坏数字社会应有的信任。网络犯罪可酿成大祸,造成企业破产、企业知识产权遭窃、国家财富受损的结果。人

们越来越重视利用信息技术的漏洞暗中剽窃我们在新技术和新产品领域研发的成果的潜在威胁。对于意大利这样将创新作为发展和竞争基石的国家而言，其潜在危害不可估量。鉴于网络攻击日益复杂，且我们的基础设施越发依赖计算机网络，国家稳定与安全处在危险边缘。因此，采取最完善的措施保护信息通信财产免受毁灭性的攻击至关重要，这些危机包括阻挠或破坏国家交通系统、电网乃至军事指挥控制中心的正常运行。所以，我们有必要养成并保持具有创新性的防御姿态，让私营领域参与进来，利用技术保护私营领域的关键信息通信技术，并将未来的网络冲突纳入其战略理念和能力规划的进程中。

网络相互依赖性、网络威胁的内在不对称性、网络空间对日常生活的各个方面的渗透，网络的这些特性要求一个全面的方案和所有利益相关者的协同努力，以确保网络空间足够安全。最终目标必须是加强整体能力，预先制止攻击、检测攻击、应对攻击、削减攻击影响、追踪攻击源、快速恢复原有功能，同时铭记经验教训。

在国际层面，意大利要全面参与多边机构，首先是欧盟和北约组织的内部机构，同时与所有双边伙伴合作，支持尊重数字领域内与我们价值观一致的行为准则，促进管理网络空间公用方案的问世，以便国际社会共同有效地应对所面临的挑战。在国内层面，意大利的首要任务是推出一套运转协调的多维方案，以整合所有公共行政机构为实现目标所做的努力并与私营领域和学术界的目标相互促进。

目前在财政紧缩和经济下滑的形势下，我们决不允许事倍功半，因此必须寻求一切协同力量。要谨记，与网络攻击的潜在损失相比，安全防护的预算拨款极为必要，不仅要达到节约的目的，还要能为文化、社会和经济进步带来良机。

依照总理2013年1月24日颁布的法令，现行的《国家网络安全战略框架》突出网络威胁的本质和发展趋势，以及国家信息通信网络的弱点，战略指出公私利益相关者在网络安全中的角色和任务，并确立国家应对网络空间新挑战的工具与程序。

意大利提出本战略，旨在协同各方努力，以自信的姿态应对网络空间的安全威胁和挑战，维护国家利益，促进国家繁荣。

行动纲要

2013年1月24日意大利总理颁布《国家网络空间保护和信息通信安全战略指导发展法令》后，同年4月3日，在意大利共和国安全委员会的支持下，由情报与安全部主持的网络安全工作组成立，随后制定了《国家网络安全战略框架》。

网络安全工作组成立后，加入意大利共和国安全委员会的所有行政机构都积极参与其中（外交部、内政部、国防部、司法部、经济财政部、经济发展部），包括意大利数字议程机构以及总理办公室的网络安全部门。

《国家网络安全战略框架》的出发点是评估当今的网络空间面临的威胁。从简单的在线付款到管理战略关键性国家基础设施,通过网络空间提供的服务在日常生活中日益重要,这意味着网络空间威胁正愈加普遍、愈发微妙,然而却仍未得到广泛的关注和重视。第一章《网络威胁及国家信息通信基础设施漏洞的性质与发展趋势》列举了主要网络空间威胁及其实施者,依次对网络犯罪、网络间谍、网络恐怖主义、黑客主义、网络破坏、网络战争进行阐述,并对网络空间组织性弱点、程序性弱点和技术弱点进行了简要分类。

网络空间属于人造领域,本质上是由信息通信节点和网络构成,存储并处理日益增多的海量数据,这些数据对国家、企业、公民以及所有政治、社会、经济决策者具有战略意义。第二章《加强国家网络空间防御能力的工具和程序》明确了六项战略指导方针和全面、一致、协同的方案,凝聚国家一切力量,提高国家防备能力、恢复能力和反应能力。这些指导方针包括:提升网络安全相关机构的技术、操作和分析能力,加强对维持关键战略基础设施的信息通信网络和计算机系统的保护,加强公私合作,推进安全文化和网络健康宣传,有效提升应对网络犯罪活动的能力,全力支持网络安全领域的国际合作行动。

一、网络威胁及国家信息通信基础设施漏洞的性质与发展趋势

(一) 引言

定义

我们用网络空间一词来表示所有互联信息通信技术的硬件、软件以及基础设施组成的综合设施,通过网络和所有互联用户存储、传输的数据,以及它们之间建立的所有逻辑连接。因此,网络空间包括互联网以及支持信息和数据处理的所有通信电缆、网络和连接,还包括所有的移动互联网设备。

复杂挑战

网络空间的本质以及数字生态系统给现代社会带来的转变催生了前所未有的文化、社会和政治问题,这些问题需要一致、有效的解决方案,其中的多数情况还需要彻底的解决方案。但是,在网络空间的原则和价值观方面,国际社会的观点很不一致,因此,即便是最发达的国家,寻求解决上述问题的有效方案也非易事,还需要私营领域的广泛参与。事实上,在应对网络空间产生的新挑战和威胁方面,作为网络空间主要的所有者和运营者,私营领域可大有作为。因此,私营领域在网络空间维护上,有权利也有义务与公共部门商定彼此的期待和责任。网络空间已成为一个对经济、社会和文化进步具有重要战略意义的领域,因此平衡网络空间管理中公

私部门的参与度极为重要,同时也要考虑国家安全和公共秩序的需求,以及满足相关的个人自由和经济自由。

平衡这些迥异的目标是个复杂的任务,例如,寻求监控网络技术功能与保护隐私权和个人通信设备的完整性之间、保护隐私权和打击犯罪活动之间的平衡是相当困难的。儿童色情作品、毒品走私、煽动仇恨、恐怖计划等犯罪活动不仅危害个人和社会自由,而且破坏了互联网的开放、民主、自由的原则。

目标

继2013年1月24日总理颁布《国家网络空间保护和信息通信安全战略指导发展法令》以来,后出台的《国家网络安全战略框架》和相关国家计划的目标是提高国家应对当前及未来网络空间挑战的防备能力,致力于凝聚一切国内力量达成共同方案。我们深知网络安全是个过程而非结局,技术革新总会给战略和操作领域带来新弱点,网络威胁的内在本质使我们目前的多数防御方案缺乏具有针对性的应对措施。

(二) 网络威胁及其实施者

定义

我们将网络威胁定义为在网络上或者借助网络发动,攻击网络空间及其基本要素的恶意行为。网络威胁由网络袭击展开,网络袭击指由个人或政府、非政府组织发起的自主行为,目的是扰乱、破坏或妨碍计算机系统、信息网络、监控系统、数据采集系统和数据处理的正常运转,或者破坏这些系统内部和经由网络传输的数据的真实性、完整性、有效性和机密性。

最高级的网络攻击可由所谓的网络武器展开,这是一种恶意软件,能够破坏或改变信息通信系统,造成系统故障,甚至机器损坏。

潜在威胁

不对称性是网络威胁的一项基本特征。攻击者:

- 只要接入互联网,就可以在世界任一角落发起攻击;
- 利用一个弱点就可入侵高端复杂、防御良好的计算机系统;
- 即刻发动攻击,令人措手不及;
- 追踪困难,监测更难,这使得防御者的反击困难重重。

网络威胁的内在本质限制了反击范围,有利于攻击而不利于防御。这就要求主要的公私利益相关者进行持续的分析,以便能够及时更新安全标准和程序,适应不断变化的操作和技术环境。

网络威胁分类

根据攻击者和攻击目标的不同,网络威胁可划分为以下四类。

- 网络犯罪:在网络空间实施的一切具有犯罪意图的恶意行为,如网络欺诈、网络诈骗、身份盗窃、数据或知识产权窃取；
- 网络间谍：利用不正当手段获取机密数据，尽管这些数据未必具有经济或商业价值；
- 网络恐怖主义：从意识形态出发，利用系统弱点故意干涉某国或某国际组织内部事务；
- 网络战争：在网络领域发起的军事行动或操作，在军事上立于不败之地。

网络犯罪的经济影响

随着网络空间上存储的企业数据和个人财产信息越来越多，尤其是近来这些信息的存储依赖云计算技术，这使网络攻击获利丰厚，而且对攻击者本人毫无风险。因此，网络犯罪的经济影响令人忧心也就不足为奇了。尤其对意大利这样的国家而言，窃取原创科学技术和企业技术会对现有的相对优势技术造成直接破坏，不利于本国在国际市场上的竞争。

计算机犯罪令人日渐担忧的另一原因是，通过犯罪获得的非法收益往往会再投入寻找新系统的弱点中，发展更高端、有效、便捷的攻击能力中，因此网络犯罪是影响国家稳定、繁荣、安全的一大隐患。

计算机犯罪市场

计算机犯罪市场对匿名黑客和犯罪组织而言是块"肥肉"。黑客组成黑市，交易非法物资（如毒品、儿童色情作品、版权材料），依赖自身或犯罪团伙的技术支撑，贩卖现成的各类攻击工具和特定计算机系统开发工具，这些反过来又大大增加了涉及财产犯罪的犯罪率（如诈骗、勒索、敲诈、盗窃等）、机密信息和身份数据的盗窃率（目的包括索要赎金或实施其他犯罪活动）、非法资金循环使用率和非法赌博率。同样地，另一个越来越明显的现象是，涉及网络间谍活动的犯罪组织服务的通常是合法公司，目标是窃取工业专利、企业战略、市场研究、生产流程分析和说明等。

意大利国家职能

尽管数字平台跨越国境，但从多方面看，当前各国仍是网络空间的主要利益相关者，虽然这些设施大部分的归属方和运营方是私营领域，但国家仍然担负着保护信息通信基础设施的责任。

国家有人力财力，也有能力组织和管理长期运作的复杂机构。同样，国家还具有大幅提高网络操作能力的优越条件。

对任何国家而言，保护军事指挥控制网络，确保军事网络的完全运作力及其可恢复力都是头等大事。网络空间的问世，成为确保几乎所有国家关键基础设施、工业工序和公共服务运转的关键因素，保护所有信息通信关键网络，就成为意大利的政府职责之一。实际上，高端网络攻击不仅可以破坏国家关键通信节点、妨碍公共服务，而且，如果攻击针对的是关键基础设施（如空中交通管控系统、水坝和能源设备的监管控制系统），还可能带来毁灭性的后果，会造成严重的物质损害甚至伤及性命。远距离发动攻击破坏敌方的关键基础设施,这一潜在战略优势极有可能使网络空间在未来军事对峙中得到充分应用。因此,几乎当今所有国家都认为,有必要将网络防御能力纳入军事规划,保护国家关键信息通信基础设施。

间谍、破坏、战争和供应链的网络威胁

网络防御需要国家具有持续有效监测分析一切恶意活动的能力。各国或自己开发或借由代理,都在努力发展这一技能,它们也常常考虑开发攻击工具的潜在利益。众所周知,一些国家已具备渗透他国公私网络的能力,并将这种能力用作间谍活动,绘制他国信息通信系统以备未来攻击之需。在这种情况下,一些国家动员国内工业领域通过信息通信供应链安装某些部件,以便在未来暗中利用这些终端用户计算机系统和信息通信基础设施。

黑客主义

一些网络攻击具有意识形态动机,向对方示威是首要目的,比如破坏攻击目标的形象、造成攻击目标的信息通信系统暂时故障。例如,分布式拒绝服务攻击,就是通过来自数台无意识中被遥控的计算机(僵尸网络)发动协同攻击,有意造成提供特定服务的服务器超负荷。还有一个例子是所谓的网页涂改,即篡改某网站的数据,其主要目的是制造虚假信息、诽谤或仅仅是嘲讽对方。在其他情况下,黑客主义者利用类似于黑客和计算机犯罪分子使用的恶意软件暗中获取政府持有的数据、企业数据或个人数据,目的是公开曝光这些数据或仅仅展示自己具备窃取数据的技能。

利用互联网进行非法活动

数字领域是实现全球互联互通的卓越工具。遗憾的是,这一交流平台及其高度匿名性被一些人用来传播种族仇恨、交易非法物资或者谋划犯罪活动、动乱或恐怖袭击。虽然从字面意义而言,我们不能称其为网络攻击,因为这些非法活动仅将网络充当工具。毫无疑问,网络空间的内在不可追踪性使这些威胁隐藏极深。我们要果断宣布,现实公民社会的行为标准和规则要全面应用于网络领域。所以,我们面前的挑战是最大限度地保护言论自由,同时确保互联网不被用来宣传在传统领域中被认定的非法活动。

恐怖主义

未来有可能出现恐怖组织或者个人"独行者"通过网络的侵犯能力攻击军队和公民的情况。恐怖分子可以从操纵计算机犯罪市场的犯罪分子那里获取网络武器,或者通过现有网络武器的逆向工程程序自行开发。幸运的是,目前这仅是假想威胁,但关键还是要确保危险人物无法获得具备潜在摧毁性的网络工具。

突发事件、事故

全面考虑所有网络威胁几乎是不可能的,因为这一领域的特征就是技术在不断创新。因此这些意想不到的发展结果可能会给我们带来新的技术和管理挑战,需要各方协同、成体系地应对。网络空间是人造领域,可能本身就具有瑕疵。因此,我们有必要开发相关技能,预见并阻止不常见的突发事件,着眼于事关国家安全稳定的服务的可恢复性和商业持续性。

(三) 网络漏洞

网络攻击利用组织、程序和技术上的漏洞,并经常将其组合,以削弱用户对信息通信技术的信任,破坏商业持续性。组织和程序漏洞的形成原因是对恶意软件防御不足(如网络设计不合理、防病毒防垃圾邮件软件更新不及时),缺乏恰当的确保服务持续性和最大限度降低自然事件对物理基础设施影响的实体保护。

技术弱点则是由硬件软件自身的缺点和通信协议故障造成的。一旦波及域名服务器,通信协议故障就令人尤为担心,因为故障会影响系统两端,即电子通信终端用户和连接互联网的关键基础设施的监控和数据获取系统。

这些弱点会造成服务不可用,或者破坏域名服务器提供和储存信息的完整性。无论是哪种情况,这些弱点被利用后会造成极为严重的后果,可能导致基础设施的基础控制节点出现严重故障。

为避免这些弱点被利用,首先我们必须制订一套风险评估、缓释和管理计划,计划要包括具有实体性、逻辑性和程序性的网络安全措施,通过培训和教育提高公民个人的安全意识。

原则上说,网络安全政策的基本要求应该包括如下几方面。

- 控制实体设备接入:目的是最大限度地减少硬件设施损坏、篡改和盗窃的风险,只有具备可追踪的授权的设备方可接入设备库;
- 使用专用认证产品以便从供应链处排除外国零售商担忧的"风险",使用最新杀毒软件,加密数据和数字签名,验证入网用户身份,监控、记录实例,更新每名用户的接入特许(逻辑性措施);
- 指导安全进程的所有阶段的各种标准和程序,评估、缓释和管理计划中的角色、任务和责任安排,采取具体措施完善并加强技术防御,持续控制信息通信资产的一致性和可信性(程序性措施)。

二、加强国家网络空间防御能力的工具和程序

(一) 战略指南

为了使国家充分受益于安全的网络空间带来的社会经济优势,意大利将把提高国家的网络防御能力、恢复能力和反应能力作为首要目标,《国家网络安全战略框架》制定了战略指导方针。在意大利共和国安全委员会的协调和带领下,2013

年1月24日的总理法令中指出,所有国家网络安全架构的主要利益相关者必须凝聚共同力量、采取协同方案,贯彻这些指导方针。

六项指导方针分别是:

(1) 提升一切网络安全相关机构的技术、操作和分析能力,以利用国家能力分析、预防、缓解及有效应对多维网络威胁;

(2) 提高保护关键基础设施和战略资产免受网络攻击的能力,同时确保它们的商业持续性,确保与国际要求、安全标准和条款完全一致;

(3) 促进所有积极推进国际知识产权和技术创新保护的公私合作;

(4) 向民众和机构推广安全文化,发挥学术界技能,提升用户应对网络威胁的意识;

(5) 根据国家和国际标准,加强有效瓦解网络犯罪活动的能力;

(6) 全力支持国家网络安全合作,重点关注意大利参与的国际组织及意大利盟国的现行行动。

与六项指导方针协调一致的是十一项行动指南。

(二) 行动指南

(1) 提升情报机构、武装部、警察和民防部的专项技能,有效预防、锁定、回应、管理、缓解并阻止针对国家信息通信网络的恶意行为,以便把控这些恶意行为对公众服务系统的消极影响,恢复系统原有功能。

加强监控分析能力,以便预见技术创新的潜在风险。

提升武装部队计算机网络操作的规划能力和执行能力。

(2) 与欧洲层面的网络与信息安全官方机构(包括成员国和欧盟委员会)进行信息共享,共同应对影响信息通信网络和系统的风险和事故。

加强公私合作,确保持续、安全、可信的信息流通,当私营领域的网络遭遇攻击时,它们可以分享信息,接受风险和缺陷评估,加强防御能力。

以下条款将促进公私合作:

- 建立共同工作组,以提升信息通信网络安全为第一要务;
- 定期举行国家演习,公共领域的利益相关者和私营领域运营商都要参与进来;
- 必须向主管当局汇报战略环节出现的计算机安全事件;
- 制定信息共享程序和模板。

预见未来公私利益相关者互相交流的最佳惯例和经验交流模式,同时促进相互理解,联合进行人员培训。

(3) 树立广泛通用的网络分类系统,推广网络安全术语和概念的通俗理解,以便在国家和国际层面增强协同操作性,促进沟通。

推广使用问卷调查，评估利益相关者的态势感知度，以确定哪些人需要进一步培训和教育。

发起培训和教育活动以及开设提高公私从业者和民众态势感知的课程，以便传播网络威胁和网络空间风险的相关知识，推广网络健康和负责任地使用信息和通信技术的思想。

持续并加强评估教育和在职培训项目，检验现有网络安全管理和程序。在现有的公共行政学习中心（如武装部队的学习中心）投入尽可能多的培训和教育，以预防"内线"的情况，克服新组织模式（如自带设备）的弱点。

将网络安全课程引入各级学校，促进网络健康，推广安全文化。

发挥学术界力量，敲定提升宣传安全标准的措施以及信息通信系统和网络的要求。

（4）加强意大利在国际网络安全活动中的参与度，其中既包括加入意大利所在的国际组织的行动，也包括加强与意大利的友好成员国的联系。积极参与一切带有以下目标的相关国际论坛和工作组。

- 在国际层面，制定一套国际行为准则，明确规定国家法允许的合法行为。
- 在欧洲层面，加大对服务欧洲一体化市场的战略性信息通信的保护力度；实现共同的网络恢复力；打击网络犯罪；依据共同安全和防御政策，制定网络防御政策和提高相关操作能力；根据欧盟网络安全战略设定的原则、欧洲议会和欧洲安全与合作委员会做出的承诺，形成坚固的信息通信和计算机产品技术产业基础。
- 在跨大西洋地区层面，确保共同防御的效率和协调操作，支持网络领域纳入北约组织的防御规划进程和军事政策之中，确保利用强大的部署能力打击损害北约和意大利重要战略利益的网络攻击。
- 在双边层面，与具有战略重要性的国家合作，与可能获取技术支持项目和有能力建设主动权的国家合作。

参与欧洲网络信息安全局和北约组织的网络安全演练，测试并加强国家防御能力，应对需要国际合作的网络安全事件。

参与国际网络安全讨论会，不能忽略国家信息通信利益和网络安全工业基础。

（5）增强意大利计算机紧急反应小组的运作能力（计算机紧急反应小组在第259/2003号法令的第16条中确立，在经济发展部的权限范围内设置），通过安全可靠的信息交流，提高国家对国内信息通信基础设施的潜在威胁及实际攻击的调查和反应速度。

意大利计算机紧急反应小组的任务包括：找到与其他计算机紧急反应小组共同的通信框架，在国家层面确立各自的角色、职责和联系点，有效地保证危机管理能力并与国家网络安全共同体一致。

意大利计算机紧急反应小组以公私合作的形式开展工作,利用态势感知和预防行为支持民众和企业,并在应对大规模网络事件时扮演协同点的角色。

在国家和国际层面,启动一切合适的合作机制,使意大利计算机紧急反应小组成为国内外其他公私计算机紧急反应小组(包括欧洲计算机紧急反应小组)的主要接口。

开发通信平台促进所有计算机紧急反应小组在技术和功能上的交流,确保参与预防、打击恶意网络行为的所有利益相关者间及时有效的互动。

公共行政计算机紧急反应小组是所有公共行政的首要联系点,随后它依照统一模式和具体程序汇报给意大利计算机紧急反应小组。通过互换信息和协定程序,公共行政计算机紧急反应小组在欧洲层面与其他公共行政计算机紧急反应小组协同合作。

(6)制定适应信息技术飞速发展的组织和管理方案,以确保网络安全应对措施的有效性。

(7)制定安全协议产品和系统的安全标准和要求。引入该标准遵循的检验程序,执行国内采购信息通信产品的新流程。这些标志和流程应保证国际一致性,尤其是与北约和欧盟国家的协调操作性。

引入合适的市场激励政策,鼓励提升市面产品的安全性,加强对信息通信用户的支持。

(8)与产业部门合作,采用安全协议和创新技术保护信息通信网络和产品。策划援助性和支持性的公共服务,尤其是针对中小企业的服务。

制定缓解供应链风险的最佳实践和流程,建立审查机制,检验信息通信产品和销售商的可信度。

在公共管理领域开发信息通信产品,保证其在采购、评估、验证和认证上的灵活性,与该领域的快速的创新步伐保持一致。

制定激励政策,提高国家信息通信竞争力:关注研发以及意大利精英中心在对武装部队具有战略意义或潜在指挥影响的活动,例如开发安全、恢复性强的信息通信产品和软件。

(9)自从网络空间成为战略通信的方式和目标后,战略通信和网络领域活动的一致性可以提高国家预防打击网络袭击的实效性。网络空间里,具有国家震慑力量的有效机制性通信可阻止潜在敌人和犯罪分子的入侵。

(10)分配足够的人力、财力、技术和后勤资源给公共行政中能直接参与实现《意大利网络安全战略框架》中短期战略目标的战略领域。

(11)运行全国信息风险管理综合系统,该系统可以:

- 在国家层面上,建立有效的风险预防和管理的架构;
- 发现潜在风险;

- 制定详细的风险管理政策和流程。

(三) 公私合作的核心作用

《国家网络空间保护和信息通信安全战略指导发展法令》中指出,"向公众提供公共通信网络和电子通信服务,运营国家和欧洲依赖信息通信系统的关键基础设施"的公私运营商是国家架构中保证网络安全和国家信息安全的主要利益相关者。

根据《国家网络空间保护和信息通信安全战略指导发展法令》,公私运营商的责任是:

- 向意大利网络安全部报告它们的计算机系统受到的事关安全性和完整性的重大入侵;
- 采取一切保护网络安全的最优方案和措施;
- 与各机构分享信息,获取情报和安全信息,并允许其访问与网络安全相关的数据库;
- 配合网络危机管理,恢复自身运营的网络和系统的功能。

因此,公私合作是确保一切网络安全战略成功的必备因素。在现代经济和制度体系中,大部分重要的公共服务和国家战略基础设施都是由私营领域管理的。通过特别协议确保与它们的合作,目的是落实并促进合作。为取得进一步发展,应扩大与私营领域的协同作用。

附录一 公共利益相关者的角色和权限

2013年1月24日的总理法令规定了负责网络保护和信息通信安全的机制架构,公私领域的各种利益相关者都参与其中,以协调一致的方式克服网络空间弱点、发现威胁、预防风险、提高国家应对危机的能力。

这一架构的顶层是总理,总理采纳《国家网络安全战略框架》,并通过颁发具体指令确保该战略的实际实施。意大利共和国安全委员会支持总理在这方面的工作,委员会可以提出立法建议,批准促进公私合作的指导方针,制定推动信息共享的政策,认可最佳实践和增进网络安全的其他措施。意大利共和国安全委员会在工作层面(所谓的技术安全委员会)负责检验国家网络安全计划是否能够及时地落实无误,这是对《国家网络安全战略框架》的补充。

国家情报部门在政治层面提供支持,负责搜集情报,进行全面的资源分析、评估,预测网络威胁,促进网络安全意识和教育,向网络安全单位和其他公私利益相关者提供信息预警。

网络安全单位隶属总理军事顾问办公室,责任是协调国家网络安全的各个机构,预防危机、做好危机准备和进行危机预警。尽管每个行政机构各自具有数据库

和数字档案的所有权、简化权、保护责任和数据处理权,网络安全单位可以:
- 推广应急计划活动和网络空间威胁的危机管理操作,同时公私利益相关者应全面参与,制定详细的跨部门危机管理协作程序;
- 确保全天候的预警和回应;
- 评估确保信息共享和危机管理的预警程序,并改善这些程序;
- 接收通知——信息源包括公共信息通信网络和可公开访问的计算机通信服务的私营运营商的信息,管理相关国家和欧洲关键基础设施的重大网络事件(与安全侵犯和信息篡改相关)的私营运营商的信息;私营运营商在危机管理和修复它们运营的系统和网络的功能方面开展积极合作;
- 推广并协调跨部门演练和有意大利参与的国际演练;
- 网络危机状况下,充当与美国、欧盟、北约以及其他国际组织和国家的联络点。

为促进危机反应和恢复程序,网络安全单位接收并发布网络安全事件的警报。当网络安全事件的重要度、强度和本质严重到上升至国家安全层面,或单一行政机构无法处理,需要跨部门协同行动时,网络安全单位宣布"国家网络危机状态",并在跨部门网络危机单元布置中启用跨部门状态和计划单元。这保证了对所有利益相关者反应和稳定活动的协调性,确保国家计算机紧急反应小组的全力支持。

各公共机构的角色和任务

1. 意大利数字化办公室

监督公共行政的信息通信发展规划和年度回顾,负责完成意大利数字议程设置的目标,保持与欧洲数字议程计划的一致性。

- 主管规划和协调最有效的方式为公民和企业提供公共行政在线服务的战略行动。
- 确立信息技术安全和分类的目标、技术规范、指导方针和流程、标准(包括开发标准),保证公共行政计算机系统之间、公共行政计算机系统和欧盟公共行政计算机系统之间的协调操作和合作(第83/2012号法令第20(3)(b)条)。
- 确保公共行政计算机系统和信息通信技术连接的技术质量和安全,以国内统一、全面与欧洲接轨的方式保证数据库、数字资料和面向公民的服务等的完整性、可用性和隐私性。特别是,该行动要重点关注与国家利益相关的数据库,如在第179/2012号法令第2-bis条(已被第221/2012号转换法修订)中规定的关键数据库。
- 运行公共连接系统计算机紧急反应小组,管理其向公共行政计算机紧急反应小组转化,确保公共行政信息系统的网络安全和互联,并依据安全管理的所有参与者的功能对它们进行协调。公共行政计算机紧急反应小组、国家计算机紧急反应小组、武装部队计算机紧急反应小组相互合作,共同实现维护国家安全的目标。
- 成为意大利参与欧洲和国家信息技术社会发展项目的中心枢纽。
- 关注行政文件的数字化,监控与信息科技相关的服务以及信息科技公共采购的支出效率,促进信息通信的传播和使用,推动创新和经济增长,同时推广新一代网络的传播。
- 为公民提供创新性教育技术,促进推广和传播计算机扫盲运动,这需要与公共管理学院和公共管理现代化服务、协助、学习和培训中心(Formez-PA)签订适当的协议。

2. 内阁

加强国家网络空间保护和IT安全的情报收集工作。

- 情报局和安全局在网络安全领域的工作借助了第124/2007号法律规定的工具、方法和流程,并由第133/2012号法律修订。为此,为了执行总统关于情报搜集工作的指示,增强有形与无形的国家信息通信关键基础设施,听取意大利共和国安全委员会提出的综合指导方针及目标,情报和安全部的总部长将统筹一切情报搜集活动,支持和保障国家网络空间安全和信息通信安全。
- 情报局和安全局通过各个办公处:

- 确保支持总部长的协调角色;

- 参考两大情报局、警察、武装部队、所有公共行政和公私研究机构和通过各种渠道获得的情报,以及公共行政和公共设施服务提供商提供的相关信息、分析和报告,提供对网络威胁的分析、评估和预测;

- 完全遵守2013年1月24日的总理法令,为网络安全单位、公共行政以及其他想要得到安全信息的主体(包括私营领域)提供网络安全问题的相关信息和预警;

- 在2011年7月22日总理法令预测的基础上,为存储和处理机密的信息通信系统及基础设施设定网络安全要求,发布技术审批要求,并在意外或蓄意事件发生后,对安全违规和机密泄露事件进行最终评估。

- 在两大情报局各司其职、遵守总理的指导方针和两局总部长设定的具体研究目标的情况下,进行情报搜集活动,促进国家网络保护和信息通信安全。
- 联合两大情报局,通过与公共行政、公共服务提供者、大学和研究机构互动,制定恰当的协定。公共行政和公共服务提供者允许情报局和安全局依据第4/2009号总理法令的规定访问它们的数据库和档案室。
- 在科学委员会的推荐下,鼓励所有推广网络威胁知识和意识的活动。

- 起草国家安全文件,突出有形和无形关键基础设施的防御行动以及国家网络空间保护和信息技术安全,将之附入国家安全战略和政策的年度议会报告中。

3. 外交部

外交部负责在最高级的多边政治论坛和国际政治论坛上代表意大利。

- 确保在各个级别的国际论坛上扩大和保护意大利在网络安全问题上的国家利益。
- 协调意大利在各种多边论坛中有关网络安全问题讨论的参与和投入,其中包括其在私营领域和学术界所做的贡献。
- 和其他意大利国家相关机构一道,协商一切有关网络安全的国际协议和协定,验证国家利益在国际条约中是否与意大利国家战略指导方针相一致。(安全政策、人权和基本自由的保护、打击跨国威胁、保护并发展金融、经济和商业交流,等等)。
- 尽快在国家层面上与他国进行合作,确立意大利的国际职责,以及所有国际论坛网络安全的指导方针(如《信任和安全建立措施》这类软法)。
- 根据自身职员的教育和意识水平进行提升培训,协调并确保提高外交部信息通信系统和外交领事信息通信系统的保护、恢复性和效率的服务及活动。
- 通过派驻到公共连接系统计算机紧急反应小组的外交部信息通信紧急反应小组(称为"本地安全单位"),加入公共连接系统的安全机构(现为公共行政计算机紧急反应小组)。

4. 内务部(国家公共安全局)

负责法律执行和公共秩序、公共救援和公民保护及打击网络空间威胁和影响民众、机构、公司及政府业务持续性的威胁。

- 通过公共安全部,预防打击网络犯罪。
- 通过邮政通信警察,保证信息通信网络的完整性和正常运营,这里包括保护关键信息通信基础设施(通过国家关键基础设施保护反犯罪计算机中心);保证对针对国家战略资产、电信服务的安全和可信度、网络儿童色情作品、支付方式和版权的犯罪(如果这些犯罪活动是以不正当手段利用计算机系统或信息通信工具为首要或唯一的实施方式)等计算机攻击进行预防和打击。
- 通过计算机系统和信息通信网络协助预防并阻止恐怖主义活动及其支持的活动。
- 扩大预防和阻止网络犯罪活动的范围。
- 积极提高民众意识,向民众普及网络威胁,预先制止网络犯罪。

5. 国防部

负责保卫国家安全,执行维和任务,保护国家机构的自由。

- 制定协调军事政策和战略、确认协调网络管理和网络领域的军事能力。
- 规划、执行、维持网络领域的计算机网络作战,以预防、(积极深度)防御、反对、压制国内或行动范围内网络领域针对信息通信网络、计算机系统和服务的威胁和敌对活动。国防部负责商讨网络安全行为规范的学术合作备忘录和国际协定,协调与北约、欧盟以及盟国、友国的与国防力量相关的网络空间活动。
- 协助搜集情报,以支持行动范围内武装部队的网络作战,这在第124/2007号法律及随后的补充条例中有所规定。
- 协助预防和打击境内和行动范围内针对武装力量的恐怖主义活动,以及通过计算机系统和信息通信网络发动的恐怖主义,这在第124/2007号法律及随后的补充条例中有所规定。
- 确保为保证军事资产和设备的安全性、复原性和高效率提供一切服务,协助应对并控制网络危机,充当国防部计算机紧急反应小组、国家计算机紧急反应小组和北约计算机事件反应能力小组之间的联络点。
- 预防、打击针对具有国家战略意义的信息通信系统的网络攻击。
- 确保对相关人员的培训和教育,开放国防部的培训中心供其他部门使用。

6. 经济财政部

在更广泛意义上保护国家储蓄(管理国有股份公司的金融市场),负责通过中央税收管理税务的审核和整理。

- 经济财政部(及其下属财政单位和意大利财政部)负责各类国家关键计算机基础设施,经济财政部配有精密的安全系统。
- 通过"本地安全单位"(ULS MEF/ Sogei 和 ULS DF/Sogei 已被正式纳入公共连接系统计算机紧急反应小组)积极参与公共连接系统的安全机构,"本地安全单位"负责协调公共连接系统事件的预防和管理活动。

在经济财政部,有几个分部预防和打击通过信息技术和网络实施的财政经济诈骗(意大利财政政策),负责保证网络和系统的安全。

7. 经济发展部(通信局)

负责推广、发展和管理电子通信事务。

- 经济发展部负责调控电信系统的安全性和完整性(第259/2003号法令第16-bis条规定),与其他国家和国际机构在这一领域合作。

依据以上法律,经济发展部要:

-确立维护网络安全性和完整性的技术、组织措施,确保网络运营商和信息通信服务供应商落实这些措施;

—向网络运营商和信息通信服务供应商收集影响重大的网络事件的信息,并上报欧盟委员会和欧洲网络与信息安全局;

—运作国家计算机紧急反应小组;

—由通信与信息技术研究所的主任在欧洲网络与信息安全局代表意大利。

通信与信息技术研究所:

—是信息技术的认证机构;

—参与欧洲网络与信息安全局对关键信息技术基础设施的保护活动;

— 参与数个国际和欧洲机构针对网络管理议题的工作;

—负责监督意大利人注册的国家码顶级域名".it";

—参与"让互联网更安全"的欧洲项目;

— 在电信各领域,与研究中心和大学合作进行研究活动,以便于实施欧洲数字议程目标的具体行动。

- 由电信部门领导担任主席的网络通信安全和保护的永久监测台负责安全文化教育;由互联网服务提供商提供的义务服务报告必须上报执法部门;推广互联网接入,等等。

附录二 术语表

自带设备

允许公司员工携带自己的移动设备(笔记本式计算机、智能手机、平板计算机等)到工作地点使用的政策,能接入信息和公司的应用程序。

国家码顶级域名

一个国家使用的互联网域名的最后部分。包含两个字母,意大利的国家码顶级域名是".it"。

计算机紧急反应小组

该组织的任务是防止网络事件发生,协调回应网络事件。一些计算机紧急反应小组也为信息通信用户提供培训和信息咨询报务。

公共行政计算机紧急反应小组

随着公共行政计算机紧急反应小组的发展,其能力覆盖至公共行政的信息通信和计算机系统及公共行政的所有服务以及互联网络。其任务是预防及回应网络事件并使网络迅速恢复常态,以协调和支持公共管理事业。

公共连接系统计算机紧急反应小组

在国家层面,负责预防、监督、确保公共连接系统对安全事件的信息分享和分析。同时,负责确保落实以连贯一致的方法管理信息通信技术事件。公共连接系统计算机紧急反应小组是负责与公共连接系统相连的网域的所有当地安全单位的首要联系点。

计算机网络袭击

在网络空间或通过网络空间实施的,旨在操纵、阻塞、拒绝、降级或摧毁信息通信网络或计算机系统中的信息,或直接破坏信息通信网络或计算机系统的活动。

国家关键基础设施保护反犯罪计算机中心

国家关键基础设施保护反犯罪计算机中心由第2005/155号法令指定成立,并在2008年2月9日的内政部法令中得以体现。国家关键基础设施保护反犯罪计算机中心隶属邮政和通信服务部,负责内政部、国家公共安全局在信息技术通信上的安全性和完整性。法律规定,国家关键基础设施保护反犯罪计算机中心,负责预防和打击针对关键基础设施和国家信息通信资产的网络犯罪,还可依据和相关机构的合作协议发起联合行动。

计算机网络防御

利用计算机网络保护、监控、分析、检测和阻挠针对计算机网络和信息技术系统的未经授权的行动。

计算机网络操作

通常包括计算机网络攻击、防御和应用。

信任和安全建立措施

预防和解决各国矛盾的措施,通过建立互信的方式,避免各国矛盾恶化。这些措施具有正式和非正式、双边和多边的军事政治本质。

拒绝服务

通过使服务器网络连接饱和或过载,使合法用户无法使用计算机化系统或资源的攻击方法。

分布式拒绝服务

通过数个被控制、被感染的系统(僵尸网络)发动的拒绝服务攻击。

欧洲网络与信息安全局

欧盟机构,对国家机关和欧盟机构提供技术咨询以促进信息通信安全,共享最佳实践,建设信息通信安全从业者共同体,推广安全文化。

关键基础设施

关键基础设施是欧盟境内维持重要社会功能的关键资产和系统。损坏、破坏或摧毁关键基础设施会对欧盟的安全和公民福祉带来严重的负面影响(第2008/114/CE号指令第2(b)条)。

欧洲关键基础设施

欧盟成员国的关键结构遭到损毁会对至少两个成员国造成重大影响。这种影响会得到全面评估,评估对其他领域的影响,包括与其他基础设施相关的其他领域的影响(第2008/114/CE号指令第2(e)条)。

网络服务提供者

通过电话线(如拨号连线或综合业务数字网)或宽带连接(如光纤或数字用户线)提供商用互联网接入和其他服务的企业。

恶意软件

植入计算机系统的一个程序,通常是暗中植入,目的是破坏数据的隐私性、完整性和可用性,或是破坏目标操作系统的应用。以下属于恶意软件的有:病毒、蠕虫、木马、软件后门、间谍软件、拨号软件、劫持软件、隐藏软件、恐吓软件、兔子型病毒、键盘记录器、逻辑炸弹,等等。

逆向工程

对硬件软件产品功能的分析和了解,以便进行再设计,比如提升它们的性能,或者利用它们达成原始版本所达不到的不同的长远目的。

网页篡改

针对网站发动的攻击,篡改该网站的主页或其他页面的内容。

(崔骋堉译)

爱尔兰国家网络安全战略(2015—2017)

(2015年8月13日)

> 行动纲要
> 1. 简介
> 2. 背景——人民、经济和国家
> 3. 指导原则
> 4. 目标
> 5. 措施层面

行动纲要

《国家网络安全战略(2015—2017)》阐述了爱尔兰面对数字技术的蓬勃发展和艰难挑战的策略,列出了促进民用和商用计算机网络及相关基础设施安全有效运行的、可恢复性的政府措施。随着信息与通信技术的发展,生活质量显著提高,新式创新型服务不断出现,商业运作方式发生翻天覆地的变化。然而,信息与通信技术的广泛使用也导致社会在一定程度上对其持续运行和可恢复性产生依赖。信息与通信技术网络的安全有效运行面临不同来源的威胁,大致分为以下几类:黑客、网络犯罪、黑客主义和网络间谍。同时,对这些网络和系统的依赖也面临人为失误、软件故障、设备故障,甚至极端天气等风险的影响。针对这些威胁和风险,《国家网络安全战略(2015—2017)》设定了组成本领域国家政策基础的高层战略目标,并制定了各方面应采取的措施。

需要注意的是,本战略包括隶属于通信、能源和自然资源部的国家网络安全中心的建设,以及其如何管理三大主要职能领域:政府网络、私人和企业网络系统、国家关键基础设施。以上战略细节将以成立于2011年年末的计算机网络安全事件应变小组(CSIRT-IE)为基础展开。

1. 简　　介

背景

《国家网络安全战略》(2015—2017)阐述了爱尔兰将如何应对数字技术发展中的变化和挑战。使用互联网技术和信息通信技术(ICT)可以促进政府、企业和个人自行传递、参与和获取信息，但同时也为新型攻击开通了新渠道。数字技术领域借助互联网(或其他方式)涵盖了所有可接入的信息基础设施，跨越了地理边界，使网络竞技场变得更为复杂、更具威胁。

"2013年世界经济论坛"从影响力和可能性的角度，将网络相关威胁作为全球最高的风险之一[1]，这一发现可参考《2014年国家风险评估报告》。[2] 国家、关键基础设施、企业和公民都依赖于信息通信技术和互联网发挥其可靠的职能。不论威胁源自何处，这些系统一旦崩溃，将直接威胁国家运作和经济发展，给无数公民的日常生活带来极大的恶果。互联网在国家经济和社会民生中已经不可或缺，此外，它还具备促进经济繁荣、加快民生发展的巨大潜力。因此，对它运作弹性和安全的任何威胁都要从国家、欧盟以及国际层面上给予强势的、彻底的打击。

为保障网络空间的安全性、可靠性、可信赖性，本战略提出了跨政府框架，强调任务共享，建立国家、公众、私营伙伴、学术界以及公民社会之间的信任关系。

2. 背景——人民、经济和国家

2.1　公民

网络安全并不局限于运用技术方案提升网络、设备或数据的安全性，网络安全挑战本身也需要各种各样的应对措施，包括政府及时有效的监管反应，不断改革和提升引导技术，促进公众对网络事件重要性在文化层面上的理解。确保以上所有任务完成是公民进入一个开放、自由、安全的网络空间的先决条件，他们的个人数据机密将依据法律条例(尤其是国家立法、欧盟合约和欧洲人权公约)的保护原则进行处理。互联网是所有公民可以利用、应该利用的资源，作为一个信息化社会，

---

[1] *Global Risks Report*，2013.

[2] http://www.taoiseach.gov.ie/eng/Publications/Publications_2014/National_Risk_Assessment_report_2014.Pdf. 随着事件演变和技术发展，应对策略的灵活性将必不可少，这在本战略与时俱进、巧妙应变的贯彻落实中也能体现出来。

爱尔兰人民在网上进行社交娱乐、沟通学习、商业交易,过着不同程度的网络生活。因此保护这种生活方式和个人隐私数据是国家繁荣、社会发展和人权保障的先决条件。

2.2 经济

爱尔兰经济的持续增长和发展依赖于安全有效的数字基础设施。数字经济占据国家 GDP 的 5%,且年增长率约为 20%。但是,也有少数部门的运转不需要依赖信息通信技术,其中包括电力、天然气、金融业务和供水等关键经济基础设施。九家全球十大软件公司、全球十大信息通信技术公司和十大以互联网起家的企业在爱尔兰的一举一动都举足轻重。保护和维持这种解决了 10 万多人就业的投资方式是爱尔兰的首要任务,因此维系这类部门的长期治安对于国家经济至关重要,该领域的信息安全代表着爱尔兰经济增长的良机。基于国内新型云计算和大数据的发展,爱尔兰具有成为网络安全中心的真正潜力。

2.3 风险

互联网技术的各种应用和网络设备的广泛使用意味着不论从类型还是来源方面,互联网都面临重重威胁。这些威胁包括获取关注、窃取银行信息等相对级别较低的行为,也包括大量数据泄露,甚至信息通信系统被破坏的严重行为。某些情况下,网络攻击会导致设备和基础设施瘫痪,这些攻击的来源包括个人、犯罪团伙,有时候可能还包括以收集情报、破坏基础设施为目标的国家。由极端天气、人为失误和软硬件故障引起的安全事件也会给个体、企业和公共部门造成极大风险。

许多情况下,个人、企业和国家面临的风险都很相似,可通过同一回应方式加以缓和,其中好的做法包括:业务连续性计划、持续更新软件或确保个体清楚网络风险并接受应对训练。然而有些情况下,会出现更为具体也更为复杂的威胁,例如企业控制着大量数据或运行关键基础设施,此时风险会更加严峻,需要一套更加慎重的回应方案。从国家层面而言,爱尔兰面临着比许多其他国家更为复杂的风险。本国有许多以数据为中心的跨国企业,而国内数据中心又在不断兴起,这就意味着要重点考虑荣誉被毁损的潜在危险。

2.4 政府

爱尔兰政府已经推行了一系列措施,优化和改善信息系统的使用,促进经济增长、社会发展。

- 政府实行"国家宽带计划",旨在确保所有公民和企业都能获取可靠的高速宽带准入,拓展新业务,为经济和社会发展提供新机遇。
- 《爱尔兰国家数字战略》——"让数字技术遍地开花"——于 2013 年 6 月公

布,其强调提升网络参与度和参与质量。
- 2012年4月的《电子政务战略(2012—2015)》报告描述了变革后的公共行政管理方式,将公共参与和服务提供转移至线上。
- 2013年的"国家就业行动计划"旨在提供可持续就业机会,设法改善经济基础设施(包括维护信息通信技术安全),将爱尔兰打造成为人民安居乐业、安全舒适的环境友好型国家。
- 《公共服务ICT战略》公布于2015年1月,旨在提高公民和企业对新兴数字技术的创造性使用效率。

正在筹划中的爱尔兰和欧盟研究安排也将重心放在研究数字日程和《2020地平线计划》(包括明确的数字安全链)上。

国家提供的各项服务多多少少都依赖信息通信技术来完成。其中包括尽管比较基本但处于核心地位的邮件业务、电话业务和大量数据库,其包含数百万公民的个人数据及国内企业的商业数据。这些系统还含有广泛的在线平台业务,包括由农业部和税务专员之类的人员办理的业务,对机构运行和客户服务至关重要。

2.5 国家关键基础设施

国家关键基础设施(CNI)涵盖如水电、交通、电信、商务和公民健康等核心业务。如今网络和信息系统的融合意味着这些服务供应大体上依赖信息和通信技术的无缝操作。关键信息基础设施(CII)指的是支撑其他关键基础设施或提供核心服务的系统、服务、网络以及基础设施,包括电信网络、互联网、陆地和卫星无线网络。

虽然任何基础设施都面临自然事件或人为事件造成的毁损或破坏的风险,但国家关键基础设施和关键信息基础设施一旦损坏,将给国家安全、经济以及国计民生带来不利影响。虽然长期以来,政府一直在采取措施确保这些基础设施不受常规威胁的破坏,却愈发意识到网络攻击给基础设施带来的风险。然而,传统意义上的攻击和网络攻击还是有着实质性差别,传统攻击是动能攻击,要求物理接近,且易于归因;而网络攻击中这两个因素都毫无必要。对基础设施的网络攻击不断复杂化,扩散范围也更加明显,这意味着网络攻击必须引起重视。本战略涵盖了增强这一领域能力的一系列措施。

通信、能源和自然资源部中现有的计算机安全事件响应小组(CSIRT-IE)一直都在参与落实国内一般性应急计划,此外还有一些主要的回应机构(如警务服务中心、公共医疗卫生局和当地政府机关)、政府部门和危机规划局(OEP)监管下的其他机构。危机规划局在国防部和政府应急计划工作组的管辖范围内,由国防部长全权负责。这包括促进搭建爱尔兰国家紧急危机管理框架,培养面对突发事件和危机时的国家复原性,由此使攻击对国民生活的破坏实现最小化或得以缓和,实现紧急事件发生时处理结果最优化。《国家网络安全战略》展示了爱尔兰在国家应急计划中如何维护和提升国家关键基础设施的网络安全。

2.6　在欧洲和国际上的进展

自2001年以来,欧盟和国际的许多措施都旨在提升网络和信息安全。这些措施包括2005年成立欧洲网络信息安全署(ENISA),提高事件突发意识,强化培训,加强网络安全演习,制定政策提案,搭建一些平台如开展"关键基础设施保护交流大会(2009)"等。[1]《欧洲数字议程(2010)》[2]制定了一系列措施,大大保障了安全上网的可信度,其中各成员国将于2012年年底建成"覆盖全欧洲的国家级计算机应急反应小组的有效运行网络"。《欧盟电信框架指令(2009/140/EC)》已经向电信运营商提出了强制性的安全要求。2013年,欧盟发布了《网络安全战略》,重点强调五大关键支柱,即增加网络弹性(即网络恢复能力)、打击网络犯罪、促进提升网络防御性能、制定行业研究与发展的政策、将制定国家法律规范和行为准则作为国家外交的核心。

然而,威胁级别不断增加导致人们担心欧盟在该领域处于不利地位。鉴于此,欧盟委员会于2013年公布了一项指令提议。指令草案命名为《网络和信息安全(NIS)》,指令草案在欧洲理事会和欧洲议会引发了激烈讨论,预计2015年年末通过。该草案规定了各成员国应履行的义务,涉及预防、处理和回应针对在线贸易、能源、交通、银行金融服务和健康产业的网络安全事件和网络攻击。该草案还列出了一系列明确要求,包括:
- 国家层面上的战略发展;
- 指定国家权力机关或有关部门;
- 建立一个或多个国家计算机安全事件响应小组(CSIRT)并为之提供资源;
- 从战略操作层面制订成员国间的合作计划;
- 报告网络信息安全事件、特定事务的一致性风险管理和安全要求,提供信息社会服务或操控能源、交通、银行金融和健康行业等关键基础设施。

3. 指导原则

国家的职责是创建一个强健、稳定、连贯的监管框架,以保护网络和基础设施企业以及私人信息不受侵犯;国家还要支持私营领域的自我监管。需要遵循的指

---

[1] http://eur-lex.europa.eu/LexUriServ/LexUriServ.do? uri=COM:2009:0149:FIN:EN:PDF.
[2] http://eur-lex.europa.eu/legal-content/EN/TXT/PDF/? uri = CELEX:52010DC0245R(01)&from=EN.

导原则如下。

3.1 法治原则

我们强调遵循法治原则,确保在《宪法》和《欧洲人权公约》下,爱尔兰公民权利始终受到保障。

3.2 辅助性原则

不同的信息通信技术系统的所有权和操作方式也各异,因此国家无法独自承担保护网络空间和公民在线权利的责任。信息通信技术的所有者和运营商在维护自身网络系统和顾客信息方面负有主要责任。

3.3 基于风险的方法和比例原则

加大保护力度的措施需要在对个人、企业、公共部门和国家作为一个整体所面临的风险和威胁加以评估后进行确定。此外,这些措施要根据我们面对的各种风险和威胁加以调整。

4. 目　标

- 提升核心经济部门(尤其是公共部门)关键信息基础设施的恢复能力和稳健性。
- 继续与国际伙伴和国际机构保持友好关系,确保网络空间的开放性、安全性、统一性和自由性,促进经济繁荣和社会发展。
- 通过告知、培训、自愿行为守则等方式帮助增强企业和个人在维护自身网络、设备和信息安全方面的责任意识。
- 确保国家拥有全面灵活的法律法规架构,通过设立警务服务中心打击网络犯罪,强势有效、合适公平并兼顾保护敏感或私人数据。
- 确保适用于数据持有者、个人或其他的规范框架的稳健性、合适性和公平性。
- 培养从公共行政机构到私人部门充分参与网络事件的应急处理能力。

5. 措施层面

5.1 成立国家网络安全中心

我们将在通信、能源和自然资源部正式下设国家网络安全中心(NCSC)。国家网络安全中心将参与与网络安全相关的所有任务,着眼点放在维护政府网络、帮助工业和个人保护自身系统、维护国家关键基础设施安全方面。

计算机安全事件响应小组的建立是通信、能源和自然资源部在2011年年末在政府决议后立即启动的。迄今为止,计算机安全事件响应小组重点协助公共部门应对计算机安全事件,为减少威胁献计献策,还完成了国家网络安全中心在未来其他两大核心方面的一些初始工作。

本战略有效期内,国家网络安全中心的技能小组和支持基础发展计划如下。

- 国家网络安全中心将为政府计算机安全事件响应小组寻求正式认证,这对得到同行认可至关重要。该认证有望在2016年年初正式下达。
- 该中心将申请正式国家计算机安全事件响应小组的认证资格,同时还将发展在工业控制领域和数据采集(SCADA)系统中的能力。

国家网络安全中心权限如下:
- 提高国家关键系统和网络在应对网络事件和网络攻击时的行动力;
- 有效回应网络攻击;
- 负责保护关键信息基础设施;
- 建立并维系与国内外伙伴的合作关系。

5.2　公共机构的网络和信息安全

我们将采取一系列措施,提高政府部门和机构所用网络和信息的安全性,包括全面事件报道和策略升级。

这一举措将建立在对威胁和攻击的监测回应能力已取得进步的基础上。攻击渠道和威胁的演变使以往的网络安全技术无力应对,不得不采取纵深防御策略。这涉及为网络安全服务投入更多的设备和基础设施。国家网络安全中心的项目最终将生成这样一个系统——一个支持广泛的联合性安全事件管理(SIEM)系统。

5.3　通过基本立法全面贯彻实施网络和信息安全指令(NISD)

我们将引入基本立法,赋予国家网络安全计划法律效力,与拟议中的欧盟网络信息安全指令进行转换。这一过程将以透明协商的方式推进,爱尔兰立法议会将对其进行监管影响分析和立法监督。

5.4　一致的国际参与度

我们将继续参与网络信息安全在欧盟和全球范围内的讨论,包括未来针对互联网治理的全球辩论。我们将继续强调对安全度高、恢复能力强的互联网架构的持续需求,充分考虑和保障公民上网的基本权利,以推动经济和社会的持续发展。

我们还将与主要伙伴一道,从欧盟和国际层面上参与进来,落实政策措施,提升网络安全。

5.5 国家安全和监督

警务服务中心出于对预防和调查的考虑,预计会就预防性和调查性战略提供合适的建议和指导。它还将动用与其他安全服务间的联络关系,识别新的威胁和薄弱点,确立最佳预防措施。

5.6 网络犯罪

司法和公平部部长不久将通过立法,针对信息系统受到的攻击,赋予《布达佩斯网络犯罪公约和指令(2013/40/EU)》中的一系列规定以法律效力。我们将与该部以及国家认可的法律监管机构(如爱尔兰警务中心)保持密切合作,推进立法的实施。该关联将通过谅解备忘录正式建立,为各机构规定角色和义务。

5.7 军民合作

国防部队在网络安全领域具有一定建树,旨在保护自身的网络和用户信息不受侵犯。在研发技术技能、开展技术信息共享和演习参与等方面,国家网络安全中心和数字取证部门(DF)之间已形成深厚的合作传统。这些安排将通过与国防部签订的服务级别协议正式建立,其中包括国家网络安全事件和紧急问题中的技术技能共享机制。

5.8 关键基础设施

我们在保护国家关键基础设施的过程中,将通过由政府应急方案行动组和国防部危机规划局共同监督的国家应急管理系统继续发挥核心作用。如此一来,通信、能源和自然资源部不仅将作为领头羊在信息通信技术失败或遭受攻击时发挥作用,还将在涉及网络安全事件的其他政府部门扮演次要角色。

5.9 信息共享

威胁环境的动态变化意味着实现所有利益相关者间清晰、开放、快捷的信息访问和共享是至关重要的。计算机安全事件响应小组已经与其他国家的类似机构、欧洲网络与信息安全局(ENISA)等建立了稳固的双边关系。同样地,该机构在与其他公共部门和行业(如工业研究与信息服务处-计算机应急响应小组、自发性计算机应急响应小组)的信息共享中扮演正式的、活跃的角色。

国家网络安全中心将增强与国内外利益相关者的信息共享,尤其重视将正在发生的事件及时公之于众。特别地,它还将与互联网服务供应商共同制定协议,以识别用户数据和设备面临的威胁。

5.10　为行业/中小企业提供教育和培训

我们将开展教育和培训项目,先从改进后的"保障信息技术安全"网站开始,保障公民和中小型企业的线上安全。我们还将协同国际同行和学术部门,共同为国家关键基础设施所有人和公共部门机构开发结构化演习项目。

5.11　公众意识

我们将通过与教育体系、行业的合作,通过推广诸如"欧洲网络安全月"一类的活动来打造全社会网络安全文化。

5.12　与第三等级机构的关系

通信、能源和自然资源部与都柏林大学网络犯罪调查中心建立了长期的合作关系。我们将借助谅解备忘录促进信息共享、经验共享和最佳实践共享,推进该领域研究日程的发展,以此来持续发展并深化与第三等级机构的合作伙伴关系。

（谢建雯译,崔骋埕校）

俄罗斯联邦信息安全学说

(2016年12月5日)

> 一、总则
> 二、信息领域的国家利益
> 三、主要的信息威胁与信息安全状况
> 四、保障信息安全的战略目标及主要方针
> 五、保障信息安全的组织基础

一、总　　则

(1) 本学说是俄罗斯联邦在信息领域保障国家安全的官方观点汇总。本信息学说涵盖信息总体、信息客体、信息系统、互联网、通信网络、信息技术、与信息使用和研发相关的行为主体、与发展和利用上述信息技术相关的主体、与保障信息安全相关的主体以及相应的社会关系调整机制。

(2) 本学说使用了以下基本概念。

① 俄罗斯联邦在信息领域的国家利益(以下简称信息领域的国家利益),是指在保障信息领域的安全与稳定发展过程中,个人、社会和国家客观上的重要需求。

② 俄罗斯联邦面临的信息安全威胁(以下简称信息威胁),是指在信息领域致使产生危及国家利益危险的各种行为和因素。

③ 俄罗斯联邦信息安全(以下简称信息安全),是指个人、社会和国家免遭国内外信息威胁的防护态势,在遭到威胁的情况下保障个人和公民实现其宪法赋予的权利与自由,保障公民的生活质量和水平,维护俄罗斯联邦国家主权和领土完整、社会经济稳定发展,巩固国防和保护国家安全。

④ 信息安全保障,是指在以下方面要相互协调:法律、组织、业务研究、侦查、反侦查、科技、信息分析、专业人才、经济,以及在预警、检测、遏制、预防、反击信息威胁和消除其后果影响等方面的措施。

⑤ 信息安全保障力量,是指国家机关以及国家机关有关部门及公务员、地方

自治管理机关和根据俄罗斯联邦立法授权而执行保障信息安全任务的组织。

⑥ 信息安全保障手段,是指法律的、组织的、技术的和其他使用信息安全保障力量的手段。

⑦ 信息安全保障体系,是指运用信息安全保障手段实现计划性协调行动的各种信息安全保障力量的总和。

⑧ 俄罗斯联邦的信息基础设施(以下简称信息基础设施),是指设置在俄罗斯联邦领土上的,以及位于俄罗斯联邦司法管辖领土范围内,或依据俄罗斯联邦签署的国际协议使用的全部信息化项目、信息系统、互联网和通信网络。

(3) 本学说根据俄罗斯联邦国家战略优先权,基于对主要信息威胁的分析和对信息安全态势的评估,确定信息安全保障的战略目标和根本方针。

(4) 本学说的法律依据是俄罗斯联邦宪法、国际法和俄罗斯签署的国际条约公认的原则、联邦宪法性法律、联邦法律、联邦总统和政府颁布的规范性法律文件。

(5) 本学说是俄罗斯联邦信息安全保障领域的战略规划性文件,它发展了2015年12月31日俄罗斯联邦总统683号令批准的俄罗斯联邦国家安全战略,以及其他信息安全领域的战略规划文件。

(6) 本学说是信息安全领域制定国家政策和发展社会关系的基础,也是制定完善信息安全保障体系措施的依据。

二、信息领域的国家利益

(7) 信息技术具有全球性、跨国界的特点,并成为个人、社会和国家全部活动不可分割的一部分。信息技术的有效利用将加速国家经济发展,推动信息社会的形成。

信息领域在保障实现俄罗斯联邦国家战略优先权方面发挥着重要的作用。

(8) 信息领域的国家利益包括以下几方面。

① 保障和保护宪法赋予公民和个人在获取和使用信息方面的权利和自由,保障在使用信息技术时个人生活不受侵犯,保障信息技术对民主制度、国家与公民社会相互协调的机制的支撑,以及通过使用信息技术保护俄罗斯联邦各民族人民的文化、历史、民族精神和道德规范。

② 无论是在和平时期、遭受侵略直接威胁的情况下,还是在战争时期,都要保障信息基础设施的稳定和持续运行,首先是保障俄罗斯联邦的关键信息基础设施(以下简称关键信息基础设施)的安全和俄罗斯联邦电信网络的安全。

③ 发展俄罗斯联邦的信息技术行业和电子产业,完善生产、科研活动、科技组织的研发活动,生产和使用信息安全保障设备,为保障信息安全领域提供服务。

④ 准确地将俄罗斯联邦的国家政策、对国内外重要社会事件的官方立场传达

到俄罗斯社会和国际社会,运用信息技术保障俄罗斯文化领域的国家安全。

⑤ 促进国际信息安全体系的建立,抵御借助信息技术破坏战略平衡的威胁,加强在信息安全领域平等的战略伙伴关系,保护俄罗斯联邦在信息空间的主权。

(9) 为了实现信息领域的国家利益,要形成可信的信息交互环境,有稳定应对各类影响的信息基础设施,以便保障宪法赋予个人和公民的权利与自由,保障社会经济稳定发展以及俄罗斯国家安全。

三、主要的信息威胁与信息安全状况

(10) 信息技术的使用日趋广泛,已经成为发展经济、完善社会职能和国家制度的因素,但同时也引发了新的信息威胁。

信息跨境流动的复杂性,越来越多地被用于达成地缘政治与违反国际法的军事政治、恐怖主义、极端主义、犯罪和其他违法目的,进而损害国际安全和战略平衡。

鉴于此,对信息技术的应用若不与保障信息安全紧密结合,必然会提高信息威胁出现的概率。

(11) 影响信息安全态势的消极因素之一是,部分他国利用信息技术对军事用途的信息基础设施进行攻击的可能性与日俱增。

同时,一些组织对俄罗斯的国家机关、科研机构和国防工业企业的技术刺探活动也在加强。

(12) 作为施加信息心理影响的手段,个别国家扩大特别服务的范围,旨在破坏世界各地区的政治与社会局势,颠覆其他国家主权,破坏其他国家的领土完整。参与此类活动的有宗教组织、人权组织和其他组织等,包括一些个别的公民团体,因此信息技术被广泛使用。

国外大众传媒中,对俄罗斯国家政策进行偏见性报道的趋势正在上升。

俄罗斯大众传媒经常在境外遭到"露骨"的歧视,俄罗斯媒体记者从事职业活动也受到影响。

信息对俄罗斯民众的影响也在增加,首先就是针对青年人,目的在于弱化他们的俄罗斯传统道德价值观。

(13) 各种恐怖主义组织和极端主义组织广泛利用信息对个人、团体和社会意识的影响机制,加剧民族间和社会中的紧张对立,煽动宗教与民族的仇恨和敌意,宣传极端主义意识形态,甚至拉拢新的追随者参与恐怖活动。此类组织还采取积极手段破坏关键信息基础设施。

(14) 计算机犯罪大规模增长,首先是在金融信贷领域。侵犯个人和公民宪法性权利与自由的犯罪数量在不断增加,其中包括利用信息技术处理个人数据,侵犯私生活、个人及家庭秘密的行为。此类犯罪的方式、方法和手段也变得越来越狡猾。

（15）国防领域的信息安全状况呈现如下特点：个别国家和组织将信息技术用于军事政治目的的范围有扩大的趋势，其中包括违法颠覆俄罗斯及其盟国的主权、破坏政治与社会稳定、破坏领土完整等违反国际法的行为，威胁国际和平、全球及地区安全。

（16）国家与社会的信息安全形势日趋复杂，对关键信息基础设施的计算机攻击规模越来越大，外国针对俄罗斯的侦察活动也在加强，利用信息技术损害俄罗斯的主权、领土完整、政治和社会稳定的威胁也在不断增加。

（17）经济领域的信息安全状况是，有竞争力的信息技术发展水平不高，以及应用其生产产品与提供服务的能力不足。民族工业对国外信息技术依赖程度很高，尤其在相关的电子设备、程序保障、计算技术和通信设备等方面，这就使得俄罗斯的社会经济发展水平受制于外国地缘政治利益。

（18）科技教育领域的信息安全状况是，有发展前景的信息技术科研效能不足，国内研发水平较低，信息安全保障人才不足，公民保护个人信息安全的意识不高。在此种情况下，保障信息基础设施的安全，包括信息的完整性、可用性和稳定性，以及使用国产信息技术和安全产品常常缺乏配套基础。

（19）战略平衡与平等战略伙伴关系方面的信息安全状况是，个别国家利用技术优势谋取信息空间的霸权。

目前国家间资源的分配方式，对于保障互联网安全和稳定运行是必要的，但其并非基于信任原则下的共同的公正管理模式。

国际上缺乏调整信息空间关系的国际法规范，缺少充分体现信息技术特点的使用机制与程序，因此难以建立起保障战略平衡和平等战略伙伴关系的国际信息安全体系。

四、保障信息安全的战略目标及主要方针

（20）保障国防领域信息安全的战略目标如下：保护个人、社会和国家的重要利益，免受国内外将信息技术用于军事政治目的等违反国际法行为的威胁，其中包括颠覆国家主权，破坏领土完整，威胁国际和平、安全与战略平衡的敌对行为和侵略行为。

（21）根据俄罗斯联邦的军事政策，保障国防领域信息安全的主要方针是：
① 保持战略威慑和预防因使用信息技术而引发的军事冲突；
② 完善俄罗斯联邦武装力量、其他部队、军事单位和机关的信息安全保障系统，包括自身信息对抗力量与手段；

③ 预警、发现和评估信息威胁,包括俄罗斯联邦武装力量在信息领域面临的威胁;

④ 促进保障俄罗斯盟国在信息空间的利益;

⑤ 消除信息心理影响,包括消除有害于保护俄罗斯的历史根基和爱国主义传统的影响。

(22) 保障国家和社会信息安全领域的战略目标是:保卫国家主权,保持政治和社会稳定,保护俄罗斯的领土完整,保障个人与公民的基本权利和自由,以及保护关键信息基础设施。

(23) 保障国家和社会信息安全领域的主要方针是:

① 反对利用信息技术宣传极端主义意识形态、散布排外主义和民族主义思想,反对损害国家主权、政治和社会稳定和强制改变宪法制度和破坏俄罗斯联邦领土完整的行为;

② 制止外国特种部队、组织乃至个人运用技术手段和信息技术从事损害俄罗斯联邦国家安全的活动;

③ 提高关键信息基础设施的防御能力和运行稳定性,发展信息威胁的预警机制和检测机制,以及消除影响的机制,提高公民保护能力和领土防御能力,避免因信息技术引发的突发事件对关键基础设施造成的影响;

④ 提高关键信息基础设施项目的安全性,其中包括保障国家机关稳定协同运转,禁止外国对这些项目进行监控,保障其运行的完整性和稳定性,保障俄罗斯联邦电信网络的安全,以及在该网络中传输的信息的安全,保障俄罗斯领土上各种信息系统的信息安全;

⑤ 提高各种武器、军事技术和特种技术与自动化管理系统的安全性;

⑥ 提高预防利用信息技术实施违法行为的效能,有效防范此类违法犯罪行为;

⑦ 加强对含有国家秘密的信息的保护以及禁止传播的信息的监管,这需要依托相关信息技术保障能力的提升;

⑧ 完善产品生产和安全使用的方式、方法,扶持使用国内研发且能够满足信息安全要求的信息安全技术与产品;

⑨ 提高实现俄罗斯联邦国家政策信息保障的效率;

⑩ 消除淡化俄罗斯传统精神道德和价值观的信息影响。

(24) 保障经济领域信息安全的战略目标是:对于使用国产信息技术和电子工业发展水平不高而产生的消极因素,将其影响降至最低,研制和生产有竞争力的信息安全保障设备,提高在信息安全保障领域提供服务的规模和质量。

(25) 保障经济领域信息安全的主要方针是:

① 创新发展信息技术和电子工业部门,增加此类部门在国内总产品以及国家

出口结构中的数量份额;

② 通过组建、发展和广泛应用本国研发项目,包括利用其生产的产品和提供的服务,来消除国内工业对国外信息技术和信息安全设备的依赖;

③ 提高俄罗斯信息技术和电子工业企业的竞争力,提高研发、生产和使用信息安全保障设备企业的竞争力和在信息安全保障领域提供服务的企业的竞争力,包括为在俄罗斯领土上进行科研和生产创造有利条件;

④ 发展具有竞争力的本国电子元件基地和电子元件生产技术工艺,保障国内市场对此类产品的需求以及国际市场对其出口的需求。

(26) 保障科技教育领域信息安全的战略目标是,支持创新,加快发展信息安全保障系统、信息技术和电子工业。

(27) 保障科技教育领域信息安全的主要方针是:

① 使俄罗斯的信息技术获得竞争能力,发展信息安全保障领域的科学技术潜力;

② 创新和应用原有的能够有效应对各种情况的信息技术;

③ 进行科学研究,转换研发成果,创造有发展前景的信息技术和信息安全保障设备;

④ 在信息技术应用领域和信息安全保障领域发挥人员的潜力;

⑤ 保障公民免遭信息安全威胁,这就要求培养个人的信息安全素养。

(28) 保障战略平衡和平等战略伙伴领域的信息安全战略目标是,在信息空间形成稳定的、非冲突的国家间关系。

(29) 保障战略平衡和平等战略伙伴关系方面信息安全的主要方针是:

① 通过在信息领域独立自主地实现保护国家利益的政策,保卫俄罗斯联邦信息空间的主权;

② 参与国际信息安全体系建设,该体系应有效抵御违反国际法、使用信息技术于军事政治目的的行为,以及有效防范恐怖主义、极端主义、犯罪活动和其他违法活动;

③ 根据信息技术的特点建立国际法律机制,预防和调整在信息空间中国家间的冲突;

④ 在国际组织活动框架内推广俄罗斯的立场与观点,保障在信息领域中所有感兴趣的方面能开展平等互利的合作;

⑤ 发展俄罗斯互联网的国家管理系统。

五、保障信息安全的组织基础

(30) 信息安全保障体系是俄罗斯国家安全保障体系的一部分。

保障信息安全,需要依托立法、司法、检察、审判、监督以及与国家机关其他形式的活动相结合,同时与地方自治管理机关、组织和公民相配合。

(31) 信息安全保障系统的建设依据立法机关、执法机关和审判机关在该领域职权的划分,同时还要考虑俄罗斯联邦国家政府机关、俄罗斯联邦主体国家政府机关以及在信息安全领域俄罗斯联邦法律认可的地方自治机关管辖的对象。

(32) 信息安全保障体系的构成由俄罗斯联邦总统决定。

(33) 信息安全保障体系的组织基础由下列部门构成:俄罗斯联邦会议委员会、俄罗斯联邦会议国家杜马、俄罗斯联邦政府、俄罗斯联邦安全委员会、俄罗斯联邦政府执行机关、俄罗斯联邦中央银行、俄罗斯联邦军事工业委员会、俄罗斯总统和俄罗斯政府协调机关、俄罗斯联邦主体执行机关、地方自治管理机关、依据俄罗斯联邦法律参与解决信息安全保障任务的司法机关。

信息安全保障体系的参与者是:关键信息基础设施项目的所有者及运营者,大众传媒,金融信贷组织,外汇部门,银行和其他金融市场领域,通信操作员,信息系统操作员,创建和运营信息系统和通信网络的组织,研发、生产和运营信息安全保障设备的组织,在信息安全保障领域提供服务的组织,在信息安全领域从事教育活动的组织,其他依据俄罗斯联邦法律参与信息安全保障工作的社会团体、组织和公民。

(34) 国家机关信息安全保障工作遵循以下原则:

① 信息领域各种社会关系应具有合法性,所有参与此类社会关系的主体享有宪法赋予的平等地位,公民有权以任何合法方式搜索、获取、转发、生产和传播信息;

② 国家机关、组织和公民在执行信息安全保障任务时应相互配合;

③ 在信息领域,应在公民自由交换信息的需求与保障国家安全的必要限度之间保持平衡;

④ 通过对信息威胁的实时监控,确定足够的保障信息安全的设备和力量;

⑤ 遵守公认的国际法准则和规范,遵守俄罗斯联邦签署的国际条约,以及俄罗斯联邦的立法。

(35) 国家机关在保障信息安全工作中的任务:

① 保障公民和组织在信息领域的权利和法益;

② 评估信息安全状况,预警和发现信息威胁,确定威胁的主要方向,预防和消除其后果影响;

③ 计划、实施和评估信息安全保障系列措施的有效性;

④ 组织和协调信息安全保障力量,完善其法律、组织、业务搜索、侦查、反侦查、科技、信息分析、人员和经济等方面的保障措施;

⑤ 针对研发、生产和运营信息安全保障设备的组织,以及在信息安全保障领

域提供服务和从事教育活动的组织,制定和落实国家扶持措施。

(36) 国家机关在发展和完善信息安全保障体系方面的任务:

① 在联邦、区域间、地区、市政层面,以及在信息化项目、信息系统和通信网络人员层面加强垂直管理并集中力量保障信息安全;

② 完善信息安全保障力量相互协调的形式和方法,以提高其对抗信息威胁的准备能力,其中包括定期进行演练(学习);

③ 从信息分析和科学技术方面完善信息安全保障体系的功能;

④ 提高国家机关、地方自治管理机关、组织和公民在执行信息安全保障任务时相互协同的效率。

(37) 本学说的实现依托俄罗斯联邦战略规划性文件,为了落实俄罗斯联邦安全委员会的相关文件,应在俄罗斯联邦战略预测的基础上,确定保障信息安全主要方向的中期目标清单。

(38) 本学说的落实结果,将反映在俄罗斯联邦安全委员会秘书写给俄罗斯总统的关于国家安全态势及其强化措施的年度报告中。

(米铁男译)

英国国家网络安全战略(2016—2021)

(2016年11月1日)

> 序言
> 前言
> 1. 实施概要
> 2. 简介
> 3. 战略背景
> 4. 国家响应
> 5. 防御
> 6. 威慑
> 7. 发展
> 8. 国际行动
> 9. 指标
> 结论:2021年后的网络安全
> 附录

序　　言

在全世界实现数字化的国家中,英国数字化程度处于领先地位。当今英国的繁荣与否,很大程度上取决于我们在面对大量的威胁时,是否有能力保障我们的技术、数据和网络。

然而网络攻击出现的次数越来越频繁,而且更加复杂,破坏性也更大。所以我们正采取果断的行动以保护英国的经济以及英国公民的隐私。

《国家网络安全战略》阐明了我们的计划,即使英国在快速发展的数字世界中有信心、有能力、更坚挺。

在整个五年的战略周期里,我们将投资19亿英镑以维护我们的系统以及基础设施,威慑敌人,使整个社会——从最大的企业到每个公民——得到长足发展。

从最基本的网络卫生到最复杂的威慑,我们需要全面响应。

我们将用更强大的防御系统以及更好的网络技术提高网络犯罪分子向每个英国公民发动网络攻击所要花费的成本。这不再只是技术部门的问题,而涉及全体工作者。各行各业的工作者都需要掌握网络技术。

新建的国家网络安全中心将会为企业以及个人提供世界级的、用户友好的专业知识以及对重大事件的快速反应机制。

政府要发挥明确的领导作用,我们也要培育更广泛的商业生态系统,同时要认识到行业的创新比我们想象得更快,推动最优秀的年轻人加入网络安全的大军。

网络威胁会影响整个社会,因此,我们要非常清楚,每个人都必须在国家响应中发挥作用。这也是本战略拥有前所未有的透明度的原因。我们不能再闭门造车了。

当然,这一威胁也不可能被完全消除。数字技术有其开放性特点,也正因为其开放性带来了危险。我们可以做的是将威胁降低以确保我们仍然是数字革命中的先锋。本战略指明了如何去实现这一目标。

英国财政大臣

菲利普·哈蒙德(Philip Hammond)议员阁下

前　　言

英国的主要职责是保卫国家安全,并为公民打造强有力的政府。本战略体现了这些职责。在应对英国在网络空间中面临的威胁时,本战略提供一个大胆且富有雄心的路径。政府认识到其在领导国家应对威胁上负有的特殊责任,但控制和减轻这些威胁是我们所有人的任务。

政府致力于确保本战略中所规定的承诺得到执行,我们准确地监测并定期报告执行情况。我们也会不断审查我们的方法,以应对在面临威胁和安全技术变革时所要做的改变。

政府对公民、在英国经营的公司和组织以及国际盟友和合作伙伴都负有特殊责任。我们应该能够向他们保证,我们所做的一切努力都是为了让我们的系统更安全,保护我们的数据和网络免受攻击或干扰。因此,作为国家安全和经济福利的基石,同时也是其他国家效仿的榜样,我们必须将自己定为网络安全的最高标准,并确保我们能够坚持这些标准。我们需每年报告进展情况。

作为负责网络安全和政府安全的内阁办公室部长,我决心全面实施这一战略。我将与政府各部门的同事,地方行政管理部门的合作伙伴,更广泛的公共部门、行业和学术界密切合作,确保我们实现这一目标。

内阁办公室部长和主计大臣

本·葛尔玛(Ben Gummer)议员阁下

1. 实施概要

1.1 英国未来的稳定与繁荣都依赖于数字化。我们这一代人所面临的挑战是建立一个蓬勃发展的数字化社会,当面对网络威胁时,这个社会既要有更强的可恢复性,又要具备机会最大化和风险可控所需的知识和能力。

1.2 我们对互联网都有很强的依赖性。然而,互联网本质上是不安全的,并且总是有人试图利用其弱点来发动攻击。这种威胁不能被完全消除,但却可以将其风险大大降低到不影响社会持续繁荣发展的程度,同时要考虑数字技术带来的巨大机会在多大程度上使人受益。

1.3 在英国政府出资 8.6 亿英镑实行国家网络安全计划的支持下,2011 年出台的《国家网络安全战略》大大改善了英国的网络安全状况。通过采用寻求市场来推动网络安全行为的方式,该战略取得了重要成果。但在快速变化的威胁下,我们要在规模以及变化速度方面仍保持领先地位,采用这种方式是无法达成目标的。现在,我们需要更进一步。

1.4 对于 2021 年,我们的愿景是:英国在面对网络威胁时是安全的,具有可恢复性,在数字化世界中保持繁荣和自信。

1.5 为了实现这一愿景,我们将努力实现以下目标。

- 防御。我们有能力保护英国免受不断变化的网络威胁,有效地对事件做出响应,确保英国的网络、数据和系统得到保护以及具有可恢复性。公民、企业和公共部门都有保护自身所需的知识和能力。

- 阻止。使网络空间中对英国各种形式的侵略变得困难。我们发现、掌握、调查以及破坏所有加诸我们之上的敌对行动,追捕并起诉罪犯。我们有办法在网络空间里采取攻击性行动,而且也应该选择这样做。

- 发展。在世界领先的科学研究和发展的支撑下,我们的网络安全行业可以一直不断创新,不断成长。我们有自我培养人才的渠道,有满足本国在公共和私营部门方面需求的技能。我们的前沿分析和专业知识将使英国能够应对并克服未来的威胁和挑战。

1.6 基于上述目标,我们将采取国际行动,通过投资于伙伴关系来发挥我们的影响力,这些伙伴关系将以推动我们更广泛的经济和安全利益的方式,来塑造网络空间的全球进化。我们将深化与最亲密的国际伙伴的现有联系,这会加强我们的共同安全。同时我们也会同新合作伙伴建立关系,以建立其网络安全等级,维护英国的海外利益。我们将通过欧盟、北约以及联合国同多国建立双边以及多边关系。对那些在网络空间里危害我们或者我们盟友的利益的敌人,我们会向他们明确阐明这样做的后果。

1.7 为了在未来五年内实现这些成果,英国政府打算更积极地进行干预并增加投资,同时继续支持市场力量,以提高全国各地的网络安全标准。英国政府同苏格兰、威尔士以及北爱尔兰权力下放部门建立合作伙伴关系,致力于与私营以及公共部门的合作,以确保个人、企业以及组织采取安全的互联网行为。我们将采取措施进行干预(这是有必要的且会在我们的权力范围内进行)以提升国家利益,特别是在关乎英国关键基础设施的网络安全方面。

1.8 英国政府将利用其自身能力和行业的能力,开发和应用积极的网络防御措施,以显著提高英国的网络安全水平。这些措施包括将最常见的网络钓鱼数量降到最低,过滤已知的不良 IP 地址,并积极屏蔽恶意的线上活动。基础网络安全的改进将提高英国对最常见网络威胁的抵御能力。

1.9 我们创建了国家网络安全中心(NCSC),作为维护英国网络安全环境的权威机构,通过其来分享知识,解决系统性漏洞,并在关键的国家网络安全问题上发挥领导作用。

1.10 我们将确保武装部队具有可恢复性,并拥有所需的强大的网络防御能力以保护和捍卫其网络和平台。尽管存在网络威胁,军事网络也会继续运营并保证全球行动自由。军事网络安全运营中心将与国家网络安全中心密切合作,确保在发生重大的国家网络攻击时,武装部队可以给予协助。

1.11 对待网络攻击,我们将采取最合适的手段,以应对其他攻击相同的方法来回应。

1.12 我们将利用英国政府的权威和影响力,对普通学校到大学以及整个劳动阶层进行投资,解决英国网络安全技能不足的问题。

1.13 我们将设立两个新的网络创新中心,推动尖端网络产品和有活力的新网络安全公司的发展。我们还将从国防和网络创新基金中拨款 1.65 亿英镑,以支持国防和安全领域的创新发展。

1.14 在未来五年,我们将共计投资 19 亿英镑来显著改变英国的网络安全状况。

2. 简　　介

2.1 信息和通信技术在过去二十年中不断发展,现在已融入我们生活的方方面面。英国是一个数字化的社会。我们的经济和日常生活因此而更加丰富。

2.2 由这种数字化带来的变革创造了新的依赖关系。英国的经济、政府行政管理以及基本服务,现在都依赖于网络空间的完整性和支撑它的基础设施、系统和数据。对网络空间完整性的信任缺失将危及技术变革带来的益处。

2.3 最初,许多硬件和软件开发用于促进这种互联数字环境,优先考虑效率、成本和用户的方便性,但是从一开始便缺乏安全性设计。恶意行为的实施者(敌对国家、罪犯或恐怖组织和个人)会利用方便性和安全性之间的缺口。缩小此缺口是国家的当务之急。

2.4 互联网由计算机和移动电话扩展到网络物理系统或者"智能"系统,这也将远程操控的威胁扩大到一整套的新技术上。维持我们日常生活的系统和技术都与互联网连接,比如电网、空中交通控制系统、卫星、医疗技术、工业厂房以及交通信号灯等,因此很容易受到干扰。

2.5 《2015年国家安全战略》(NSS)重申,对于英国国家利益来说,网络威胁是一级风险。该战略阐明了政府打击网络威胁和"作为网络安全领域的世界领先者,会采取严厉以及创新措施来打击网络威胁"的决心,而本《国家网络安全战略》实现了这一承诺。

2.6 在准备制定这一新战略时,政府正致力于在2011年发布的第一个五年《国家网络安全战略》的成就、目标和判断的基础上建设网络安全。在此期间,政府投资了8.6亿英镑,并为已取得的成就感到自豪。过去五年中制定的政策、制度和举措帮助英国成为在网络安全领域世界领先的国家。

2.7 这些都是坚实的基础。但是那些威胁我们的人,他们威胁的持续性以及手法的巧妙,加之我们的能力以及防御力中普遍存在的脆弱性和差距,都意味着我们需要更努力地与威胁保持同步。如果想要有效地保护我们的网络利益,就需要一个完整的方法。基于以下评估,我们将进行进一步的投资和干预。

- 网络威胁的规模性和动态性,以及我们的脆弱性和依赖性,都意味着现有措施不足以维护我们的安全。
- 以市场为基础的改善网络卫生的措施并没有产生所需的速度和规模的变化;因此,政府必须以更直接的方式进行引导和干预,利用其影响力和资源应对网络威胁。
- 单是政府难以顾及国家网络安全的方方面面。政府和公民、行业以及别的合作伙伴需要采取一种嵌入式的、可持续的措施,以保障我们的网络、服务和数据发挥全部作用。
- 英国需要一个充满活力的网络安全部门,以与不断变化的威胁保持同步,甚至超前发展。

战略范围

2.8 本战略旨在制定政府政策,同时也提供了一个连贯的且令人信服的愿景,与公共和私营部门、民间社会、学术界甚至更多的人来分享。

2.9 本战略覆盖了全英国。英国政府将努力确保在英国所有地区实施这项战略,同时认识到,在一定程度上涉及权力移交事项时,我们将与权力下放政府密切合作,将其应用于苏格兰、威尔士和北爱尔兰(鉴于英国存在三个独立的法律管辖区以及四种教育体系)。战略中提出的涉及权力移交问题的提案,必须由政府根据移交协议获得权力下放政府的同意才能实施。

2.10 本战略陈述了从中央政府部门到跨行业领导人和个人公民,针对经济、社会所有行业所建议采取的措施。为了我们的集体利益,该战略旨在提高各级网络安全,并且在英国参与国际事务的基础上,促进良好的互联网治理。

2.11 在本战略中,"网络安全"是指对信息系统(硬件、软件和相关基础设施)、系统中的数据及其所提供的服务的保护,防止未经授权的访问、损害或者滥用的行为。这包括系统操作员故意造成的损害,或由于未能遵守安全程序而意外造成的损害。

2.12 根据英国对所面临的挑战的评估,同时在2011年战略所取得的成就的基础上,本战略着眼于以下工作。

- 我们对战略背景的最新评估,包括当前以及不断演变的威胁:谁会对我们的利益构成最严重的威胁,供威胁者支配的工具有哪些;
- 对漏洞的审查,这些漏洞在过去五年中的发展情况;
- 政府对2021年网络安全的愿景和实现这一愿景的关键目标,包括指导原则、角色和责任,以及政府干预将如何并在何处发挥作用;
- 我们如何将政策付诸实践:确定政府的领导领域和我们希望同其他人合作的领域;
- 在实现目标方面,我们要怎样评估所取得的进展。

3. 战略背景

3.1 在2011年发布上一个国家网络安全战略时,技术变革的规模及其影响就已经显现。随后其中提到的趋势便加快,机会也开始增多。新的技术和应用随处可见,世界各地,特别是在发展中国家,更多地利用基于互联网的技术,为经济和社会发展提供了越来越多的机会。这些发展已经给或将给我们这样联系日益密切的社会带来巨大的优势。但是,随着我们对本国以及海外网络的依赖程度越来越高,越来越多的人开始寻找机会破坏我们的系统和数据。同样,地缘政治格局也发生了变化。恶意的网络活动没有国家边界。国家行为者正在试验攻击性网络力量。网络犯罪分子正不断地试图通过他们的努力改善犯罪手法,以使英国公民、组织和机构付出更大的代价。恐怖分子及其拥护者正在进行低级别攻击,迫切希望以此开展更重要的行动。本章阐述了我们该如何对这些威胁的性质进行评估、我们的漏洞以及这些威胁会如何演变。

威胁

网络犯罪

3.2 本战略在以下两种相互关联的犯罪活动形式下处理网络犯罪。

- 纯粹的网络犯罪（cyber-dependent crimes）——是指仅通过使用信息和通信技术（ICT）设备进行的犯罪行为，该设备既是网络犯罪的工具，也是网络犯罪的目标（例如，开发和传播恶意软件以获取经济利益，以黑客方式窃取、损毁、扭曲或破坏数据和/或网络或活动）；
- 利用网络实施的犯罪（cyber-enabled crimes）——是一种传统的犯罪行为，使用计算机、计算机网络或其他形式的信息通信技术，可以扩大犯罪的规模和覆盖面（如利用网络进行欺诈和数据窃取）。

3.3 大多数针对英国的最严重的网络犯罪——主要是欺诈、盗窃和勒索，主要由东欧的俄语国家中有组织的犯罪团体（OCGs）出于经济动机实施，这些国家在犯罪市场上提供了许多服务。然而，还有来自其他国家或地区的威胁，来自英国本身的威胁，以及越来越受到关注的来自南亚和西非的新威胁。

3.4 在对英国最具破坏性的网络犯罪活动中，即使确定了负责该活动的关键人员，由于他们位于有限引渡或没有引渡安排的司法管辖区，英国以及国际执法机构往往难以起诉他们。

3.5 这些有组织的网络犯罪团体主要负责开发和部署日益先进的恶意软件，使英国公民、行业以及政府的计算机和网络感染病毒。这种影响分散到整个英国，但是累积效应很显著。随着勒索软件的广泛使用，以及用于勒索的分布式拒绝服务攻击（DDoS）造成的威胁，这些攻击变得更加有侵略性和对抗性。

3.6 虽然有组织的犯罪团体对我们的整体繁荣和稳定造成了重大威胁，但对个人或较小组织进行的、不太复杂但波及范围广的网络犯罪行为，其所造成的威胁同样值得关注。

互联网银行欺诈，包括使用互联网银行渠道用客户的银行账户进行欺诈性付款，到2015年增长了64%，欺诈金额达到了1.335亿英镑。欺诈性付款案件数量以最低23%的速度增长，英国反金融诈骗犯罪组织表明，犯罪分子越来越倾向于瞄准商业和高端客户。

国家以及得到国家支持的威胁

3.7 我们经常会看到各国及其支持的团体试图渗透英国的政治、外交、技术、商业以及战略优势网络，渗透领域主要集中在政府、国防、金融、能源和电信部门。

3.8 这些国家网络计划的能力和影响各不相同。网络技术最先进的国家持续提高其能力,将加密和匿名服务也集成到他们的工具当中,以保持隐蔽状态。虽然他们具有部署复杂攻击的技术能力,但他们通常会针对弱势目标使用基本的工具和技术来实现其目的,因为受害者的防御力很差。

3.9 只有少数几个国家拥有对英国整体安全和繁荣构成严重威胁的技术能力。但许多其他国家正在制定复杂的网络方案,可能在不久的将来会威胁英国的利益。许多国家注重发展网络间谍能力,购买现成的计算机网络开发工具,并重新利用这些工具进行间谍活动。

3.10 除了间谍威胁之外,少数敌对外国威胁者已经具备开发和部署进攻性网络的能力,包括破坏性威胁。这些能力威胁着英国关键的国家基础设施和工业控制系统的安全。在违反国际法的情况下,一些国家可能会使用这些能力,因为他们认为这样做是相对安全的,并鼓励其他国家效仿。虽然针对全世界的破坏性攻击仍然罕见,但它们的数量和影响正在上升。

恐怖分子

3.11 恐怖主义团体依旧试图对英国及其利益进行破坏性的网络活动。专家认为目前恐怖分子的技术能力很低。尽管如此,即使是低能力的活动,迄今为止对英国造成的影响也是非常大的:简单的毁损以及人肉搜索行为(非法侵入计算机获取的个人信息在网上泄露)可以使恐怖团体及其支持者引起媒体注意,同时还可以恐吓受害者。

"恐怖分子利用互联网以达到他们的目的并不等同于网络恐怖主义。然而,随着人们越来越多地参与到网络空间中来,并考虑到网络犯罪作为一项服务的可用性,可以推测恐怖分子会发起网络攻击。"

——欧洲网络及信息安全局《2015年威胁概况》

3.12 目前的评估结果是,现实的恐怖袭击将继续成为恐怖组织在短期内的首要任务,而不是网络恐怖袭击。随着越来越多的计算机精英参与极端主义活动,暗地里交换更高级的技术,我们设想英国将遭遇更多的低复杂性(毁损或分布式拒绝服务攻击)的破坏性活动。大量高技术的极端主义孤立行为者出现的可能性更大,随之而来的危险是,恐怖组织会找到这些内线交易者并将其吸收到组织中。恐怖分子会使用任何网络能力以实现最大的效果。因此,即使恐怖分子的网络攻击能力增长缓慢,仍旧会对英国及其利益造成严重威胁。

黑客活动分子

3.13 黑客活动分子比较分散,常常制造问题。由于他们有诸多不满,便形成组织并选择攻击目标,他们的许多行为都必须引起警惕。尽管大多数黑客在网络上的活动本质上是有破坏性的(篡改网页或分布式拒绝服务攻击),但是更有能力的黑客已经能够对其受害者造成更大而且更持久的损害。

内部人员

对英国的各种组织来说,内部人员威胁仍是一种网络风险。内部人员会造成巨大的威胁,他们在组织内是倍受信任的员工,可以访问组织内的关键系统和数据。他们可能通过窃取敏感数据和知识产权,导致组织的财务以及名誉受损。如果他们使用所掌握的特权,协助或发动攻击,会破坏或削弱其所在组织的关键的网络服务,或者清除其网络数据,如此也会构成破坏性的网络威胁。

同样令人关注的是,那些内部人员或者员工,会通过无意间点击网络钓鱼的电子邮件,将感染病毒的 U 盘插入计算机以及忽略安全程序、从互联网上下载不安全内容而意外地危害到网络。虽然他们没有故意损害组织的意图,但是他们有权访问系统以及数据,这意味着,他们的行为也同那些恶意的内部人员一样,会对组织造成同样大的破坏。这些人通常是社交工程学的受害者——他们可以在不知不觉间为诈骗犯提供访问他们组织网络的渠道,或者认真地执行诈骗犯的指令,从而使诈骗犯受益。

内部人员威胁给组织带来的网络风险,不仅仅是未经授权访问其信息系统及其内容。像对保护系统、禁止不正当访问,或者在不同形式的媒介上删除专有信息或敏感数据这样的物理安全控制也同样重要。同样,健全的员工安全文化对于不满的员工产生的威慑也很有效,在维护安全的综合方案中,工作中的欺诈、工业和其他形式的间谍活动也是一个重要因素。

"脚本小子"

3.14 所谓的"脚本小子"(通常是指不太熟练的个人使用他人开发的脚本或程序来进行网络攻击)不会对经济或社会构成更广泛的实质性威胁,但他们确实可以访问互联网上的黑客指南、资源和工具。由于许多组织使用的互联网系统中存在漏洞,在某些情况下,"脚本小子"的行为可能会对易受影响的组织造成很大的破坏性影响。

研究案例 1:塔克塔克公司的妥协

在 2015 年 10 月 21 日,英国电信提供商塔克塔克报告了一起成功的网络攻击事件,这次攻击可能攻破了用户数据。随后经调查证实,有人通过面向公众的互联网服务器访问了包含客户详细信息的数据库,大约 157 000 名客户的记录有泄露的风险,包括他们的姓名、地址和银行账户等详细信息。

在同一天,几个公司员工收到了一封电子邮件,要求用比特币支付赎金。攻击者详细描述了数据库的结构,以明确证明他们已经访问了该数据库。

2015 年 10 月和 11 月,在国家犯罪局专家的技术支持下,塔克塔克公司的泄露报告帮助警察逮捕了所有在英国的主要嫌疑人。

这次攻击表明,即使在大型网络组织中,漏洞也一直存在着。恶意者利用这些漏洞对塔克塔克公司的名誉造成了严重的损害,并导致操作中断,而且这一事件引起了众多媒体的注意。塔克塔克公司对泄露行为的快速报告使得执法部门及时做出反应,公众和政府都减少了潜在的敏感数据的损失。据估计,此次事件给塔克塔克公司造成了6 000万英镑的损失,同时塔克塔克公司损失了95 000名客户,公司的股价也急剧下跌。

研究案例2:孟加拉国银行的环球银行财务通信系统遭袭

环球银行金融电信协会提供了一个网络,使全世界的金融机构能够以安全的方式发送和接收有关金融交易的信息。由于环球银行金融电信协会发送的付款单必须通过机构相互之间的代理行账户来结算,那么长期以来一直让人忧心的问题便是,网络罪犯以及别的恶意行为者会破坏这一过程,他们企图将非法账单注入该系统,或者在最坏的情况下,他们试图禁用或中断环球银行金融电信协会所提供的网络本身的功能。

2016年2月初,攻击者侵入了孟加拉国银行的环球银行财务通信支付系统,并指示纽约联邦储备银行将资金从孟加拉国银行的账户转移到菲律宾的账户。他们企图诈骗9.51亿美元。银行系统阻止了价值8.5亿美元的30笔交易;然而,却通过了5笔价值1.01亿美元的交易。追踪到斯里兰卡,收回了2 000万美元。转移到菲律宾的余下的8 100万美元通过赌场洗钱后,其中一些资金随后转到中国香港。

孟加拉国银行提起的法庭调查发现,银行系统上安装了恶意软件,以收集银行用于国际支付和资金转账程序的情报。英国宇航系统公司进一步分析了与此次攻击有关的恶意软件,发现了其复杂的功能,可以与在孟加拉国银行基础设施运行的本地环球银行财务通信系统软件进行交互。英国宇航系统公司认为,"犯罪分子正在对受害组织进行越来越复杂的攻击,特别是在网络入侵领域。"

研究案例3:乌克兰的电网遭袭

2015年12月23日,乌克兰西部配电公司Prykarpattya Oblenergo和Kyiv Oblenergo的网络遭受了攻击并导致大规模断电,对配电网上的50多个变电站造成了破坏。据报道该地区停了几个小时的电,对许多其他客户和地区的电力供应造成了较小的干扰,影响了22万用户。

经过对网络样本的鉴别,发现攻击所使用的是第三代黑能量(BlackEnergy3)这种恶意软件。这种行为受到了一些人的指责。在攻击发生至少六个月之前,攻击者向乌克兰电力公司的办公室发送了网络钓鱼电子邮件,其中包含恶意的Microsoft Office文档。但是,恶意软件不太可能会打开导致断电的断路器。攻击者很可能利用恶意软件来收集认证信息,允许他们直接远程控制网络的各个方面,从而触发断路器,导致断电。

> 此次乌克兰事件是首个确认在电网上进行破坏性网络攻击的实例。这样的实例进一步表明,所有的国家关键基础设施(CNI)都需要良好的网络安全措施进行保护,以防止在英国发生类似的事件。

漏洞

设备的扩展范围

3.15 在2011年发布上一个《国家网络安全战略》时,大多数人都是通过保护其设备的方式(比如保护他们的台式计算机或者笔记本式计算机)来构思网络安全的。自那时以来,互联网已经越来越融入我们的日常生活,我们基本难以察觉其中的漏洞。"物联网"为利用这些漏洞创造了新机会,并增加了攻击的潜在影响,这些攻击有可能会造成人身伤害,在最坏的情况下可能会造成人员死亡。

3.16 工业控制过程中,在诸如能源、矿业、农业和航空等行业中,关键系统实现了快速连接,从而创造了工业物联网。同时,这让设备和过程具有了被黑客攻击和篡改后发生灾难性后果的可能性,以往这些设备和过程很难受到干扰。

3.17 所以,我们不仅容易受到因我们自己的设备缺乏网络安全性所造成的网络危害,而且会受到对我们的社会、健康和福利至关重要的互联系统的威胁。

网络卫生以及合规性不佳

3.18 在过去的五年中,英国意识到软件和网络中的技术漏洞,那么对网络卫生的需求无疑就增加了。这在一定程度上是诸如政府的"网络安全十步骤"等举措的实施结果,但也是因为重大网络事件对政府和企业的影响越来越大。网络攻击不一定很复杂,也不一定不可避免,攻击者通常利用漏洞来进行攻击,但这些漏洞很容易纠正,而且通常可以预防。在大多数情况下,网络攻击成功的决定因素仍然是受害者具有的脆弱性,而非攻击者自身的聪明才智。企业和组织根据成本效益的评估来决定在哪里以及如何投资网络安全,但他们最终还是得对其数据和系统的安全负责。只有通过平衡来自网络攻击对关键系统和敏感数据造成的风险,并对人员、技术和治理进行充分投资,企业才能避免受到潜在的网络危害的影响。

> "一百个人里总有一个人会打开钓鱼邮件,没有任何可设想的信息安全系统可以阻止,但这是其所需的。"
>
> ——克兰·马丁
> 英国政府通信总部网络安全总干事
> 2015年6月

缺少培训及技能不足

3.19 我们缺乏技能和知识来满足我们在公共和私营部门的网络安全的需求。在企业中,许多工作人员不具备网络安全意识,并且不了解他们在这方面的责任,其中部分原因是缺乏正规培训。公众的网络安全意识也不够。

"在过去一年中,只有不到五分之一的企业员工参加了网络安全培训。"

——《2016年网络安全漏洞调查》

3.20 我们还需要发挥专业的技能,以便能够跟上快速发展的技术并处理相关的网络风险。这种技能差距表明国家层面的网络漏洞必须得到解决。

遗留问题以及存在漏洞的系统

3.21 英国的许多组织在下一次信息技术升级之前,将继续使用易受攻击的遗留系统。这些系统上的软件通常会依赖于更旧的而且未修补的版本。攻击者往往会寻找并利用这些漏洞来攻击这些旧版本。另一个问题是一些组织会使用系统不支持的软件,这些软件并没有补丁。

"我们最近分析了互联网上和跨客户环境的 115 000 台思科设备,以此来引起人们对老化基础设施以及现有漏洞补丁缺乏导致的安全风险的关注……我们发现,115 000 台设备当中有 106 000 台设备的运行软件存在漏洞。"

——《2016年思科年度安全报告》

黑客资源的可用性

3.22 网络上有现成可用的黑客信息,以及用户友好型的黑客工具,这都让那些想要具备黑客技能的人得以实现其目的。为了成功地实施破坏行为,黑客所需要的信息通常是开放的,而且可以快速得到。每个人都需要知道,他们的个人资料和系统在互联网上的暴露程度,以及这些情况会使他们更容易受到恶意网络的攻击。

"在漏洞被公布一年多后,99.9%的漏洞已无危害。"

——《2015年威瑞森公司数据外泄调查报告》

结论

3.23 英国采取了相应政策并建立了相关机构,以提高我们的防御力,同时消除了我们在网络空间中会面临的一些威胁。

3.24 然而,我们并未领先威胁一步。恶意软件以及恶意网络攻击者的数量在迅速增长,我们已经基本适应必须应对的恶意网络攻击者的类型及其动机了。我们的对手拥有娴熟的技能,即选定国家和精英网络犯罪分子的能力已经有所提高。我们面对的共同挑战是,确保我们的防御能力不断改进,更加机敏,足以对抗他们,削弱恶意行为者攻击我们的力量,并发掘出现上述漏洞的根本原因。

4. 国家响应

4.1 为了减轻我们所面临的多重威胁,保护我们在网络空间中的利益,我们需要一套战略方针,在未来五年内,为我们在数字领域内所有的集体以及个人行动提供坚实基础。本节阐述了我们的愿景和战略方针。

愿景

4.2 2021年,我们的愿景是英国很安全,而且可以应对各种网络威胁,在数字世界里繁荣发展并充满自信。

4.3 为了实现这一愿景,英国将努力实现以下目标。

- **防御力** 我们有办法保护英国免受不断变化的网络威胁,对各种事件做出有效的响应,并确保英国网络、数据和系统可以得到保护和恢复。公民、企业和公共部门具有保护自己的知识和能力。
- **威慑力** 使英国很难成为网络空间中各种形式威胁的目标。我们侦查、了解、调查并破坏对我们所采取的敌对行动,对违法者进行追捕、起诉。只要愿意,我们有办法在网络空间中采取攻击性行动。
- **发展** 在世界领先的科学研究和发展的支撑下,我们的网络安全产业不断创新,不断增长。我们有自主的人才渠道,这些人才拥有的技能可以满足国家在公共和私营部门的需求。我们的前沿分析和专业知识将使英国能够迎接和克服未来的威胁和挑战。

4.4 基于这些目标,我们将通过投资来巩固伙伴关系,采取国际行动并发挥我们的影响力。我们将以促进更广泛的经济利益和安全利益的方式,塑造网络空间的全球进化。

原则

4.5 在实现这些目标时,政府将遵循以下原则。

- 我们的行动和政策必须做到既要保护英国公民,又要促进英国繁荣。
- 我们在面对针对英国的网络攻击时,要与我们遭遇同等的常规攻击一样认真对待,在必要时进行自我防御。
- 我们将遵循国内法和国际法,并期望他人也这样做。
- 我们将严格保护和促进我们的核心价值观。这些核心价值观包括民主、法治、自由、开放以及负责任的政府机构、人权和言论自由。
- 我们将保护英国公民的隐私。
- 我们会加强合作。只有同权力下放部门、所有公共部门、企业、机构以及公民合作,我们才可以很好地保障英国在网络空间中的安全。
- 政府将履行其职责并领导国家做出响应,但企业、组织和公民有责任采取合理步骤在网络中保护自己,并确保在安全事件发生时他们具有很强的适应力,可以继续工作。

- 各部部长、常务秘书和管理委员会要对公共部门组织的安全负责,包括网络安全以及对在线数据和服务的保护。
- 由于企业和组织未能采取应对网络威胁所需的行动而对公众和整个国家构成重大风险,我们不会接受。
- 在意识到网络威胁没有国界后,我们将会同许多国家密切联系,同与英国在安全方面有重叠的国家交流意见。我们承认广泛联盟的价值,并将服务于广大的国际合作伙伴,以影响更多的社区。
- 为确保政府干预正对整体国家网络安全和恢复能力产生着实质性影响,我们将设法定义、分析和提供数据,此数据可以衡量我们网络安全的现状,以及在实现我们的战略目标时所取得的成功。

角色和责任

4.6 保护国家网络空间需要集体努力。我们每个人都扮演着重要的角色。

公民个人

4.7 作为公民、员工和消费者,我们采取实际步骤,以保障我们在现实世界中重视的资产。在虚拟世界中,我们也必须这样做。这意味着我们要履行个人责任,要采取一切合理的措施,不仅要保护我们的硬件,即智能手机和其他的设备,还要保护无论是私人生活中,还是工作中为我们提供自由、便利和灵活性的数据、软件和系统。

企业和组织

4.8 在数字领域,企业、公共部门和私营部门及其他机构持有个人数据,提供服务并对系统进行操作。信息的互联性彻底改变了它们的运作,随着技术的变革,它们有责任保护其所持有的资产,维护它们提供的服务,它们销售的产品也必须符合适当的安全级别。公民、消费者以及整个社会都期望企业和组织能采取一切合理方法来保护他们的个人数据,并具有可修复性——有承受和恢复他们所依赖的系统和结构的能力。企业和组织也必须知晓,如果它们是网络攻击的目标,它们有责任承担后果。

政府

4.9 政府的主要职责是保卫国家免受其他国家的攻击,保护公民和经济免受损害,同时建立国内以及国际框架,维护我们的利益和基本权利,并将罪犯绳之以法。

4.10 政府持有重要数据,并作为服务提供者,会采取严格的措施为其信息资产提供保障。政府还负有重要的责任,即为公民和组织提供建议,并告知他们需要做什么以在网络上保护自己,并在必要时制定我们所期望的标准,以使重要公司和组织遵循。

4.11 虽然英国主要经济部门掌握在私人手中,但政府最终有责任确保国家系统有很强的可恢复性,并与其行政当局的伙伴一起,确保整个政府可以维持基本服务和职能。

推动变革:市场的角色

4.12 "2011年战略和国家网络安全计划"旨在通过寻求市场采取正确的行为以推动公共和私营部门取得成果,并提高其能力。我们期待来自商业的压力和来自政府的激励,可以确保对网络安全进行适当的商业投资,还可以促使投资进入我们的行业,鼓励向该部门输送足够的技能。

4.13 我们已经取得了许多成就。在整个的经济和社会中,过去五年里,人们日渐意识到网络安全的风险,并要求采取更多的行动以减轻网络风险。但是,按照所需的速度,市场力量和政府激励的结合本身并不足以保证我们在网络空间中的长期利益。包括核心部门网络在内的大多网络仍然不安全。市场不重视,缺乏管理,那么网络风险就肯定存在。太多的组织甚至在网络安全最底层的技术上仍然有可突破之处。没有多少投资者愿意冒险支持该行业。教育及培训机构培养的技能较强的毕业生寥寥无几。

4.14 市场仍然可以发挥作用,并且从长远来看,将比政府带来更大的影响。然而,英国面临的威胁的迫切性以及数字化环境的日益脆弱性,要求政府在短期内采取更进一步的行动。

推动变革:扩大政府的作用

4.15 因此,政府必须在满足国家网络安全需求方面确保领先地位。只有政府才能利用所需的情报和其他资产来保卫国家免受最复杂的威胁。只有政府能够推动公共和私营部门合作,并确保两者之间的信息共享。无论是在与行业协商,在定义什么才是良好的网络安全,还是在确保其实施方面,政府都必须发挥其领导作用。

4.16 在未来五年内,政府将大大改善我们的国家网络安全。这一雄心勃勃的变革性计划将侧重于以下四个宏观方面。

- 手段和激励措施。政府将进行投资,让真正具有创新潜力的英国网络部门最大限度地发挥潜能。我们将通过支持创业和投资创新来实现这一目标。我们还将努力在教育系统中尽快地识别和引进人才,并用更清晰的途径以便更好地定义职业。政府还将利用所有可用的途径,包括即将出台的《一般数据保护规定》(GDPR),在经济领域提高整个网络安全的标准,如果需要的话,将通过监管这种方式达成这一目标。

- 扩大针对威胁的情报和执法。情报机构、国防部、警察局和国家犯罪局将与一些国际合作机构相配合,会更加努力,以识别、预测以及瓦解国外行为者、网络罪犯和恐怖分子的恶意网络活动。这项举措旨在根据对手的意图和能力获得先发制人的情报,这将会提高他们的情报收集和利用效率。
- 技术开发和部署与产业结合,包括积极网络防御措施,以加深我们对威胁的认识。在面对网络威胁时,加强英国公众以及私人领域系统和网络的安全,并且制止恶意活动。
- 国家网络安全中心(NCSC)。政府已经建立了一个单一的、集中的、国家级的网络安全机构。该机构将会管理国家网络事件,为民众提供网络安全权威专业的建议,并且向各部门、权力下放部门监管机构和企业提供量身定制的支持和建议。NCSC 会分析、检测并了解网络威胁,同时会提供网络安全的专业知识,以支持政府促进创新,支持蓬勃发展的网络安全产业,并且促进网络安全技术的发展。这样一个面向大众的独特机构目前的上级机构是英国情报机构政府通信总部(GCHQ),它能够借鉴世界一流的专业知识,并有效利用该组织的能力,通过加强支持作用促进经济和社会更广泛的发展。政府部门仍有责任确保自身有效地实施这一网络安全建议。

"鉴于英国公司和大学的知识产权被工业级的大规模盗窃,以及大量的网络钓鱼和恶意诈骗软件浪费我们的时间和金钱,国家网络安全中心显示,英国正致力于打击网络上存在的威胁。"

——GCHQ 主任罗伯特·汉尼拔

2016 年 3 月

4.17 将这些举措应用到网络安全与恢复之中将需要额外资金。在《2015 年国防战略和安全评估》中,为履行其承诺并实现目标,政府已在五年中为此拨款 19 亿英镑。

国家网络安全中心

国家网络安全中心(NCSC)成立于 2016 年 10 月 1 日,为在政府、产业和公众之间建立有效的网络安全合作伙伴关系提供了独一无二的机会,从而保证英国的网络更加安全。该机构将会对网络安全事件做出回应,并成为英国网络安全的权威机构。重点领域能够与 NCSC 员工直接接触,并得到最佳的建议与支持,以保护网络与系统免受威胁。

以下是 NCSC 所提供的资源:
- 为政府在网络安全威胁情报和信息保障方面提供统一的建议;
- 为政府打击网络威胁的行动树立强有力的公众形象——与各产业、学术界和国际伙伴携手保障英国免受网络攻击;
- NCSC 是一个面向公众的组织,其可以影响 GCHQ,以使英国获得必要的秘密情报和世界一流的技术专长。

构建 NCSC 功能的整体战略将会分阶段进行。该机构汇集了英国国家信息安全保障技术局(CESG,即 GCHQ 的信息安全部门)、国家基础设施保护中心

(CPNI)，英国国家级计算机应急小组(CERT-UK)和网络评估中心(CCA)已经开发的功能，使我们能够在我们已拥有的最好基础上开展建设，同时大大简化了前期准备。它最初着眼于以下几个方面：

- 世界级的事件处理能力，以应对与减少网络事件的危害——从一些影响单一组织的事件到全国性、大规模的袭击；
- 为公共和私营部门处理网络安全问题提供通信服务，促进网络威胁信息的共享；
- 继续向政府和重点部门如电信、能源和金融部门提供专家意见，并向全英国提供网络安全建议。

NCSC 为政府提供了实施这项战略的包含多种要素的有效手段。我们认识到，随着 NCSC 的壮大，其关注点和能力将需要适应新的挑战，吸取新的教训。

实施计划

我们对本国未来五年内的网络安全充满信心。实现这些目标需要我们在数字领域采取有效行动并下定决心。实现政府愿景的行动将推进本战略的三个主要目标：保卫我们的网络空间，制止敌人以及增强我们的能力。这一切都以有效的国际行动为支撑。

5. 防　　御

5.0.1　该战略的"防御"元素旨在确保英国公众、商业和私人领域的网络、数据和系统充满活力并免受网络攻击。杜绝所有的网络攻击是不可能的，正如制止一切犯罪是不可能的。然而，与公民、教育领域、学术界、商界和他国政府相配合，英国能够筑成一道防御层，这将会大大减少我们遭遇网络攻击事件的概率，保护我们最为珍贵的财产，并允许我们成功掌控网络空间并使其繁荣发展。推进国际合作和良好的网络安全实践，符合我们的集体安全观念。

5.0.2　政府将会采取措施，确保公众、商界和私人领域的组织和机构获取正确的信息来保护自己。国家网络安全中心为政府提供威胁情报和信息保障的统一信息来源，确保我们能够为网络防御提供量身定制的指导，并迅速有效地应对网络空间中的重大事件。政府将会与行业部门和国际伙伴展开合作，确定对公众、私人部门、最为重要的系统和服务以及整个经济来说，什么才是网络安全。我们会使所有的关键系统都有安全保障。执法机构将会与产业部门和国家网络安全中心密切协作，提供有力的情报，使产业能够更好地进行自我防御，并推进保护性安全建议和标准。

5.1 主动网络防御

5.1.1 主动网络防御(ACD)是实施安全措施的原则,目的是加强网络或系统,使其更加坚实,免受攻击。在商业领域中,主动网络防御通常是指,在网络安全分析师了解网络威胁之后,设计并实施措施以主动打击或防御这些威胁的行动。在这一战略背景下,政府选择在更大规模上应用同样的原则:政府将利用其专业知识、能力和影响力,逐渐改变国家网络安全的现状,从而应对网络威胁。我们全力以赴要保卫的"网络"是英国的整个网络空间。所提倡的活动是一个防御性行动计划,利用NCSC的专业技能,在宏观层面应对英国所受到的网络威胁。

目标

5.1.2 在进行主动网络防御时,政府的目标是:
- 加强英国网络的可修复性,使英国不会轻易成为政府支持行为体网络罪犯的目标;
- 通过阻止黑客和其受害者之间的恶意软件通信,击败英国网络上绝大多数的高容量/低复杂性的恶意软件活动;
- 发展并扩大政府的能力范围和规模,挫败严重的网络犯罪威胁。
- 保护我们的互联网和电信通信免受恶意行为的劫持;
- 加强英国的关键基础设施建设和面向公众的服务,以抵御网络威胁;
- 破坏所有类型攻击者的商业模式,打击它们并减少它们的攻击可能造成的伤害。

途径

5.1.3 为了实现这些目标,政府将会采取以下行动。
- 与业界尤其是通信服务提供商(CSPs)携手,显著提高攻击者攻击英国互联网服务与用户的难度,大大降低网络攻击对英国持续影响的可能性。解决措施包括处理网络钓鱼、拦截恶意域名和IP地址以及其他挫败恶意攻击的措施。同样还包括保护英国的电信和互联网路由基础设施等措施。
- 扩大GCHQ的规模并加快其发展,增强国防部和国家犯罪局(NCA)的能力,以破坏对英国影响最为严重的网络威胁,包括复杂的网络犯罪分子和敌对外国行为者组织的活动。
- 更好地保护政府系统和网络,帮助行业建立更安全的国家关键基础设施(CNI)供应链,使英国的软件生态系统更安全,为公民提供政府在线服务的自动保护。

5.1.4 在可能的情况下,这些举措将会通过行业合作伙伴实施。很多行业都将是举措的设计者与领导者,而政府的重要贡献是提供专家支持、建议和思想领导。

5.1.5 政府也会采取具体行动实施这些举措,包括以下几点。

- 与CSPs合作阻止恶意软件攻击。我们将会通过限制访问已知的恶意软件来源的特定域名或网站来实现此目的。这就是域名系统(DNS)的阻止/过滤。
- 以在政府网络上部署电子邮件验证系统为标准,鼓励行业实施类似措施,防止依赖域名"欺骗"(电子邮件看似来自特定发件人,如银行或政府部门,但实际上是欺诈邮件)的网络钓鱼活动。
- 我们将通过多方参与的互联网治理组织来推动最佳安全实践,类似的组织如协调域名系统的互联网名称与数字地址分配机构(ICANN),因特网工程任务组(IETE)以及欧洲区域互联网注册机构(RIPE),并参与联合国互联网治理论坛(IGF)的利益相关者活动。
- 与执法渠道合作,使英国公民不会成为海外无保护基础设施的网络攻击目标。
- 努力实施控制措施,保护政府部门互联网流量的传输安全,确保其不会被恶意行为者非法转移。
- 投资国防部、NCA和GCHQ的项目,这些项目将会提高这些组织的能力,以使它们能够回应并破坏针对英国的受他国指使的和重大的网络犯罪活动。

随着威胁的升级,我们将会开发这些技术性措施来威慑攻击者,确保英国公民和企业在面对多数的大规模网络攻击时得到保护。

衡量标准

5.1.6 在建立有效的ACD方面,政府将通过以下几点来评估其进程。
- 英国是很难被"钓鱼"的,因为我们拥有大规模的防御措施来对抗恶意域名,我们还拥有更加积极的大规模反钓鱼保护。并且,通过其他形式的通信方式如"语音钓鱼"和短信诈骗来实施社会工程攻击将变得更有难度。
- 与网络攻击相关的大部分恶意软件通信和技术已被阻止。
- 英国的互联网和通信流量显然已不易被恶意行为者改变线路。
- GCHQ、武装部队和NCA在应对由他国指使的重大犯罪威胁方面的能力已显著提高。

5.2 建设更安全的互联网

5.2.1 技术变迁将大大降低对手在英国实施网络犯罪的能力,确保我们将来使用的在线产品和服务达到"默认安全"水平。这意味着制造商要默认将我们使用的软件和硬件内置安全控制激活,因此用户便可以体验到最高的安全性,只要他们自己不主动将其关掉。我们所面临的挑战是:通过支持终端用户,提供一种商业上可行且安全的产品或服务,以实现革命性的变化,所有这些都是在维护互联网的自由和开放性的背景下进行的。

"与互联网相关的事物正在迅速增加。2015年,我们看到了很多概念验证型的和现实世界的攻击,还识别了汽车、医疗设备以及其他设备中的重大漏洞。制造商需要优先考虑安全性,以降低有关个人、经济和社会的重大风险。"

——《赛门铁克2016网络安全威胁报告》

5.2.2 政府在探索这些新技术方面应发挥带头作用,这些新技术将会更好地保护我们的系统,帮助行业建立安全性更高的供应链,保护软件生态系统安全,并且为公民在线访问政府服务提供自动化保护。政府必须测试和应用新的技术,这种新技术可以为政府的在线产品和服务提供自动化保护。在可能的情况下,类似的技术应当应用于私人领域和英国公民之中。

目标

5.2.3 到2021年,大多数即将投入使用的在线产品和服务都会"默认安全"。消费者有权选择具有内置安全性的产品和服务,且这种安全是默认的。如果消费者愿意的话可以将这种设置关掉,但那些希望更加安全地访问网络空间的消费者会受到自动保护。

方法

5.2.4 我们将会采取以下行动。

- 政府会以身作则,将在互联网上提供具有安全保障的服务,而不依赖互联网本身的安全性。
- 政府将会与业界合作,开发更高级别的安全方案,使硬件和软件达到"默认安全"标准。
- 我们将在政府中采用新型网络安全技术,以降低风险,并且放权,鼓励下级部门也这样做。这将会证明新技术和新方法所带来的安全优势。

同时我们还会将安全保护作为新产品开发的核心,减少被犯罪分子利用的机会,以此来保护用户。

5.2.5 为此我们将会做到以下几点。

- 继续鼓励硬件和软件提供商销售默认激活安全设置的产品,要求用户主动禁用不安全的设置。一些供应商已经这样做了,但还有些供应商尚未采取这些必要的措施。
- 继续开发互联网协议(IP)信誉服务,以保护政府数字服务(这将会允许网络服务能获取连接自身的有关IP地址的信息,帮助服务方实时做出更明智的风险管理决策)。
- 在政府网络上安装能够确保软件正常运行且不受到恶意干扰的产品。
- 期待可以扩展到GOV.UK域名之外的其他数字服务措施,用来通知那些运行过期浏览器的用户。
- 投资类似可信平台模块(TPM)的技术和类似快速在线识别(FIDO)的新兴

行业标准,这种新兴行业标准并不依赖于密码进行用户验证,而是利用用户所持有的机器和其他设备进行验证。政府将测试新型的身份验证机制,并在安全性和整体用户体验方面演示这些设备所能提供的服务。

5.2.6 政府也将探索如何通过为新产品提供安全评级来激励市场,由此消费者可以有明确的信息,辨认哪种产品和服务可以提供给他们最高的安全性。政府还将探索如何将产品评级同现有和新兴的监管机构相联结,以及探索如何在消费者采取可能危及其自身安全性的行为时警告他们。

衡量标准

5.2.7 政府将在以下几个方面来衡量互联网的安全建设是否取得成功:

- 2021年,大多数在英国可获得的商品和服务都会使英国更加安全,因为它们启用默认安全的设置,或者已将安全融入它们的设计之中;
- 在国家、地方和权力下放管理部门提供的所有政府服务都得到了英国公众的信任,因为这些服务已被尽可能地在安全范围内实施,非安全因素在可接受的风险参数范围之内。

5.3 保护政府

5.3.1 英国政府、权力下放部门和公共部门持有大量的敏感数据。它们向公众提供必要的服务,并且运营着对国家安全至关重要的网络。政府系统支撑着社会的功能。公共部门的现代化服务将继续作为英国数字战略的基石——政府在数字领域的目标是希望英国成为世界上领先的数字化国家。为了保持公民对在线公共部门服务和系统的信任,政府所持有的数据必须受到保护,而且在面临敌对行为者不断尝试进入政府和公共部门的网络以获取其数据时,所有的政府分支都必须实施相应措施确保网络安全。

目标

5.3.2 我们希望获得以下成果。

- 公民能够放心地使用政府的在线服务:他们相信自己的敏感信息是安全的,反过来,他们清楚自己的责任,会以安全的方式在线提交他们的敏感信息。
- 政府将会制定并始终贯彻最为恰当的网络安全标准,以确保政府所有分支了解并履行义务,确保它们的网络、数据和服务的安全性。
- 保护政府的关键资产使其免受网络攻击,这其中包括最高级别的资产。

方法

5.3.3 英国政府将会继续将更多的服务移交给网络,因此,英国可以真正实现"默认数字化",政府数字化服务(GDS)、皇家商业服务(CCS)和NCSC将会确保所有由政府建立或采购的新兴数字服务同样"默认安全化"。

5.3.4 政府的网络非常复杂,在很多情况下,遗留的系统问题以及一些供应商已不再维护的商业软件依然存在其中。我们将确保遗留的系统问题和非维护软件不会产生无法控制的风险。

5.3.5 我们将会提高政府和公众部门对网络攻击的修复能力。这意味着确保所有系统、数据和有权访问这些系统、数据的人能够获得准确和最新的知识。网络事故的可能性和影响将会通过实施NCSC规定的最佳做法而最小化。政府也将确保能够通过事故演练和定期测试政府网络等措施来有效应对网络事件。我们将会邀请权力下放部门和当地权威机构适当地参与到这些演练之中。通过自动扫描,我们会确保自身能更好地了解政府的线上安全状况。

5.3.6 网络安全不仅涉及技术,几乎所有成功的网络攻击都涉及人为因素。因此我们将会继续向公众投资,确保每个为政府工作的人都能清楚地意识到网络风险。我们将会在风险极高的领域开发特定的网络专业技能,并确保我们通过适当的流程来有效管理这些风险。

5.3.7 NCSC将会开发世界领先的网络安全向导,这一向导要与网络威胁和新技术的发展保持同步。我们将采取行动确保政府机构能轻松获取威胁信息,从而使他们了解自己的网络风险,并采取适当行动。

5.3.8 我们将会继续改善最高机密网络,以保护政府最为敏感的通信。

5.3.9 在网络安全的背景下,健康和护理系统有了独特的挑战。在这一领域的40 000个组织里大约有160万名员工,每个组织都拥有广泛且不同的信息安全资源和能力。国家健康与护理数据监护已为英国的健康与社会护理系统设立了新的数据安全标准,并且为患者设立了新的数据同意/退出模式。政府将会与健康和社会关怀组织合作实现这些标准。

"英国在网络安全方面处于世界领先水平,但是随着威胁的增加,新的网络安全行动中心(CSOC)将会确保我们的武装部队继续安全运作。不断增加的国防预算意味着我们可以在网络空间领先于我们的对手,同时也可投资于常规防御能力。"

——霍恩·迈克尔·法伦先生(The Rt Hon Michael Fallon MP)
国防部长,2016年4月

5.3.10 网络安全对于我们的国防至关重要。无论是在英国还是在世界各地,我们的武装部队都依赖于信息和通信系统。国防部(MoD)的基础设施和人员是明显的目标。犯罪分子、外国情报机构和其他恶意行为者经常以国防系统为目标,企图利用其内部员工,破坏其业务和运营,污染并窃取信息。我们将会提升网络威胁意识,加强检测和应对网络威胁的能力,发展网络安全行动中心(CSOC),利用最先进的网络防御能力来保卫MoD的网络并处理威胁。CSOC将会与NCSC密切合作,来应对MoD受到的网络安全挑战,提升国家网络安全。

衡量标准

5.3.11 政府在保护政府网络、系统和数据方面的成果通过以下几点进行衡量：

- 政府对贯穿整个政府和公共部门的网络安全风险水平有深入的认识；
- 各个政府部门和其他机构按照其风险程度和商定的政府最低标准保护自己；
- 政府部门和公共部门能随机应变，有效应对网络事件，维持自己的功能并能在遇到安全威胁时迅速恢复；
- 政府所部署的新技术和数字服务能默认受到网络安全性的保护；
- 我们能意识到，并且能有效减少政府系统和服务中所有已知的安全漏洞；
- 所有的政府供应商网络都能满足适当的网络安全标准。

5.4 保护英国的关键基础设施和其他重点部门

背景

5.4.1 确保英国一些特定组织的网络安全是至关重要的，因为若针对它们的网络攻击一旦成功，就会对英国的国家安全产生最为严重的后果。这种后果可能对英国公民的生活、英国经济的稳定，或者对英国的国家形象和声望造成重大影响。公共和私人领域的优质企业和组织群体，包括国家关键基础设施（CNI），为国家提供根本性的服务。确保CNI的安全与抵御网络攻击将会是政府的头等大事。优质企业和组织群体同样还包括CNI以外的其他公司和组织，它们需要更大力度的支持。它们包括：

- 经济皇冠上的宝石——英国最为成功的公司，以及那些拥有自主知识产权的公司决定着英国未来的经济实力；
- 数据持有者——不仅包括持有大量私人数据的组织，还包括持有国内外弱势公民数据的组织，如慈善机构；
- 受威胁可能性高的组织——如媒体，媒体遭到网络攻击将会损毁英国的声望，摧毁公众对政府的信心或者危及言论自由；
- 数字经济的基石——驱动电子商务和数字经济，依赖消费者对其服务的信任的数字服务提供商；
- 通过市场力量和权威机构对整个经济发挥作用的一些组织，如保险公司、投资者、监管机构和专业顾问。

5.4.2 为保护我们经济之中这些极为重要的部门以及支持那些对他人影响很大的组织，很多事情需要处理。我们所有私人和公共领域的CNI仍然是攻击的目标。在很多重点部门内部，即使是在威胁不断多样化与增加的情况下，网络风险依然没有得到充分理解与妥善管理。

目标

5.4.3 在适当情况下,英国政府与权力下放部门和其他负责当局进行合作,确保英国的最重要的组织和公司在面临网络攻击时,能具有足够的安全性和应变力。无论是政府还是其他公共机构,都不会单独承担管理私营部门风险的责任,而要与董事会、业主和经营者共同商讨。但政府将在这些公司和组织面临网络威胁,以及它们被攻击之后提供支持和保护。

"网络安全是创新与扩张的关键,通过实施为组织量身定做的和以风险为核心的措施来实现网络安全,各组织可以将重点重新放在机遇与探索上。在物联网(IoT)内部成功运作的业务中建立信任,充分支持与保护个人以及他们的私人移动设备(从简单的电话到医疗设备,从智能家电到智能汽车),这是一个关键性的竞争优势,并且这必须成为一个优先事项。"

——《安永(EY)2015年全球信息安全调查》

方法

5.4.4 各组织和公司董事会有责任确保其网络具有安全性。它们必须鉴别关键系统,并根据不断变化的技术环境和威胁定期评估其脆弱性。它们必须对技术和员工进行投资,以降低当前和未来系统的脆弱性,并且在它们的供应链中保持网络安全水平与风险成比例。它们也必须拥有适当的测试能力,能够在攻击产生时有效应对。CNI须与政府部门和监管机构就此展开合作,政府据此可以确信网络风险正在得到妥善管理,如果不这样做,就会影响国家的安全利益。

5.4.5 因此,政府要了解本国CNI内部网络安全的水平,并采取适当措施进行干预,以推动符合国家利益的改进政策。

5.4.6 政府将会:

- 与行业共享只有政府才能获取的威胁信息,从而使其了解它们要防御什么事物;
- 提供关于如何管理网络风险的建议与指导,与行业和学术界协作,确定良好的网络安全是怎样的;
- 鼓励引进保护CNI所需的高端安全措施,如培训设施、测试实验室、安全标准和咨询服务;
- 与CNI公司开展演练,帮助它们管理网络风险和漏洞。

5.4.7 NCSC将会为包括CNI在内的英国最重要的公司和组织提供这些服务。它将与部门和监管机构合作,确认其部门对网络风险的管理是否达到国家利益所要求的水平。

5.4.8 政府还将确保建立恰当的网络安全监管框架,监管框架应遵循以下几点:

- 确保行业部门采取行动保护自己免受威胁;
- 以结果为导向,具备充分的灵活性,以免落后于威胁,或者导致合规而非健全的风险管理;
- 灵活高效,反应迅速,促进发展与创新,而不是领导它;
- 与其他司法管辖区的制度协调一致,使英国企业不因制度分散而增加负担;
- 结合政府的有力支持,为英国提供竞争优势。

5.4.9 我们的很多行业部门已出台网络安全管理制度。然而,我们必须确保整个内部机构,包括CNI,都采取适当的措施,控制网络安全风险。

衡量标准

5.4.10 政府将通过以下几点衡量在保护本国的CNI和其他重点部门方面是否取得成功:

- 我们了解整个CNI的网络安全水平,并有恰当的措施干预,在必要时推动其改进;
- 我们最为重要的公司和组织都了解危险的层级,并且实施相应的网络安全措施。

5.5 改变公众和商业行为

5.5.1 英国数字经济的成功依赖于企业和公众对在线服务的信心。英国政府已与行业和公共部门展开合作,增强对威胁的认识与了解。政府还向公众和企业提供了一些保护自己所需的工具。而很多组织都在做着处于世界领先水平的工作——保护自己以及为其他人提供在线服务,但大多数企业和个人仍然没有正确地控制网络风险。

"去年,大型企业由于信息泄露所造成的平均损失为36 500英镑,小型企业的平均损失为3 100英镑。据报道,去年65%的大型组织遭受了信息安全泄露的危害,其中25%的组织至少每个月都会受其危害。将近十分之七的攻击涉及病毒、间谍软件或恶意软件,这些攻击可能都已被政府的《网络要点方案》所阻止。"

——《2016政府网络健康检查和网络安全漏洞调查》

目标

5.5.2 我们的目标是确保个人和组织,无论规模大小,都能采取恰当措施保护自身以及其顾客免受网络攻击的侵害。

方法

5.5.3 政府将会提出保护国民经济的建议。我们将会改善传达这些建议的方法,以最大限度地发挥其作用。政府将会管理"信赖之声",增加政府信息的覆盖面、可信度和相关性。当个人正在接入服务和面临风险时,我们将提供操作性强且与个人相关的建议。我们将酌情与权力下放部门和其他当局合作。

5.5.4 至于企业,我们将会通过影响力较大的保险公司、监管机构和投资者等组织来确保企业控制网络风险。如此,我们将会通过这些市场影响者强调清晰的商业利益及要为网络风险付出的代价。我们将尝试更好地理解很多机构无法充分保护自己的原因,并与类似于专业标准机构的机构合作,提高企业意识,说服其采取行动。我们还将确保我们建立适当的监管框架去控制市场未能解决的网络风险。我们还会尝试使用杠杆机构,如 GDPR,以提高网络安全标准并且保护英国公民。

5.5.5 英国的个人、组织和机构将能够获取保护自身所需的信息、教育和工具。为了确保公众行为能逐步改变,我们将维护一系列来自政府和我们的合作伙伴的、连贯一致的网络安全指导信息。NCSC 将会提供技术性建议以支持该指导。它将反映企业和公众的优先事项和做法,并且明确、一致、易于获取,同时紧跟威胁的进展。执法机构将与行业和 NCSC 密切合作,共享最新的刑事威胁情报,支持行业保护自身免受威胁,并减轻攻击对英国受害者的影响。

衡量标准

5.5.6 政府将在保护本国的 CNI 和其他重点部门方面,通过以下几点进行衡量:

- 英国网络安全水平要相当于或者高于比较发达的经济体;
- 对英国企业发动网络攻击的数量、严重性和影响都有所下降;
- 整个英国的网络安全文化有所改善,因为各机构和公众了解他们的网络风险层级和他们管理这些风险所需采取的网络卫生措施。

5.6 管理网络事件并了解威胁

5.6.1 影响公共和私人部门的网络事件的数量和严重性有可能会增加,因此我们需要确定在一项网络事件中,私人和公共领域是如何参与到政府之中。我们将会确保英国政府对每个部门的支持(考虑其网络的成熟度)被明确界定和了解。政府对威胁信息的收集与传播,必须以适合所有类型组织的方式和速度提供。私人部门、政府和公共部门能顺利地获取多种有关网络安全的信息、指导和帮助。这个过程必须精简化。

5.6.2 我们必须确保政府所提供的服务不是孤立存在的,而是与私人部门相合作的,不仅响应事件,而且提供指导。我们的事件管理流程应该反映一个应对事件的方法,由此我们可以向合作伙伴学习。我们还将继续利用我们与其他计算机应急小组(CERTs)和盟友的关系,作为我们事件管理职能的一个组成部分。

5.6.3 当前政府部门的事件管理仍然有些分散,本战略将创建一种统一的方法。NCSC 将会提供一种精简并有效的政府主导事件响应功能。在严重的网络事件中,我们将会确保武装部队能够提供援助。与此同时,我们将会提供力所能及的支持,政府会继续强调行业、社会和公众保卫其基本网络安全的重要性。

目标

5.6.4 我们的目标如下。

- 政府将基于对威胁和所采取行动的更好理解和意识,提供一种单一、联合的事件管理方法。NCSC 将成为关键推动者,也将与私人部门、执法机构和其他政府部门和机构进行合作。
- NCSC 会根据受害者的资料,为事件报道制定明确的程序。
- 我们将会防止最常见的网络事件发生,并且会具备恰当有效的信息共享机制进行"事前"规划。

方法

5.6.5 机构和企业有责任在公共和私人领域确保网络的安全,并且执行事件响应计划。在重大事件中,政府的事件管理流程将反映网络事件的三个不同要素:原因、事件本身和事件之后的反应。

5.6.6 为了提供对政府和私人部门都有效的事件管理,我们将密切合作,审查和界定政府应对措施的范围,以确保加强合作。我们将对威胁进行深入了解并增强意识,建立国家网络演习计划,加强我们对公共和私人部门合作伙伴的支持力度。

5.6.7 我们将树立可信与可靠的政府形象,提供事件咨询、协助和鉴证服务。这将会提高英国数字群体的网络安全意识,并使我们能够更好地识别事态发展,采取积极措施,并最终防止事故发生。

5.6.8 我们将提供更有效的服务,以推动自动化信息共享(也就是说,在面对事件或攻击时,网络安全系统会自动报警)。信息共享将有利于相关机构对威胁信息采取迅速行动。

衡量标准

5.6.9 政府将通过以下几点衡量事件管理是否有效:

- 向政府机构汇报的安全事件比例更高,从而使政府能更好地了解威胁的大小和规模;
- 由于 NCSC 创造了一个集中的事件报告和响应机制,对网络事件的管理更加有效、高效和全面;
- 在国家层面,我们将对攻击追本溯源,减少对多个受害者和部门的重复攻击事件的发生。

6. 威　　慑

6.0.1　国家安全战略中声明,防御和保护始于威慑,无论是在网络空间领域还是其他领域,这句话都是真理。在数字世界,要想实现一个国家安全、繁荣、自信,在面对网络威胁时具有可恢复性这一愿景,我们必须阻止那些会伤害我们利益的人。为了实现这个目标,我们所有人需要继续提高网络安全水平,以使网络空间里的攻击(无论是窃取信息还是散布损害我们的信息)都不容易得逞。我们的对手必须知道他们无法逍遥法外:我们能够随意使用最恰当的方法,识别他们并采取行动对抗他们。我们将会继续在全球建立联盟,促进国际法在网络空间中发挥作用。我们也会更加积极地破坏那些在网络空间里威胁我们的人所进行的活动,并破坏他们所依赖的基础设施。

6.1　网络在威慑中的作用

6.1.1　我们必须在网络空间领域保卫自己的利益和主权,正如我们在实体领域的行动关系到我们的网络安全和威慑一样,我们在网络空间里的行动和姿态必须有助于更广泛的国家安全。

6.1.2　威慑原则适用于网络空间与实体空间。英国明确表示,我们的全部能力将用于威慑敌人,并剥夺他们攻击我们的机会。然而,我们认识到,网络的安全和可恢复性是防止遭受攻击(利用网络漏洞)的一种方式。

6.1.3　我们将寻求一种国家级综合方案,使英国不易成为攻击目标,削减对手的利益并提高其攻击成本——无论是在政治、外交、经济,还是在战略方面。我们必须确保潜在对手了解我们的能力和反应意图,从而影响他们的决策。我们应具备所需的工具和能力;不给对手机会损害我们的网络和系统;了解他们的意图和能力;打击大规模恶意软件威胁;并在网络空间中保护国家安全。

6.2　减少网络犯罪

6.2.1　我们需要增加网络犯罪活动的成本和风险,并减少其所带来的收益。我们必须增强英国对抗网络攻击的能力,减少漏洞,还要坚持不懈地追击持续以英国为目标的罪犯。

6.2.2　执法机构将专注于追击坚持不懈地攻击英国公民和企业的罪犯。我们将与国内外的合作伙伴配合,锁定处在任何位置的犯罪分子,并摧毁其基础设施和网络。执法机构也将继续提供帮助,与NCSC协作,提高网络安全意识和标准。

6.2.3　该策略补充了《2013年严重和集团犯罪对策》,其中阐述了英国政府对网络犯罪以及其他类型的严重和集团犯罪的应对战略。国家网络犯罪小组(NCCU)设在国家犯罪局(NCA)之内,其设立的目的是领导和协调面对网络犯罪时的国家响应。防治诈骗行动处(Action Fraud)设立了一个诈骗和网络犯罪的国家报告中心。区域集团犯罪小组(ROCUs)内的网络犯罪小组提供区域层面的专业网络能力,支持 NCCU 和地方部队。

目标

6.2.4 我们将通过阻止网络犯罪分子袭击英国,并无情地追捕那些坚持攻击我们的人,从而减少网络犯罪对英国及其利益的影响。

方法

6.2.5 为了减轻网络犯罪的影响,我们将会采取以下措施。

- 提高英国在国家、区域和地方层面的执法能力和执法技能,以识别、追究、起诉和制止在英国和海外的网络罪犯。
- 更深入了解网络犯罪的商业模式,这样我们便能知道在哪里采取干预措施会对犯罪活动产生最具破坏性的影响。我们会:
  - 使英国成为一个犯罪成本高、风险大的环境,通过瞄准英国的犯罪关系网并与行业合作,降低犯罪分子利用英国基础设施的能力;
  - 处理网络犯罪上游区域,通过摧毁犯罪商业模式的基础设施和金融网络,增大其阻力,并在可能的情况下,将罪犯绳之以法。
- 建立国际合作伙伴关系,使网络罪犯不再逍遥法外,并将海外司法管辖区的罪犯绳之以法。
- 建立早期干预措施,阻止公民被网络犯罪吸引或参与网络犯罪活动。
- 加强与行业的合作,主动为它们提供关于威胁的情报,反之,其向我们提供它们所拥有的上游情报,以协助我们破坏上游的犯罪活动。
- 在防治诈骗行动处内部开发一种全新的全天候报道功能,与 NCSC、NCA 中的国家网络犯罪小组和执法部门联系,加强对网络犯罪受害者的支持,更迅速地对已报告的犯罪做出响应,改进保护性安全建议。这种新的报告系统将用来实时共享网络犯罪和威胁的执法信息。
- 与 NCSC 和私人部门合作,减少英国基础设施中容易被网络犯罪大规模利用的漏洞。
- 与金融部门合作,扰乱犯罪分子的网络,以使英国不易被那些试图从窃取的信息中获利的行为攻击。

衡量标准

6.2.6 政府将通过以下几点衡量在减少网络犯罪方面是否取得成功:

- 受执法干预的影响,逮捕和定罪的人越来越多,大量的犯罪网络被摧毁,我们对攻击英国的网络罪犯会有更严厉的毁灭性打击;
- 执法能力提高,其中包括专家和主要官员的能力和技能的提高,国外合作伙伴的执法能力也有所加强;
- 对罪犯早期干预、劝阻和改造的效率提高并且规模扩大;

- 针对网络犯罪的服务更不易获取,效率也更为低下,低级别的网络犯罪越来越少。

> **如果你成为网络犯罪的受害者应当怎么做**
>
> 如果你是一名普通公民,你认为自己成为网络犯罪或者网络欺诈的受害者,你应该联系防治诈骗行动处。
>
> 你可以在一天中任何时间使用防治诈骗行动处的在线报告系统报告你所遭遇的事件,或者致电 03001232040 进行投诉。获取更多信息请浏览 www.actionfraud.police.uk。
>
> 防治诈骗行动服务由伦敦市警察局提供。

6.3 打击外国敌对行为者

6.3.1 我们需要全方位施展政府的能力,以应对外国敌对行为者给我们政治、经济和军事安全带来的威胁。与国际伙伴合作将是我们成功的关键,我们要更加强调参与国际合作,以对抗威胁。大部分行动都不在公共领域的范畴内。我们对主权能力、与行业和私人部门的合作的投资将继续巩固我们的能力,以侦查、观察和识别那些针对我们不断演变的犯罪活动。

目标

6.3.2 我们将会针对每个对手制定恰当的策略、政策和优先事项,确保能够采取主动、精准和有效的措施来应对威胁,在未来压低网络事件的数量和严重性。

方法

6.3.3 为减少来自外国敌对行为者的网络威胁,我们将会采取以下措施。

- 加强国际法在网络空间的应用,除此之外,推动自愿履行、不具约束力的负责任国家行为规范,制定信任措施。
- 通过集体防御、安全合作等方式与国际伙伴合作,同时增强北约(NATO)成员国的威慑力。
- 确定对手在网络活动中的特性和共性。
- 创造并探索所有可能性来阻止和应对网络威胁,全方位发挥政府的能力。我们将会充分考虑其他的有关因素,这些因素包括国家特定战略、国际网络的优先级以及网络犯罪和社会繁荣目标。
- 利用现有的网络和关系,与我们的主要国际合作伙伴共享当前和新的威胁信息,增加现有理念和专门知识的价值。
- 将特定的网络身份公开,当我们判定这样做符合国家利益时。

衡量标准

6.3.4 政府打击国外敌对行为者是否有效将通过以下几点进行衡量:

- 我们与国际伙伴建立的信息共享网络更为坚固,支持各国的合法和负责任行为的多边协议更为广泛,这些都在持续提高我们了解并应对威胁的能力,以帮助我们更好地保护英国;
- 我们的防御和干预措施以及国家具体策略正使英国更难成为外国敌对行为者的目标。

6.4 预防恐怖主义

6.4.1 当前恐怖主义者拥有的技术能力依旧有限,但他们依然渴望对英国实施毁灭性的计算机网络攻击,破坏是其网络活动的主要目标。政府将确定并打击正在或试图利用网络实施不法行为的恐怖分子。这样,我们会把他们造成的影响最小化,同时要遏制其袭击能力的提升,因为这些可能进一步威胁英国的网络和国家安全。

目标

6.4.2 通过查明和干扰能够威胁英国国家安全的网络恐怖分子,减轻他们利用网络进行攻击的威胁。这些恐怖分子已拥有或追求建立威胁能力。

方法

6.4.3 确保网络恐怖主义构成的威胁保持在较低级别,我们会采取以下行动:

- 检测网络恐怖主义威胁,识别试图对英国和我们的盟国实施破坏性网络行动的行为人;
- 调查并阻止网络恐怖分子,防止他们对英国及其盟国进行网络攻击;
- 与国际伙伴密切合作,使我们有能力更好地解决网络恐怖主义的威胁。

衡量标准

6.4.4 政府防范恐怖主义威胁是否有效将通过以下几点进行衡量:

- 通过识别和调查网络恐怖主义对英国的威胁,充分了解网络恐怖主义所造成的威胁;
- 在早期密切监控和破坏网络恐怖分子的攻击能力,防止恐怖分子攻击能力的不断提升。

6.5 提高主权能力——攻击性网络

6.5.1 攻击性网络能力包括蓄意入侵对手的系统或网络,目的是对其造成伤害或破坏。攻击性网络构成了我们即将开发的全方位系统的一部分,这种系统的作用是在网络空间和实体空间之内抵御对手,以及剥夺他们攻击我们的机会。通过国家攻击性网络计划(NOCP),我们将会拥有专业能力,以便在网络空间采取行动,并且将会利用资源来提升这种能力。

目标

6.5.2 遵照英国国内法律与国际法,我们会确保我们拥有恰当的攻击性网络能力,以供随时随地部署,无论是出于威慑还是出于行动目的。

方法

6.5.3 为了实现该目标,我们将采取以下行动:
- 对 NOCP 进行投资,国防部与政府通信总部开展合作,利用两家机构的技能和人才,获取所需的工具、技巧和谍报技术;
- 提升使用攻击性网络工具的能力;
- 发展武装部队的力量,将攻击性网络能力当作军事行动密不可分的部分,从而扩大我们通过军事行动获得的整体影响力。

衡量标准

6.5.4 政府将通过以下几点去衡量攻击性网络能力的建设情况:
- 英国在攻击性网络能力方面处于世界领先地位;
- 英国已经建立了一套技能和专门知识,来开发和部署本国主权攻击性网络力量。

6.6 提高主权能力——密码学

6.6.1 密码是保护我们最为敏感的信息、选择如何部署我们的武装部队和国家安保功能的基础。为了维护这种功能,我们将需要经 GCHQ 认可的私人部门的技术。这可能需要英国国民在必要的安全许可下完成工作,为那些在讨论设计和实施细节方面准备对 GCHQ 完全坦诚的公司工作。MOD 和 GCHQ 正开展工作,以加强了解维持这种主权加密能力的长期成本影响,并基于当前的市场状况,与能够提供此类解决方案的公司展开合作。

目标

6.6.2 英国将会对那些对国家安全至关重要的加密功能具有政治控制力,对此我们十分有信心,这也是保护英国机密的方法。

方法

6.6.3 我们将会选择能够有效地与同盟共享信息的方法,并确保我们可以随时在需要时获得可信的信息和信息系统。与其他政府部门和机构密切合作,GCHQ 和 MOD 将共同定义主权要求,以及当供应商必须来自国内时,如何最好地满足这些要求。这将通过一个新的联合框架(确定运行优势和自由行动的要求)来实现。

衡量标准

6.6.4 政府在维护密码功能方面是否成功将通过以下内容进行衡量:
- 我们的主权加密功能是有效的,能保护国家秘密并确保敏感信息的安全,不在未经授权的情况下泄密。

加密

加密是对数据或信息进行编码,以防止其在未经授权的情况下被访问的过程。

政府是支持加密的。这是一个强大的、以互联网为基础的经济的基石:它保护着个人信息和知识产权的安全,并确保电子商务安全。

但随着技术的不断发展,我们必须确保那些意图在法律范围之外进行不法行为的恐怖和犯罪分子无法获得绝对的"安全空间"。

政府希望以同行业合作的方式来发展技术,从而确保警方和情报机构可以在健全的法律框架和明确的监督之下,访问恐怖分子的通信内容。现有的立法允许恐怖分子的通信内容在授权令下被拦截,企业有责任向有关当局提供这种授权令和所需的通信技术。提供这种授权令后,企业会被要求删除它们已应用的或者代表它们应用的任何密码,使得所提供的材料具有可读性。法律规定,企业需要采取合理措施实施授权令,任何合理性评估都必须包括评估企业删除密码所需采取的措施。

7. 发　　展

7.0.1　发展战略显示出我们将如何获取和加强英国所需要的方法与能力,以应对网络威胁。

7.0.2　英国需要更具才能的、优秀的网络安全专家,英国政府也会行动起来,填补网络安全专家的需求与供给之间的不平衡,并且为这一领域的教育与培训注入新的活力。这是一个长期的、具有变革意义的目标,英国发展战略也会重点关注这一重要的工作,在2021年之前,这项工作都会持续进行。熟练的劳动力是一个充满活力、世界领先的网络安全商业生态系统的命脉,这一生态系统将会确保互联网初创公司的繁荣,并且使初创公司得到必需的投资和支持。这种创新活力只能由私人部门提供,而政府则会支持其发展,并且积极促进更为广泛的网络安全部门进入全球市场。一个充满活力和蓬勃发展的科学研究部门,既能培养高技能人才,还能确保新想法转变成尖端产品。

7.1　提高网络安全技能

7.1.1　英国需要解决网络技能人才短缺的系统性问题:该行业的年轻劳动力短缺;网络安全专家不足;计算机专业课程中网络及信息安全教育不够充分;合格教师缺乏;行业工作培训体系不完善。

7.1.2　这一问题需要政府的快速干预,并帮助解决,要建立一个长期战略来缩小差距。然而,我们必须认识到,如果想要产生重要影响,那么各个部门需要协同合作,需要权力下放部门、公共部门、教育院校、学术机构和行业的共同参与。

目标

7.1.3 政府的目标是确保国内网络安全人才持续供应,同时通过特定的资助,在短时期内缩小人才需求与供给的差距。我们还将明确培养民众以及劳动力所需要的网络安全技能,确保网络的安全可靠。

7.1.4 实现这一目标需要我们在未来的二十年的努力,而不是短短五年。我们还会确立一系列长期的、协调的措施来满足政府、行业、教育院校以及学术界的需要,保障网络安全专业人员的充足供应,并且确保人员符合从业标准,能够自信安全地进行网络操作。

7.1.5 我们将缩小在防御技能上的差距。我们将吸引网络专家进入政府工作,他们不仅经过了专业的训练,还能够保障国家网络安全,包括理解网络空间对军事行动的影响。

方法

7.1.6 我们将基于现有工作,发展并实施独立的技能战略,以便将网络安全整合进教育系统中。这将持续提高计算机科学整体教育水平,并且能够将网络安全加入现有的课程设置中。每一个学习计算机科学、技术或数字技能的人,都会学习网络安全的基本原理,并能够将所学知识应用到工作中去。作为该项工作的一部分,我们将着力解决互联网行业性别不平衡的问题,吸引拥有更加多元背景的人才加入,确保我们能够利用最为广阔的人才库。我们还将与权力下放部门紧密合作,鼓励全英国都能实施同样的策略。

7.1.7 我们将更为明确地阐明政府与互联网行业各自的角色,包括这些角色如何随着时间的推移而发展。英国政府以及各级行政机构在创建合适的大环境方面扮演着至关重要的角色,包括通过发展网络安全技能、更新教育体系来反映政府及行业的需求变化。但是用人单位同样也要承担重大的责任,如明确自身需要、培养年轻人投身于这一行业。整个行业要同学术界、专业团体以及行业协会合作,在建立多样的、具有吸引力的职业生涯以及培训方面发挥重要作用。

7.1.8 认识到我们在缩小技能差距方面的共同挑战后,我们将会建立一个由政府、用人单位、专业团体、教育机构以及学术界组成的技术咨询小组。该小组能够加强这些关键部门之间的行动一致性,还有助于发展长期战略,因为它能够考虑数字技术领域的广阔发展,确保网络安全因素贯穿始终。该小组还将在全英国范围内同相似主体进行合作。

7.1.9 除此之外,政府还将对一系列的积极举措进行投资,促进长期技能战略的发展,包括以下几点:

- 制定学校规划方案,对14~18岁的学生接受的专门的网络安全教育及培训进行改革(包括课堂活动,配备专家指导的课后学习小组,挑战性的项目以及暑期学校）；
- 在能源、金融以及交通运输行业内创建较高级别的学徒制度，以缩小重要领域的技能差距；
- 创建专项基金，为有潜力进入网络安全行业的劳动力提供再教育；
- 确立合格的网络安全本科及硕士教育体系，填补专业技能缺口，认识到高等院校在技能发展方面所起到的重要作用；
- 支持网络安全领域教师职业发展的资格认定，这将会帮助教师或者其他人学习并且理解网络安全教育，并为个体提供外部认证；
- 发展网络安全专业，包括在2020年通过皇家特许认证，加强行业内对网络安全的认可，并且为国家相关政策的制定以及实施提供基地；
- 将网络防御学院发展为整个国防部以及更高级政府的网络安全培训中心，从事专业技能的培养工作；
- 为政府、武装部队、行业以及学术界提供教育培训的合作机会，利用各类设施维护并加强技能；
- 我们将同互联网行业合作，扩大"网络第一"项目（CyberFirst），识别和储备各种人才，保卫国家网络安全；
- 将网络安全和数字技术作为一个整体，列入教育体系的相关课程中，从小学到硕士阶段，制定标准，提升质量，为该行业的发展进步提供坚实的基础。

教育作为权力下移部分，部分措施将只在英格兰地区实行。然而，我们仍将同权力下放部门展开合作，为整个英国教育体系实施统一政策而努力。

衡量标准

7.1.10 政府在加强网络安全技能方面成功与否，将通过以下几点进行衡量：
- 网络安全行业入行路径明确，并且该行业对各类人才具有吸引力；
- 截止到2021年，网络安全将作为相关课程的一部分，在小学到硕士阶段展开；
- 网络安全被普遍认为是一种具有明确职业道路的专业职业，并取得了皇家特许地位；
- 具有网络安全知识将成为非网络安全从业人员职业持续发展的一部分；
- 政府及武装部队能够接触维护英国的安全和可恢复力的网络安全专家。

7.2 促进网络安全部门的发展

7.2.1 网络安全部门的迅猛发展是现代数字经济的必要条件。英国的网络安全企业提供了世界领先的技术，并为互联网行业和政府提供了培训和建议。尽管英国处于领先地位，但我们仍在保持优势方面面临着残酷的竞争，政府依旧需要跨越一些障碍。英国的企业和学术界发展了尖端技术，但是需要支持技能的商业化发展，以促进其繁荣。我们仍然有一些资金缺口，中小型企业无法进入新市场、新领域，最具开创性的产品和服务仍未找到愿意成为早期使用者的客户，而这些产品和服务恰恰能使我们摆脱竞争威胁。为了克服这些挑战，政府、行业和学术界需要进行高效的合作。

目标

7.2.2 政府将支持创建蓬勃发展的创新型网络安全部门，以便形成一个生态系统。这个生态系统能够：

- 使企业繁荣发展并获取发展所需要的资金；
- 与来自政府、学术界以及私人领域的人才紧密合作，激发创新；
- 使政府及互联网行业的客户能够放心地接受尖端产品及服务。

方法

7.2.3 为了创建这一生态体系，我们将：

- 把学术界的创新商业化，并为学术界提供培训指导；
- 建立两个创新中心，推动尖端网络产品和新型网络安全企业的发展，这将成为项目启动的核心内容，我们将支持初创公司，并为它们找到第一批客户，帮助它们吸引后续的投资；
- 划拨1.65亿英镑用于国防建设和网络创新基金的储备，为网络安全和防御部门提供创新采购方面的支持；
- 为企业产品提供检测设备，并且为新一代的网络安全产品和服务提供快速评估服务，确保客户对这些产品和服务有信心；
- 利用政府与行业之间发展网络伙伴关系的专业经验，来进一步塑造和聚焦发展和创新；
- 帮助各种规模的企业发展壮大，进入全球市场；
- 促进公认的国际标准进入英国市场。

7.2.4 我们还将利用政府采购的优势来激发创新。政府在网络安全方面面临一些最为严峻的挑战和威胁。我们能够，也必须找到解决问题的最佳途径，这意味着我们要让小型企业与政府打交道变得更加容易，同时，政府在测试使用新产品时必须减少风险。这才是双赢的举措，政府将会获得最佳的服务，创新技术会更快投入应用，为吸引投资和更大的客户群减少障碍。我们将鼓励政府的各个部门，包括权力下放部门实行相似的举措。

"我们想要创建一个网络生态体系，在这个系统中网络初创企业能够发展并获取它们所需要的资金和支持，以在全球范围内开展业务。我们想为创新提供一个通道，使创意在政府、私人领域和学术界中传递。"

——马特·汉考克议员

数字与文化部部长

衡量标准

7.2.5 政府在促进网络安全部门发展方面是否成功将通过以下几点进行衡量:
- 英国网络部门的增长水平同比超过全球平均增长水平;
- 对初创型公司的投资明显增加;
- 政府应用更多新的网络安全技术。

7.3 促进网络安全科学与技术发展

7.3.1 英国发达的科学技术部门以及其高水平的研究工作,为我们拥有世界领先级别的网络安全技能奠定基础。为了维护并加强英国在尖端研究方面的领先地位,我们需要学术研究机构能够持续吸引网络安全领域最为优秀的人才。这需要我们培养卓越的学术中心,该中心可以吸引最有才干与活力的科研工作者,强化学术界、政府与行业之间的合作伙伴关系。政府在其中也要扮演相匹配的角色,激励各方相互协作。我们应该建立一个能够自我维持的体系,使新想法和人才能够以互惠互利的方式在三方流通。

目标

7.3.2 截止到2021年,英国将继续加强其在世界网络科学技术领域的领导地位。而高等院校与行业之间灵活的合作伙伴关系,能将研究成果成功转化为产品与服务。英国将维持其在创新方面的声誉,包括在金融等领域具有的强大的国家实力。

方法

7.3.3 为了实现这一目标,政府将鼓励协作创新、灵活的资金筹集模式以及将科研成果商业化。政府将确保互联网行业中,人与人的行为能得到足够重视,一些超出技术范畴的体系,如业务流程、组织结构,都能纳入计算机科学与技术中来。

7.3.4 该目标将为创新产品、体系和服务提供基础,这些产品和服务都默认安全,制造者在产品初始阶段就充分考虑了安全因素,同时使用者也自觉接受这些安全措施。

7.3.5 在与合作者和股东充分磋商之后,政府将发布详细的网络安全技术战略。这包括确定目前在科技领域中已被政府、行业及学术界认定的缺陷,并且要着力解决。

7.3.6 政府将继续支持学术卓越中心、博士培养研究中心机构。此外,我们还将在具有战略意义的学科领域创立新的研究机构,将继续资助目前英国在网络科学技术中的短板。纳入讨论的重点领域包括:工业控制系统;信息物理系统及物联网;智能城市;自动核对系统以及网络安全科学。

7.3.7 我们将继续资助学术卓越中心的英国籍博士生,增加英国网络专家数量。

7.3.8 政府将与各界机构合作,包括创新英国(Innovate UK)以及研究委员会,来鼓励行业、政府与学术界之间的合作。为了支持这一合作,我们将审核有关网络安全分类的最佳实践做法,确定网络安全专家,包括学术界人士。这将确保从非机密到绝密级别的合作成为可能。

7.3.9 政府将资助一些具有"重大挑战性"的项目,为网络安全中最为迫切的问题提供创新的解决方案。网络投资(CyberInvest)是一个新的行业与政府合作计划,它用来支持尖端网络安全研究,保护英国的网络安全。这一计划也将成为学术—政府—行业合作计划中的一部分。

衡量标准

7.3.10 政府在促进网络安全科学技术方面的成功与否将通过以下几点进行衡量:

- 学术性研究成果商业化数量显著增长,英国网络安全研究中各项指标与世界先进水平的差距缩小,并且英国有有效手段消除这些差距;
- 英国成为全球网络安全研究与创新的领导者。

7.4 有效的水平扫描

7.4.1 政府必须确保政策的制定考虑到网络、地缘政治以及技术领域的变化。为了实现这一点,我们需要做好广泛的水平扫描以及评估工作,我们需要投入资金,确保能够应对未来的挑战,并且预测到未来5~10年能够影响网络安全可恢复力的市场变化因素。我们需要利用水平扫描项目得出结论,提供目前以及未来政府政策和项目规划的建议。

目标

7.4.2 政府将确保我们的水平扫描项目将包括对网络风险的严格评估,并将其与全源评估和其他可用证据一道,整合到网络安全和其他技术政策发展领域。我们会在国家安全和其他政策领域进行水平扫描,对未来可能会出现的挑战与机遇做出整体评估。

方法

7.4.3 我们将会:

- 认清当前工作中的差距,协调各个领域的工作,为网络安全的水平扫描提供整体分析;
- 促进网络安全技术与行为科学更好的整合;
- 支持对网络犯罪市场的严密监控,监测可能转移给敌对国家、恐怖分子和犯罪分子的新技术、新服务;
- 分析可能出现的互联网连接过程控制技术;
- 预测数字货币中的漏洞;
- 监测通信技术的市场趋势,对可预见的攻击进行提早防御。

7.4.4 我们意识到,水平扫描已经超出了技术范畴,它涉及政治、经济、立法、社会与环境各个层面。网络安全只是水平扫描能够解决的问题中的一方面。因此,我们在其他政策领域应用水平扫描时,也会充分考虑任何涉及网络安全的因素。

7.4.5 我们还将确保网络政策的制定遵循以实证为基础的方法,考虑各种评估结果,这包括以下几方面:
- 特定的技术依据,如物联网,或者高级材料的未来作用;
- 国际战略与社会趋势,以及它们对网络的影响作用。

7.4.6 我们将确保在跨政府新兴技术和创新分析小组(ETIAC)的职责范围内考虑网络安全问题,该小组将识别与国家安全相关的技术威胁与机遇,同时确保现存的水平扫描架构将网络考虑在内,架构包括政府未来集团(GFG),以及针对水平扫描的内阁大臣顾问小组(CSAG)。

衡量标准

7.4.7 政府在建立有效的水平扫描能力方面成功与否将通过以下几点进行衡量:
- 跨政府层面的水平扫描,以及全方位的评估结果都在政府制定网络政策的考虑范围内;
- 所有跨政府层面的水平扫描均考虑到网络安全的影响。

8. 国际行动

8.1 英国的经济繁荣和社会福利,越来越受网络的开放与安全的影响,网络扩展了我们自身的边界。与国际合作伙伴的合作是必不可少的,它能确保我们能持续拥有一个自由、开放、和平和安全的网络环境,为我们带来益处。而这一点也在全球互联网下一个十亿用户的到来之际显得尤为重要。

8.2 网络安全方面的国际合作已经成为国际经济与安全讨论中不可或缺的一部分,这一领域的政策变更迅速,却没有统一的国际标准。英国和其盟国认为在国际体系中应该适当地确立一些规则,这一想法成功地引起了共鸣:国际法应适用于网络空间;网络上的人权应与现实生活中的人权相一致;达成普遍一致的观点还有,多利益相关者模式是治理复杂的网络环境的最好方式。然而,对如何协调国家安全和个人权利与自由这一共同挑战,各方分歧越来越大,很难达成国际共识。

"我们必须促进全球合作,来确保英国未来在网络空间上的安全与繁荣。"

——鲍里斯·约翰逊议员

外交大臣

目标

8.3 英国致力于长期保卫自由、开放、和平和安全的网络空间,推动经济增长,为英国国家安全奠定基础。在这一基础上,英国将继续拥护网络治理的多利益相关者模式;反对数据本地化;努力提高能力,确保合作伙伴提升其自身的网络安全。为了减少对英国利益的威胁(大部分来自海外),我们将会打击网络犯罪、网络间谍以及破坏性的网络活动,继续为国际合作构建框架。

方法

8.4 为了实现这一目标,我们将:

- 加强和坚定网络空间负责任国家行为的共识;
- 就国际法适用于网络空间达成共识;
- 继续促进自愿、不具有约束力的负责任国家行为协定;
- 支持信任建立措施的制定与实施;
- 增强打击和起诉海外网络罪犯的能力,尤其是在难以管辖的司区域;
- 帮助培育执法机构相互协作的环境,减少可以逃避网络犯罪调查起诉的地区;
- 通过制定新技术(包括数据加密技术)的国际技术标准,提高网络空间的可恢复性,使网络空间在初始设计时便能保障安全;
- 努力为具有相同意愿的国家构建共同适用的方法,如强加密;
- 帮助其他国家应对英国和英国的海外利益所受的威胁;
- 持续帮助合作伙伴发展网络安全——我们在同一个网络空间,就需要通过增强各国防御能力来共同发展;
- 确保北约组织能够应对21世纪的矛盾冲突,无论是在网络空间还是在实际战场;
- 同我们的盟国一起,使北约组织在网络空间同其在海、陆、空方面一样行动高效;
- 确保全球网络会议上的"伦敦进程"持续促进并达成国际共识,建立一个自由、开放、和平以及安全的网络空间。

8.5 我们将继续投资一系列的关系和工具,确保实现我们的国际网络目标,夯实基础,我们无法孤立地实现目标,因此需要:

- 与传统盟国和新合作伙伴一起,维护活跃的政治和商业关系,创造政治条件,建立更为强大的国际联盟;
- 利用我们在多边组织中的影响力,如在联合国、G20、欧盟、北约、欧洲安全与合作组织、欧洲理事会、英联邦及国际发展共同体内部的影响力;
- 与非政府机构建立更紧密的联系,如行业机构、民间团体、学术界以及技术社群。这些机构组织对于提供信息和应对国际政策制定的挑战起到至关重要的作用,并在广泛的网络问题上加强政治信息。世界一流的学术联系能为我们及国际合作伙伴提供一个中立的、协作的平台。

衡量标准

8.6 政府在加强网络空间的国际利益方面的成功与否将通过以下几点进行衡量:

- 强大的国际协作,减少来自国内外的威胁和相关利益损失;
- 在网络空间中负责任国家行为方面取得共识;
- 国际合作伙伴提高了它们的网络安全能力;
- 达成创建自由、开放、和平以及安全的网络空间的国际共识。

9. 指 标

9.1 在衡量网络安全结果和影响方面,即我们常说的指标,仍然相对不成熟。网络安全科学因被夸大,同时缺少校准数据而面临结果模糊不清的情况。这对于政策制定者和商业人士来说是不利的,他们在衡量投资的结果时会十分吃力。政府认为,有效地利用指标对于实施战略、集中支撑资源来说是至关重要的。

9.2 我们将确保我们的战略建立在一套严格全面的指标之上,而不是根据我们需要实现的目标来衡量实施进程。作为此项战略下最主要的实施者,NCSC将起到决定性的作用,使其他实施者,如政府、行业和社会都能在本战略中实现战略成果。

9.3 附录3会列出战略中的衡量标准,为战略目标的实现做出贡献,这些标准将一年一审,确保准确反映国家目标及要求。主要内容及战略目标如下:

- 英国有能力有效侦测、调查和应对来自敌对势力网络活动的威胁;
- 损害英国及其利益的网络犯罪有效减少,降低网络罪犯将英国列为目标的概率;
- 英国有能力应对和处理网络安全事件,从减少这些事件对英国造成的损害,并对敌对势力进行反击;
- 我们同网络防御行业的积极合作,意味着大范围的网络钓鱼和恶意软件攻击将不再有效;
- 技术产品和服务在设计之初便拥有网络安全保障,并且在默认情况下能够激活;
- 政府的网络和服务在使用之初就能保障安全,公众能够放心地使用政府数字服务,个人信息不会受到侵害;

- 英国的所有企业,不论规模大小,都能有效地处理网络风险,获取来自NCSC的高质量建议,并通过适当的规范和激励混合机制来奠定企业发展基础;
- 英国拥有良好的生态体系来发展和维护网络安全部门,实现国家的安全需求;
- 英国国内网络高技能人才供应充足,能够满足不断发展的数字经济的需求,不管在公共还是私人领域,甚至包括国防领域;
- 基于在行业和学术界高水平的专业知识,英国被世界认为是网络安全研究和发展的领导者;
- 英国政府已经能够提前规划未来的政策,以未来为导向应对威胁;
- 日益达成的国际共识和承担负责任国家行为的能力,能够促进网络空间的自由、开放、和平安全,也能够减少威胁和利益损失;
- 英国政府政策以及组织结构得以简化,最大化各部门之间的连贯性和办事效率,以便更好地应对网络威胁。

9.4 我们意识到,该战略中的一些目标的达成已经在五年之后了,为了2021年后对网络安全的投资能够持续进行,为了实现最大的变革,我们想要将这些2021年之后实现的长期成果分配到行业、监管机构、审计机构、保险机构以及其他公共或私人领域中去,因为对网络安全风险的有效监管是常规监管活动中不可或缺的一部分。

结论:2021年后的网络安全

10.1 网络环境的快速变化将会持续呈现新挑战,因为技术在不断发展,我们的对手也会对其进行充分利用。然而,我们的战略旨在提供一系列政策、工具和能力来确保我们能够迅速、灵活地应对每一个新的挑战。

10.2 一旦我们不能及时做出反应,我们将无法解决不断出现的威胁,我们要能够承受任何级别的危险。

10.3 相反,如果我们实现了目标,所有英国的政府、企业和社会各界都能在实现整体网络安全方面扮演好自己的角色,如果我们能够确保在初始阶段就设计出安全的商品,客户和企业都能减少对网络安全的担忧。如果英国能够提供一个线上业务往来的安全环境,那么更多跨国公司和投资者就会选择在英国开展业务。国家关键基础设施网络和主要部门将会更加高效。潜在攻击者要想破解包含重要数据的系统,就得面对安全分层机制,这将改变网络罪犯和恶意攻击者风险与回报之间的等式,也就是说与传统犯罪一样,他们会面临被国际起诉的风险。如果我们能在社会各个方面实现网络安全,那么政府就不需要扮演主要角色,而是由市场和技术来推动整个经济环境和社会的网络安全。

10.4 即使在最乐观的情况下,英国要想解决在互联网领域面临的一些挑战,不论是从范围还是复杂性上说,都需要超过 5 年的时间。不过,我们的战略提供了变革未来安全环境的途径,并且保卫着我们在数字时代所享有的繁荣。

附　　录

附录 1　缩略语(略)

附录 2　术语表

防治诈骗行动处

英国国家诈骗及网络犯罪报告中心,为公众和企业提供中心联络点。

主动网络防御(ACD)

实施安保措施,加强网络或系统安全,更好抵御攻击。

匿名化

在互联网上使用加密的匿名工具来隐藏或掩盖自己的身份。

身份验证

核实身份的过程,或者其他用户属性、过程或装置。

自动化系统验证

确保硬件和软件正常运行、不出差错的措施。

自治系统

路由被特定实体或域控制的一组 IP 网络。

大数据

一个大的数据集,无法用商品软件工具及时处理和管理,需要特定的处理能力来管理它们的数量、交付速度和来源的多样性。

比特币

一种数字货币和支付系统。

商品恶意软件

可以广泛购买或免费下载的恶意软件,它不是定制的,它可以被各种不同的威胁行为人所使用。

计算机网络开发(CNE)

网络间谍,利用计算机网络渗透目标计算机网络并收集情报的行为。

网络犯罪市场

支撑网络犯罪生态系统的所有产品与服务的总和。

密码学

分析并破译密码和暗号的科学;密码分析。

网络攻击

有意利用计算机系统,借助数字网络企业和网络来制造危害的行为。

网络犯罪

依赖网络的犯罪(只能通过利用ICT设备来实施犯罪,设备既是犯罪工具,也是犯罪目标),或者是利用网络的犯罪(不一定利用ICT设备实施犯罪,如金融诈骗,但是能够通过ICT的使用极大地改变犯罪规模和范围)。

网络生态体系

相互关联的基础设施、人、进程、数据、信息和通信技术的总称,还包括影响上述因素相互作用的环境和条件。

网络事件

实际或潜在威胁计算机、联网设备、网络,或是这些系统里的信息处理、存储和转移的事件,可能需要采取相应措施来减轻后果。

网络投资

总值650万英镑的行业与政府计划,以支持尖端网络安全研究,保护英国网络空间。

网络物理系统

集成了计算机和物理组件的系统;智能系统。

网络安全

保护互联网连接系统(包括硬件、软件和相关基础设施),以及这些设备上的信息、所提供的服务,使其免于非法访问、危害或滥用,这包括系统操作者故意造成的破坏,或是故意未按照安全程序操作而造成的损害,或是被他人操纵而意外造成的损害。

网络安全挑战

鼓励人们在网络上测试能力,并且考虑从事网络相关职业的比赛。

网络空间

网络空间指包括网络、计算机系统、网络连接设备与嵌入式处理器和控制器的信息技术基础设施的互联网络,也可指作为一种经验现象或抽象概念出现的虚拟世界或域。

网络威胁

任何能够危害到信息系统和网络连接设备的事物(包括硬件、软件和相关基础设施),以及这些设备上的信息和它们通过网络手段提供的服务的事物。

数据外泄

网络上未经授权的行为或向无权访问、浏览信息的一方披露信息。

域名

在互联网上分配给组织或其他实体的域名,对应一个互联网协议(IP)地址。

域名系统(DNS)

基于不同层级域名的计算机和网络服务的命名系统。

人肉搜索

在网络上搜索、入侵个人身份信息,并且公开发布的行为。

电子商务

通过网络进行的贸易。

加密

将数据(未经加密的文字或数据)加密转换成为一种形式(密文),能够隐藏数据原始意义,防止被他人了解使用。

水平扫描

一种系统性的信息检测,识别潜在的威胁风险,以及新出现的事件与机遇,以便政府能更好地做出准备、缓解危害,并应用到政策制定过程中来。

事件管理

管理协调一系列活动,以便调查、修复实际或潜在的不良网络事件,防止对系统或网络造成危害。

事件响应

消除短期直接的事件影响,并支持短期的修复。

工业控制系统(ICS)

用来控制工业生产过程,如制造、成品处理、生产和配送,并控制基础设施资产的一种信息系统。

工业物联网(IIoT)

利用物联网技术制造工业产品。

内部人

有权访问某一组织数据信息系统并对网络造成有意或无意威胁的人。

完整性

信息没有被偶然或故意更改的属性,且信息是准确和完整的。

互联网

全球计算机网络。通过标准化的通信协议组成的互联网络,提供各种各样的信息和通信设施。

物联网
内置电子器件、软件和传感器并通过互联网进行通信数据交换的设备、车辆、建筑或其他物品的总称。

伦敦进程
2011年伦敦网络空间会议的成果。

恶意软件
恶意软件或代码,包括病毒、网虫、木马以及间谍软件。

网络(计算机)
带有互联网络或子网络的一组主机,用于交换数据。

攻击性网络
利用网络破坏、拒绝、降低或损坏计算机网络和网络连接设备。

补丁
升级软件,修复错误和漏洞的过程。

渗透测试
用来测试网络或设备抵御入侵的能力,由被测试的组织授权或赞助。

网络钓鱼
利用看似来自可信来源的邮件,欺骗接收者点击与恶意软件连接的恶意链接或附件,与未知第三方共享敏感信息。

勒索软件
若用户不支付赎金则拒绝用户访问文件、计算机或设备的恶意软件。

侦察
攻击者搜集信息,绘制网络,并探测可以利用的漏洞以便实施入侵的阶段。

风险
能够造成网络威胁,利用信息系统漏洞造成危害的潜在可能性。

路由器
连接逻辑网络的设备,基于IP地址,将信息转发至另一网络。

脚本小子
利用网络上现成的脚本或程序进行网络攻击的技能不高的个体,攻击形式如网页篡改。

默认安全
产品技术完全使用的开启来自为用户设定的默认设置。

设计安全
软件、硬件或系统在设计之初,就考虑安全因素。

短信(SMS)诈骗

通过将原始手机号码(发信人身份)替换为字母数字文本来掩饰短信消息的技术,比如,在法律允许范围内发信人将手机号码更换成自己的名字或公司名称。但这项技术也能被非法使用,比如模仿另一个人以达到欺骗的目的。

社交工程

攻击者欺骗或操纵受害者的一种方法,它能使受害者执行一项行动或泄露机密信息,通常情况下,这类行动包括打开一个恶意网页,或是运行一个有害的文件附件。

可信平台模块(TPM)

安全加密处理器的国际标准,这个安全加密处理器是一个专用的微处理器,它通过将密钥嵌入设备中,以保障硬件安全。

用户

个人、组织实体或者自动化处理过程,可合法或非法地访问一个系统。

病毒

恶意计算机程序,能够扩散至其他文件。

漏洞

软件程序中的脆弱点,能被攻击者利用。

附录3　总体实施计划

《国家网络安全战略(2016—2021)》

愿景:英国是安全的,并且能够灵活地应对网络威胁,在数字世界中保持繁荣和自信。

战略成果	实现成果的举措(到2021年)	性质
1. 英国有能力有效检测、调查并且应对来自敌对势力的网络威胁	• 与国际伙伴建立更为坚固的信息共享网络,更广泛地支持各国的合法和负责任行为的多边协议,这些都使我们更加了解威胁并提升应对威胁的能力,从而能够更好地保护英国 • 我们的防御和威慑手段,与我们具体的国家战略一道,使英国成为海外网络恐怖主义者难以攻击的目标 • 通过分析调查英国面临的网络恐怖主义威胁,更好地认识国外网络恐怖主义者 • 通过紧密监测,在网络事件早期破坏攻击者的恐怖主义活动,确保网络恐怖主义者的攻击能力长期保持在较低水平 • 英国在网络防御水平方面保持领先地位 • 英国已建立了一套技能和专门知识来开发和部署我们的主权进攻性网络力量 • 我们的主权加密功能是有效的,能确保敏感信息的安全,不在未经授权的情况下泄露	阻止性

续表

战略成果	实现成果的举措(到2021年)	性质
2. 针对英国及英国利益的网络犯罪有效减少,阻止网络犯罪分子将英国列为攻击目标	• 我们能够有效阻止网络犯罪分子攻击英国,对犯罪分子的逮捕和定罪数量将逐渐提升,通过执法干预关闭大量非法网络 • 提高执法能力,包括提高相关专家和官员的能力,加强海外执法力量 • 扩大早期干预(预防)措施的有效范围,对犯罪分子进行劝阻改造 • 低水平网络攻击数量减少,犯罪分子更难获取网络犯罪服务,且服务效率降低	阻止性
3. 英国有能力有效处理和应对网络事件,以减轻网络事件对英国的危害并对敌对势力进行反击	• 向政府汇报的事件比例更高,从而政府能更好地了解威胁的大小和规模 • 通过成立国家网络安全中心,建立事件报告和应对机制,更有效且全面地处理网络事件 • 我们将在国家层面上处理攻击的源头,减少跨多个受害者和部门的重复攻击的发生	防御性
4. 我们与行业在积极网络防御方面的合作意味着大范围的网络钓鱼和恶意软件攻击将不再奏效	• 英国是很难被"钓鱼"的,因为我们拥有大规模的防御措施以对抗恶意域名,我们还拥有更加有效的反钓鱼保护措施,恐怖分子使用其他形式的通信方式,如"语音钓鱼"和短信诈骗来实施社会工程攻击会变得更困难 • 与网络攻击和网络利用相关的大部分恶意软件通信和技术制品都被阻止 • GCHQ、武装部队和NCA应对国家支持的重大犯罪威胁的能力显著提高	防御性
5. 英国的技术产品和服务在设计之初便拥有网络安全保障,并且在默认情况下能够激活	• 2021年,英国大部分的商品与服务将使英国变得更加安全,因为它们有默认安全设置以及在它们被设计之初就融入了安全理念 • 英国民众更加信任政府的服务,因为政府服务会尽可能地保障安全	防御性
6. 政府网络和服务在实施之初就能保障安全,公众能够对政府的数字服务更加信赖,相信个人信息能够得到安全保障	• 政府对贯穿整个政府和公共部门的网络安全风险水平有深入的认识 • 个别政府部门和其他机构按照其风险程度和商定的政府机构最低标准保护自己 • 政府部门和公共部门能随机应变,并能有效地应对网络事件,维护自身功能并能迅速恢复 • 政府所部署的新技术和数字服务能默认得到网络安全的保护 • 我们能意识到并且有效减少在政府系统和服务中所有已知的互联网漏洞 • 所有的政府供应商都满足适当的网络安全标准	防御性

续表

战略成果	实现成果的举措(到2021年)	性质
7. 所有英国的企业,不论规模大小,都能有效处理网络风险,获取来自国家计算机安全中心的高质量建议,并通过适当的规范和激励混合机制来奠定企业发展基础	• 我们了解整个CNI的网络安全水平,并有恰当的措施干预并在必要时推动国家利益的改善 • 我们最为重要的公司和组织都了解危险的等级,并且能实施相应的网络安全措施 • 英国经济的网络安全水平与相对发达的经济体相当,甚至高于后者 • 因为网络卫生标准的实施,所以针对英国商业方面的成功的网络攻击的数量、严重程度和影响力降低 • 英国网络安全文化得到改善,因为企业和公众能够了解自身的网络风险水平,并且明白在处理风险时要实施的步骤	防御性
8. 英国拥有良好的生态体系来发展和维护网络安全部门,实现英国的安全需求	• 英国网络行业规模的增长水平同比超过全球平均增长水平 • 对早期创业公司的投资明显增加	发展性
9. 不管是在公共领域还是私人领域,甚至包括国防领域,英国国内网络高技能人才供应充足,能够满足不断发展的数字经济的需求	• 进入网络安全行业的路径很明确,并且该行业对各类人才具有吸引力 • 截止到2021年,网络安全将作为相关课程的一部分,在小学到硕士阶段展开 • 网络安全被视为一种职业,拥有清晰的职业规划,并获得皇家特许地位 • 适当的网络安全知识将作为非网络安全从业人员持续发展的一部分 • 政府以及武装部队能够接触网络安全专家,维护英国的安全和可恢复力	发展性
10. 英国被世界认为是网络安全研究和发展的领导者,为英国的行业和学术界提供高水平的专业知识	• 英国企业实现网络研究学术成果商业化的数量大幅增长,英国网络安全研究能力与世界先进水平的差距越来越小,并且已经采取有效手段来缩小差距 • 英国被认为是世界网络安全研究与创新的领导者	发展性

续表

战略成果	实现成果的举措(到2021年)	性质
11. 英国政府已经能够提前规划未来的政策,以未来为导向应对威胁	• 跨政府水平扫描和全方位的评估能够与网络政策制定过程整合 • 跨政府水平扫描工作将包含网络安全的影响	发展性
12. 由于日益达成的国际共识和能够承担负责任国家行为的能力促进了自由、开放、和平和安全的网络空间,所以英国和其海外利益面对的威胁有所减少	• 加强国际合作,减少对英国及其海外利益的网络威胁 • 针对网络空间中负责任国家行为达成共识 • 提高国际合作伙伴的网络安全能力 • 加强建设自由、开放、和平、安全的网络空间的国际共识	国际行动与影响
13. 英国政府政策、企业以及组织结构得到简化,优化各部门之间的连贯性和办事效率,更好地应对网络威胁	• 政府对网络安全所负责任能够得到理解,其服务能为民众所用 • 我们的合作伙伴知道如何更好地与政府在网络安全议题上展开互动	交叉性

(郜黎帆、薛轲、李欣译)

欧盟网络安全战略
——构建一个开放、安全和有保障的网络空间

（2013 年 7 月 2 日）

> 1. 引言
> 2. 战略重点和行动
> 3. 角色与责任
> 4. 结论和展望

1. 引　　言

1.1　背景

在过去的 20 年间，互联网以及更广泛的网络空间在社会各个方面产生巨大影响。我们的日常生活、基本权利、社会交往以及经济活动均依赖于信息和通信技术。一个开放和自由的网络空间推动了世界范围内的政治和社会包容；它打破了国家、社区和公民之间的藩篱，全世界人们可以进行互动并分享信息和思想；它为言论自由和基本权利的行使提供了舞台，使人们能够追求民主和更公正的社会。

为了维护网络空间的开放和自由，欧盟在现实社会所秉持的规范、原则和价值同样适用于网上。在网络空间，基本权利、民主和法治应当得到保护。我们的自由和繁荣越来越依赖于一个健全和创新的互联网。只要私营部门的创新和公民社会驱动它不断成长，互联网将持续蓬勃发展。但网上的自由也需要安全和保障。我们应保护网络空间免受突发事件、恶意行为和滥用行为的威胁。政府在确保一个自由和安全的网络空间方面应发挥重要作用。政府的职责在于：保障接入和开放；尊重和保护网络基本权利；维护互联网的可靠性和互操作性。然而，私营部门拥有和经营网络空间的重要部分，因此在该领域谋求成功的任何计划均应当认识到私营部门的主导作用。

信息和通信技术已经成为我们经济增长的支柱，并成为经济部门依赖的关键

资源。它正支撑着金融、卫生、能源和运输等关键部门的复杂系统,让我们的经济得以运转。许多商业模式建立于持续运行的互联网和平稳的信息系统功能之上。

通过实现数字单一市场(Digital Single Market),欧洲的国民生产总值将每年增长5 000亿欧元,平均每人1 000欧元。随着电子支付、云计算和机器对机器通信[1]等新的互联技术的兴起,人们需要信任和信心。不幸的是,2012年欧洲晴雨表调查[2]显示,几乎三分之一的欧洲人对使用互联网进行支付或购物的能力不信任。压倒性多数的人还认为,出于安全考虑,他们不愿在线披露个人信息。在整个欧洲,超过十分之一的网民已经成为网络欺诈的受害者。

近年来,数字世界带来巨大利益的同时,也具有其脆弱性。故意或偶发的网络安全[3]事件数量以令人担忧的速度增长,并会破坏水利、医疗、电力或手机服务等重要服务供应。威胁来源各种各样,包括罪犯、政治动机、恐怖分子、国家发起攻击、自然灾害。

欧盟的经济已经受到针对私营部门和个人的网络犯罪[4]行为的影响。网络犯罪分子使用更为尖端的方法侵入信息系统,盗取关键数据或劫持公司勒索赎金。在网络空间日益增长的经济间谍行为和由国家资助的网络犯罪行为对欧盟成员国政府和企业构成新的威胁。

在欧盟之外的某些国家政府也会滥用网络空间以监视和控制其公民。欧盟可以通过推进网络自由和确保对网络基本权利的尊重来反击该类行为。

所有这些因素说明了全世界的政府开始制定网络安全战略,并将网络空间看作一个日益重要的国际问题。现在是欧盟在该领域采取行动的时候了。这个制定《欧盟网络安全战略》的议案由欧盟委员会、欧盟外交和安全政策高级代表(简称高级代表)提出,概括了欧盟在该领域的设想,明确了作用和责任,制定了必要的措施,将有力有效地保护和促进公民的权利,让欧盟的网络环境成为世界上最安全的地方。

1.2 网络安全原则

无国界和多层次的互联网在没有政府的监督和管理的情况下,已经成为推动

---

[1] 例如,当需要浇水时,植物中嵌入的传感器就会与洒水系统联系。
[2] 2012 Special Eurobarometer 390 on Cybersecurity。
[3] 网络安全通常指在民用和军用领域,用于保护网络域名的保障措施和行动,从而防止有关或损害相互依赖的网络和信息基础设施的威胁。网络安全努力保全网络和基础设施的有效性和完整性,以及其上信息的保密性。
[4] 网络犯罪通常指广义上的各种涉及计算机和信息系统的犯罪行为,该类犯罪行为将计算机和信息系统作为主要犯罪工具,或者作为主要目标。网络犯罪包括传统犯罪行为(如欺诈、伪造和身份盗用),有关内容的犯罪行为(如在线分销儿童色情物品,或者煽动种族仇恨),以及计算机和信息系统特有的犯罪行为(如攻击信息系统、拒绝服务和植入恶意软件)。

全球进步最有力的工具。当私营部门应该在这个构造中继续发挥主导作用,并且日复一日运营互联网时,对透明、责任归属性和安全性的需求就变得越来越突出。本战略明确了指导欧盟和国际网络安全政策的原则。

1. 现实世界中欧盟的核心价值同样适用于数字世界

我们日常生活领域中的法律和规范同样适用于网络领域。

2. 保护基本权利、言论自由、个人数据和隐私

只有保护基于《欧盟基本权利宪章》和欧盟核心价值所庄严宣告的基本权利和自由,网络安全才能够健全有效。相反地,没有安全的网络和系统,个人权利也不能获得保障。当攸关个人数据利害时,为了网络安全而共享的任何信息均应遵守欧盟数据保护法律,并充分考虑该领域的个人权利。

3. 全民接入

考虑到数字世界普遍渗透到社会活动中,有限接入或无法接入互联网和数字文盲的情况可能造成公民的不利地位。所有人均应能够接入互联网,不受阻碍地访问信息流。互联网的完整性和安全性必须保证所有人可以安全接入。

4. 民主、有效的多方利益相关者治理

任何单一实体均无法控制数字世界。欧盟再次确认,所有利益相关者在现行互联网治理模式中的重要性,并支持这种多方利益相关者的治理方式。这些利益相关者包括涉及互联网资源、协议和标准的日常管理以及互联网未来发展的商业实体和非政府机构。

5. 共担责任,确保安全

人类生活的所有领域对信息和通信技术日益依赖,导致了其脆弱性。我们对该脆弱性应当进行适当界定、全面分析和补救。所有相关行为人,无论公共部门、私营部门还是个体公民,应当认识到肩负的共同责任,应采取措施自我保护,并且在需要时,保证协同响应,强化网络安全。

2. 战略重点和行动

欧盟应该保障网络环境,为了每一个人的利益而尽可能提供最大的自由和安全。当认识到成员国的主要任务是应对网络空间的安全挑战时,本战略提出了特别行动建议,以增强欧盟的整体能力。这些行动包括短期行动和长期行动,涵盖了各种各样的政策工具[1]和不同类型的行为人,可以是欧盟的机构、成员国或产业。

本战略中的欧盟设想分为五项重点任务,以应对上文强调的挑战:

- 实现网络恢复能力;

---

[1] 那些有关信息共享的行动,如果涉及个人数据,来应当遵守欧盟数据保护法。

- 大规模降低网络犯罪；
- 建立与《共同安全和防卫政策》有关的网络防卫政策；
- 为网络安全开发产业和技术资源；
- 制定一贯的欧盟国际网络空间政策，推广欧盟核心价值。

2.1　实现网络恢复力

为了增强欧盟的网络恢复力，公共机构和私营部门应当有效地开展能力建设和合作。通过执行活动以确定欧盟进一步行动的日期，建立在此基础上的积极结果能够特别有助于反击跨境的网络风险和威胁，并有利于协调应急情形下的响应行动。这将强有力地支持内部市场的积极功能和增强欧盟内部的安全。

如果不采取实质性的措施增强公共机构和私营部门的能力以及完善预防、侦测和处理网络安全突发事件的程序，欧洲将变得易受网络攻击。这是欧盟委员会制定《网络和信息安全》(NIS)[1]政策的初衷。欧洲网络与信息安全局(ENISA)成立于2004年，欧洲理事会和议会正在对有关强化欧洲网络和信息安全局及其指令的条例进行协商。此外，电子通信指令框架要求电子通信服务提供商采取适当的措施管理其网络风险，并报告重大安全入侵行为。欧盟数据保护立法也要求数据控制方确保符合数据保护要求和采取保障措施，保障有关安全的措施，同时，在公共通信服务领域，数据控制方应当通告涉及入侵国家当局的个人数据的突发事件。

除了基于自愿承诺而取得的进展，欧盟各国之间仍然存在差距，特别是在国家能力、跨境突发事件的协调以及私营部门的涉入和准备方面。本战略提出了立法建议，特别在以下几个方面。

- 在国家层面制定通用的最低网络信息安全要求，以便要求成员国制定合格的国家网络信息安全机构；建立功能良好的计算机应急响应小组；通过网络信息安全国家战略和国家网络信息安全合作计划。能力建设和协调同样涉及欧盟机构：2012年，永久性设立了一个负责欧盟公共机构、专项服务机构和实体的IT系统安全的计算机应急响应小组(CERT-EU)。
- 建立预防、侦测、转移和响应协调机制，以便各国网络信息安全当局能够信息共享和相互协助。各国网络信息安全当局应当确保适当的泛欧合作，特别是基于欧盟网络信息安全合作计划的合作，用以响应跨境网络突发事

---

[1]　2001年，欧盟委员会通过了关于《网络和信息安全：欧洲政策措施建议》(COM(2001)298)；2006年，通过了《安全信息社会战略》(COM(2006)251)。2009年以来，委员会还通过了《关键信息基础设施保护的行动计划和通信》(COM(2009)149)，经理事会 2009/C 321/01 号决议签署；以及 COM(2011)163，理事会10299/11 号决定签署)。

件。合作也可以建立在"成员国欧洲论坛(EFMS)"所取得的进展的基础上,"成员国欧洲论坛"就网络信息安全公共政策进行富有成果的讨论和交流,并能在合作机制中进行融合。

- 既然绝大多数的网络和信息系统由私营部门拥有和运营,那么强化私营部门的网络安全至关重要。私营部门应当在技术层面提升其自身的网络恢复能力,分享各部门之间的最佳做法。行业组织开发的响应突发事件、确定原因和行为法庭调查的工具,也有利于公共机构。

然而,私营部门仍然缺乏有效的激励以提供可信赖的有关网络信息安全突发事件的现存或产生影响的数据,开展风险管理文化或投资安全解决方案。因此,立法建议的目的在于确保关键领域(即能源、交通、银行、股票交易、关键互联网服务引擎以及公共行政)的大量参与人评估所面临的网络安全风险,保障经由适当的风险管理让网络信息系统实现可信赖和可恢复的能力,并与各国网络信息安全当局共享经认证的信息。着手开展网络安全文化活动,这能够增加商业机会和私营部门之间的竞争,使网络安全成为卖点。

各国网络信息安全当局应当与其他监管主体,特别是个人数据保护机构进行信息合作和交流。网络信息安全当局应当依次向法律执行部门报告涉嫌严重犯罪的突发事件。各国网络信息安全当局也应当在专题网站上,例行发布有关突发事件和风险的非机密的持续早期预警信息和协调响应信息。法律义务不应该被替代和防止开展非正式和自愿的合作,包括公共部门和私营部门之间的合作,以提高安全水平,分享信息和最佳实践做法。特别地,欧洲恢复力公私合作伙伴(EP3R)是一个健全和有效的欧盟平台,应当进一步发展。

互联欧洲便利(CEF)将为关键基础设施提供金融支持,联合成员国的网络信息安全能力,以便让欧盟合作变得更容易。

最后,欧盟层面的网络突发事件演练对于激励成员国和私营部门之间的合作十分重要。2010年进行了第一次包括成员国的演练("网络欧洲2010"),2012年10月进行了第二次包括私营部门的演练("网络欧洲2012")。2011年11月进行了欧盟-美国桌面演练("网络大西洋2011")。下一步包括国际伙伴的演练计划将在2014年进行。

委员会将:
- 继续开展活动,由共同研究中心负责执行,与成员国当局、关键基础设施相关人员和运营商开展紧密合作,确认欧洲关键基础设施的网络信息安全漏洞,鼓励开发恢复系统。
- 在2013年前期,启动欧盟资助的试点项目,打击僵尸网络和恶意软件,为欧盟成员国、私营部门组织如网络服务商以及国际伙伴提供协调和合作框架。

委员会要求欧洲网络信息安全局：
- 协助成员国开发强有力的国家网络恢复能力，特别是要开发工业控制系统、交通和能源基础设施的安全和恢复能力专门技术；
- 在2013年检验欧盟工业控制系统计算机安全应急响应小组（ICS-CSIRTs）；
- 继续支持成员国和欧盟机构开展例行的泛欧网络突发事件演练，这也将构成欧盟参与方在国际网络突发事件演练中的操作基础。

委员会请求欧盟议会和理事会：
- 即刻通过有关欧盟网络信息安全一般性高水平的指令建议，明确网络信息安全方面的国家能力和所做准备、欧盟层次的合作、风险管理实践的采纳以及信息共享。

委员会请求产业机构：
- 从确保强有力的、有效的资产和个人保护角度，主导网络安全方面的高水平的投资，开展最佳实践以及与公共机构进行部门层次的信息共享，特别是通过公私伙伴关系如EP3R和信任数字生活（TDL）进行。

培养意识

确保网络安全是一般性责任。最终用户在确保网络和信息系统安全方面发挥了关键作用：他们必须意识到所面临的在线风险，并且有能力采取简单步骤进行自我保护。

近年来施行了一些计划，并应持续进行。尤其是，欧洲网络信息安全局涉足安全意识培养，他们发表报告、组织专家讲习班和发展公私伙伴关系。欧盟警察局、欧盟检察官组织和国家数据保护局也积极参与安全意识培养活动。2012年10月，欧洲网络信息安全局和一些成员国试点"欧洲网络安全月"。培养安全意识是欧美网络安全和网络犯罪工作组[1]进行的工作之一，同时也是"更安全的互联网计划"（着重于儿童在线安全）中的重要环节。

委员会要求欧洲网络信息安全局：
- 在2013年提出一项规划建议，即"网络和信息安全驾驶许可证"，作为自愿认证项目用以促进IT从业人员如网络管理人员的技术强化和能力。

委员会将：
- 在欧洲网络信息安全局的支持下，在2014年组织网络安全锦标赛，大学生将参与网络信息安全解决方案的竞赛。

---

[1] 这个工作组于2010年11月在欧盟峰会设立，所承担的任务是在广泛的网络安全和网络犯罪问题上开展合作。

委员会请求成员国[1]：
- 在欧洲网络信息安全局的支持下，组织年度网络安全月活动，参加者包括2013年以前的私营部门，其目标在于提高最终用户的安全意识。同步进行的欧美网络安全月活动也将在2014年启动。
- 提升网络信息安全教育和培训的全国性力量，为此引入以下措施：2014年在学校进行网络信息安全培训；对计算机专业学生进行网络信息安全和安全软件开发以及个人数据保护的培训；以及对公共行政机构员工进行网络信息安全基础培训。

委员会请求产业组织：
- 在各个层面促进网络安全意识，包括商业实践和客户界面层面。尤其是行业协会应当认真考虑让首席执行官和董事会承担更多的网络安全责任。

2.2 大幅度降低网络犯罪

我们在数字世界里越久，网络犯罪分子就越有机会利用网络。网络犯罪是发展最快的犯罪行为之一，全世界每天有超过100万人受到侵害。网络犯罪分子和网络犯罪网正变得日益成熟，我们必须采取正确的运作手段来对付他们。网络犯罪是暴利和低风险的犯罪，犯罪分子常常利用网站的匿名性。网络罪犯了解网络的无国界性——全球性的互联网意味着执法部门必须进行跨境协调和合作，才能对付这种日益扩大的威胁。

1. 强有力的和有效的立法

欧盟和其成员国必须通过强有力的和有效的立法来处理网络犯罪。欧洲理事会《网络犯罪公约》（也称《布达佩斯公约》）是一个有约束力的国际条约，为国内立法提供了有效的框架。

欧盟已经通过了网络犯罪的立法，包括有关打击儿童在线性剥削和儿童色情的指令。欧盟也将一致同意有关信息系统攻击的指令，特别是利用僵尸网络进行的攻击。

委员会将：
- 确保有关网络犯罪的指令得到立即转换和履行；
- 促进尚未批准欧盟理事会有关网络犯罪的《布达佩斯公约》的成员国尽快批准和履行公约条款。

---

[1] 同时也有相关国家机构参加，包括网络信息安全当局和数据保护当局。

2. 增强打击网络犯罪的操作能力

网络犯罪技术的进化速度不断加快:执法部门不能用过时的操作手段来打击网络犯罪。目前,并不是所有的欧盟成员国都具有应对网络犯罪所必需的操作能力。所有成员国都需要高效的国家级打击网络犯罪的部门。

委员会将:
- 通过其资助的项目[1],支持成员国找出差距,增强调查和打击网络犯罪的能力。
- 与成员国一起,在欧盟联合研究中心(JRC)的支持下,共同努力找出最佳实践做法和最好的可用技术,以便打击网络犯罪(例如,有关开发和使用司法鉴定手段或者威胁分析)。
- 与最近发起的欧盟网络犯罪中心(EC3)密切合作,在欧盟警察局和欧盟检察官组织的范围内,整合政策手段,形成操作方面的最佳实践。

3. 提高欧盟层面的协调能力

欧盟能够为成员国的工作提供补充,帮助协调,促进合作,将欧盟以及欧盟之外的执法部门、司法机构、公私利益相关人召集在一起。

委员会将:
- 支持近来设立的欧盟网络犯罪中心(EC3)作为欧洲打击网络犯罪的支撑点,欧盟网络犯罪中心将提供情报,帮助调查,提供高水平的司法鉴定,为合作提供便利,为成员国当局、私营部门和其他利益相关者之间的信息共享创造渠道,逐渐成为执法共同体的发言人;
- 帮助履行域名登记官的责任,确保网站所有人信息的准确性,特别是基于互联网名称与数字地址分配公司(ICANN)的执法建议,遵守欧盟法律,包括数据保护规则;
- 在最近的立法基础上,继续加强欧盟打击在线儿童性虐待的措施。委员会通过了《为儿童建设一个更好的互联网的欧洲战略》,并与欧盟和非欧盟国家一起,发起了反对在线儿童性虐待全球联盟。该联盟为委员会和欧盟网络犯罪中心支持的成员国采取进一步行动提供了手段。

委员会要求欧盟警察局(EC3):
- 首先主要对成员国的网络犯罪调查提供分析和运作支持,帮助摧毁和破坏主要用于儿童性虐待、支付欺诈、僵尸网络和入侵的网络犯罪网络;
- 定期制作关于发展趋势和涌现的威胁的战略和操作报告,明确成员国网络犯罪小组调查行动的重点和目标。

---

[1] 2013年,由防止和打击犯罪项目(ISEC)资助;2013年之后,由国内安全基金〔多年度财政框架(MFF)之下的新机构〕资助。

委员会要求欧洲警察学院(CEPOL)在欧盟警察局的合作下：
- 协调培训课程的设计和计划,用知识和专门技能武装执法部门,以便更有效地打击网络犯罪。

委员会要求欧盟检察官组织：
- 明确网络犯罪调查司法合作的主要障碍,协调成员国和第三方国家的合作,在操作层面和战略层面支持对网络犯罪进行调查和起诉,以及在该领域进行的培训活动。

委员会要求欧盟检察官组织和欧盟警察局(EC3)：
- 紧密合作,尤其是通过信息交换提高打击网络犯罪的效率,与其有关授权和能力相适应。

2.3 制定与共同安全与防御政策(CSDP)框架有关的网络防御政策

欧盟保护网络安全的努力也包括网络防御的范围。为了提高通信和信息系统的恢复力以帮助成员国防御网络攻击和维护国家安全利益,网络防御能力发展应当集中于侦测、响应和从富有经验的网络威胁中恢复。

考虑到威胁是多层面的,在保护关键网络资产上民用手段和军事手段的协同应当得到加强。这些努力应当得到研发部门的支持,且欧盟的各国政府、私营部门和学术机构应当更紧密地合作。为了避免重复,欧盟将探索欧盟和北约措施互补的可能,以提高双方机构均依赖的关键的政府防卫手段和其他信息基础设施的恢复力。

高级代表将强调以下关键活动,并请求成员国和欧洲防务局合作：
- 评估可操作的欧盟网络防御要求,并促进欧盟网络防御能力和技术水平的发展,进而使包括领导、组织、人事、培训、技术、基础设施、后勤和互操作性在内的各种能力得到发展;
- 在共同安全与防御政策使命范围内制定欧盟网络防御政策框架以保护网络,包括动态风险管理、不断提高的威胁分析和信息共享能力,为欧盟和多国部队增加网络防御培训和演练机会,包括现行演习目录下的网络防卫因素;
- 促进欧盟内部的民众和军事行动人之间的对话和协调——特别强调优良做法的交流、信息交换和早期预警、突发事件响应、风险评估、意识培养和将网络安全作为优先项;
- 确保国际伙伴间的对话,包括北约、其他国际组织和跨国卓越中心,以确保有效的防御能力,要明确合作范围,避免重复工作。

2.4 开发网络安全工业和技术资源

欧洲具有卓越的研发能力,但是许多提供创新性信息和通信技术(ICT)产品和服务的全球领航者位于欧盟之外。这就存在一个风险,即欧盟不但过度依赖其他地方的 ICT 产品,而且依赖于超过欧盟边界的安全解决方案。现在关键的问题是,要确保在欧盟和第三国生产的、用于关键服务和基础设施以及不断增长的移动设备上的硬件和软件是可信的,能够保障对个人数据的保护。

1. 促进网络安全产品单一市场的发展

只有价值链(如设备制造商、软件开发商、信息社会服务商)的所有方面都将安全作为优先项,才能确保高水准的安全。然而,这似乎是说许多主体仍然将安全看作额外负担,对安全解决方案只有有限的需求。有必要制定适当的网络安全性能要求并贯彻于整个为欧洲生产的 ICT 产品的价值链中。应当激励私营部门来确保高水平的网络安全,例如,显示达到足够网络安全性能的标签将帮助公司得到良好的网络安全性能和业绩记录,使之成为一个卖点并获得竞争优势。同样,起草的网络信息安全指令中所设定的义务将非常有助于推动所涵盖的企业之间的竞争。

欧洲市场对高度安全产品的需求同样是一个激励。首先,本战略的目的在于提升 ICT 产品的安全性和透明度。它需要建立一个平台,将欧洲公私利益相关者召集在一起,找出整个价值链中的好的网络安全做法,并为开发和采用 ICT 产品安全解决方案创造优惠的市场条件。主要的焦点在于对实施适当的风险管理和采纳安全标准和解决方案提供激励,包括在现有的欧盟和国际方案上可能建立的欧盟自愿认证计划。委员会将促进成员国采纳统一的方案,以避免因不一致而导致的企业区位劣势。

其次,委员会将支持安全标准的制定,在云计算方面协助欧盟自愿认证计划,同时适当照顾保护数据的需要。工作重点应当在于供应链的安全,特别是关键经济部门(工业控制系统、能源和运输基础设施)的数据安全。这项工作应当建立在欧洲标准化组织(CEN,CENELEC 和 ETSI)[1]、网络安全协调组织(CSCG)和欧洲网络信息安全局的专门机构、委员会和其他相关方正在进行的标准化工作之上。

委员会将:
- 在 2013 年设立一个有关网络信息安全解决方案的公私平台,出台激励措施,鼓励对欧洲使用的 ICT 产品采用安全的 ICT 解决方案,保障良好的网络安全性能;
- 2014 年建议在 ICT 价值链中确保网络安全,利用该平台的工作成果;

---

[1] 特别是基于为第一套智能网和参考架构标准制定的智能网标准 M/490。

- 检查主要的 ICT 硬件和软件供应商是如何向国家当局报告侦测漏洞的，以及这些漏洞可能导致哪些重大安全隐患。

委员会要求欧洲网络信息安全局：
- 与有关国家当局、利益相关者、国际和欧盟标准化组织以及欧盟委员会联合研究中心合作，制定技术指南，在公共机构和私营部门中推荐采纳网络信息安全标准和良好做法。

委员会请求公私利益相关者：
- 鼓励 ICT 产品制造商和服务提供商开发和采用产业主导的安全标准、技术规范，从设计着手保障安全（security-by-design）和从设计着手保护隐私（privacy-by-design）的原则，包括云提供商；新一代的软件和应急措施应当具备更强、嵌入式和用户友好的安全特征。
- 为公司的网络安全业绩开发产业主导的标准，同时通过开发安全标签或风筝标志，帮助消费者浏览市场，改善可供公众访问的信息。

2. 增加研发投入和创新

研发能够支撑一个强有力的产业政策，促进可信欧洲 ICT 产业，繁荣内部市场，减少欧洲对境外技术的依赖。因不断演进的用户需求，以及获取双重使用技术带来的利益，研发应当填补 ICT 安全领域的技术空白，为下一代安全挑战做准备。它还应该持续支持密码学的发展。为此，作为补充，应提供必要的激励和提供适当的政策条件，将研发成果转换为商业方案。

欧盟应当充分利用将于 2014 年发起的"地平线 2020[1] 框架计划"（以下简称"地平线 2020"）。委员会的建议包括可信 ICT 的特定目标以及打击网络犯罪，这与本战略是一致的。"地平线 2020"将支持有关应急 ICT 技术的安全研究；为端到端的安全 ICT 系统提供解决方案；并且解决各网络和信息系统的互操作性问题。欧盟层面将特别优化和更好地协调不同的资助计划（"地平线 2020"、内部安全基金、包括欧洲框架合作的欧洲防务局研究）。

委员会将：
- 从研发到创新和发展，利用"地平线 2020"解决一系列 ICT 隐私和安全问题。"地平线 2020"还将开发工具和采取手段打击以网络环境为目标的犯罪和恐怖分子活动；
- 建立机制以便更好地协调欧盟机构和成员国的研究日程，激励成员国在研发上进行更多的投资。

---

[1] "地平线 2020"是一个融资工具，以实施创新联盟（Innovation Union）计划，该计划是一个欧洲 2020 旗舰计划，目的在于确保欧洲的全球竞争力。从 2014 年到 2020 年，欧盟新的研究和创新框架计划将作为驱动力的一部分，创造欧洲新的增长和就业。

委员会请求成员国：
- 到 2013 年年底，制定适用于公共行政购买能力（如经公共采购）的良好做法，以便刺激在 ICT 产品和服务中制定和部署安全特性；
- 推动产业界和学术界在开发和协调解决方案方面早期介入，这应该通过尽量利用欧洲工业基础和相关的研发技术创新来实现，并协调民用和军事组织的研究日程。

委员会要求欧盟警察局和欧洲网络信息安全局：
- 从网络犯罪和网络安全模式演进的角度，明确最新发展趋势和需求，以便开发足够的数字司法鉴定工具和技术。

委员会请求公私利益相关者：
- 与保险部门合作，制定计算风险溢价的统一指标，这将帮助投资于安全领域的公司获得低风险溢价的好处。

2.5 制定一贯的欧盟国际网络空间政策，推广欧盟核心价值

维护开放、自由和有保障的网络空间面临全球性挑战，对此，欧盟应该与有关国际伙伴和组织、私营部门和公民社会一起应对。

在国际网络空间政策中，欧盟将寻求推动互联网的开放和自由，鼓励制定行为规则和在网络空间适用现行的国际法。欧盟也将采取措施弥补数字鸿沟，积极参与国际工作，建设网络安全能力。欧盟在网络问题上的国际承诺遵循欧盟的核心价值：人格尊严、自由、民主、平等、法治和尊重基本权利。

将主流的网络空间问题融入欧盟对外关系和共同的外交和安全政策

委员会、高级代表和成员国应该明确欧盟一贯的国际网络空间政策，其目标在于增进与重要的国际伙伴和组织、公民社会、私营部门之间的契约和较强关系。与国际伙伴就网络问题进行的欧盟磋商，应当经过安排、协调和执行，以提高现行欧盟与第三方国家之间的双边对话的价值。在与第三方国家的对话中，欧盟将更新重点，特别是与志趣相投的伙伴分享欧盟的价值。这将促进实现高水平的数据保护，包括向第三方转移个人数据。为了应付全球性的网络空间挑战，欧盟将寻求与该领域活跃的组织机构更紧密的合作，如欧洲理事会、经合组织（OECD）、联合国（UN）、欧洲安全与合作组织（OSCE）、北约（NATO）、非洲联盟（AU）、东盟（ASEAN）和美洲国家组织（OAS）等。在双边场合，与美国合作尤其重要并将进一步发展，特别是在欧美网络安全与网络犯罪工作组框架下的合作。

欧盟国际网络政策的主要内容之一将是推进网络空间的自由和基本权利。扩大互联网的使用应会推进民主改革及其在世界范围内的推广。提升全球的连通性不应伴随着审查和对大众的监视。欧盟应该推进企业社会责任，并发起国际活动

促进全球在该领域的协调。

创造一个更安全的网络空间，是全球信息社会从公民到政府每一个参与者的责任。欧盟支持在网络空间制定行为规范，所有利益相关者都应当遵守。正如欧盟希望公民遵守公民义务、社会责任和在线法律一样，国家也应受规则和现行法律的约束。对于国际安全问题，欧盟鼓励在网络安全领域开展建立信任措施，提高透明度，降低对国家行为的误解风险。

欧盟不提倡制定新的有关网络问题的国际法律措施。

《公民权利和政治权利国际公约》《欧洲人权公约》和《欧盟基本权利宪章》规定的法律义务在网络上应当同样得到遵守。欧盟将重点关注如何确保这些规定在网络空间得到执行。

对于网络犯罪，《布达佩斯公约》开放供第三国签署。它提供了起草国家网络犯罪法律的模板和在该领域开展国际合作的基础。

如果武装冲突蔓延到网络空间，国际人道主义法以及人权法（视情况而定）将得到适用。在第三国开展网络安全能力建设和可恢复的信息基础设施。

提升的国际合作将有利于提供和促进通信服务的底层基础设施的正常运转。这包括交流最佳做法、分享信息、对共同突发事件的提前预警，等等。欧盟将持续追求该目标，为此，将强化正在进行的国际工作以加强关键信息基础设施保护（CIIP）合作网络，包括政府部门和私营部门。

因为缺乏开放、有保障、可互操作和可信的访问，并不是全世界都能从互联网的积极作用中获益。因此，欧盟将继续支持各国为了人民而追求开发互联网访问和使用的工作，以保障互联网的完整性和安全性，并有效地打击网络犯罪。

与成员国进行合作，委员会和高级代表将采取以下做法。

- 为贯彻欧盟国际网络空间政策而努力，以增强与重要国际伙伴和组织的关系，将网络问题融入共同外交与安全政策（CFSP）中，提高网络问题全球协调能力。
- 支持制定网络安全行为规则和信心建立措施。增进对话，商讨如何在网络空间适用现有国际法，并推进用《布达佩斯公约》处理网络犯罪问题。
- 支持推进和保护基本权利，包括利用信息和表达自由的权利，重点关注：①制定新的线上线下表达自由的公众指南；②监视可能用于审查或监督公众的产品或服务的出口；③开发各种措施和工具以扩大互联网的访问、开放和恢复力，应对通过通信技术审查或监督大众；④帮助利益相关者使用通信技术推进基本权利。
- 与国际伙伴和组织、私营部门和公民社会一起支持第三世界国家的全球网络安全能力建设，提高对信息和开放的互联网的使用，以防止和打击犯罪威胁。

- 利用欧盟不同的援助方式进行网络安全能力建设,包括帮助对执法、司法和技术人员进行培训,以应付网络威胁,以及支持第三世界国家构建相关国家政策、战略和制度。
- 通过国际关键信息基础设施保护网络,提升政策协调和信息共享,例如子午线网络(Meridian Network)、网络信息安全当局之间的合作等。

3. 角色与责任

在互联的数字经济和社会里,网络突发事件不会在边境止步。所有的参与人,从网络信息安全当局、计算机应急响应小组和执法部门,到产业部门,必须都负起责任,包括国内责任和欧盟责任,并共同努力加强网络安全。考虑到会涉及不同的法律制度和司法体系,欧盟的关键任务是厘清有关各方的角色和责任。

鉴于问题的复杂性和有关行为的多样性,集中化的欧盟监管不太合适。各国政府是最佳人选,它可以组织预防和响应网络突发事件和攻击,并可以通过现有的政策和法律制度与私营部门和社会公众建立联系和网络。同时,由于风险存在潜在的和现实的无边界特性,有效的国家响应常常需要欧盟介入。为了综合应对网络安全问题,各项活动应当跨越三个重要支柱:网络信息安全、执法和防务。

3.1 网络信息安全当局/计算机应急响应小组、执法部门和防务部门的协调

1. 国家层面

成员国应当具备(已经具备或依据本战略设立)应对网络恢复、网络犯罪和防务的结构体系,并且应当达到要求的应付网络突发事件的能力水平。但是,考虑到大量的实体对不同维度的网络安全负有运营责任,并考虑到私营部门加入的重要性,国家层次的协调应当充分利用内阁部门之间的协调。成员国应当在其国家网络安全战略中规定不同国内政府部门的角色和责任。

应当鼓励国内政府部门和私营部门之间的信息共享,以便帮助成员国和私营部门保持对不同威胁的全景视图,并能够更好地了解用于更快捷地开展网络攻击和反击的新趋势和技术。通过在网络突发事件情况下实施国家网络信息安全合作计划,成员国应该能够清楚地分配角色和责任,并优化响应措施。

2. 欧盟层面

同国家层面一样,在欧盟层面也有大量行为人参与处置网络安全问题。尤其是,欧洲网络信息安全局、欧盟警察局/欧盟网络犯罪中心和欧洲防务局是网络信息安全、执法和防务方面的"三驾马车"。这些机构均有管理委员会,其成员由成员

国派出的代表构成，为欧盟层面的协调搭建平台。

在共同涉及的许多领域，均鼓励欧洲网络信息安全局、欧盟警察局/欧盟网络犯罪中心和欧洲防务局之间的协调与合作，特别是在趋势分析、风险评估、培训和最佳实践共享方面。各机构在合作的同时要保持各自特色。这些机构与欧盟计算机应急响应小组、委员会和成员国一道，支持技术和政策人才的可信社区的发展。

非正式协调和合作渠道通过更多的结构性链接来形成补充。欧盟军事团队和欧洲防务局网络防御项目团队能够作为防务方面的协调载体。欧盟警察局/欧盟网络犯罪中心的项目委员会将欧盟检察官组织、欧洲警察学院、成员国、欧洲网络信息安全局和委员会召集在一起，提供机会分享它们的独特的专有技术，确保各伙伴贯彻了欧盟网络犯罪中心的措施，认识到增加的专门技术和尊重所有利害相关者的指令。欧洲网络信息安全局的新指令使增加与欧盟警察局的连接以及加强与产业利益相关者的连接成为可能。最为重要的是，委员会有关网络信息安全的立法建议将通过国家网络信息安全当局的网络建立一个合作框架，处理网络信息安全和执法当局之间的信息共享问题。

3. 国际层面

委员会和高级代表与成员国一道，保障网络安全领域的国际协调行动。为了这么做，委员会和高级代表将高举欧盟核心价值，促进和平、开放和透明地使用网络技术。委员会、高级代表和成员国与国际伙伴和国际组织开展政策对话，如欧洲委员会、经合组织、欧洲安全与合作委员会、北约和联合国。

3.2 在发生重要网络事件或攻击时的欧盟资助

重要网络事件或攻击可能影响欧盟政府机构、企业和个人。本战略实施后，欧盟对网络事件的预防、侦测和响应将会得到提高，成员国和委员会应该相互频繁通报重要网络事件或攻击。但是，根据事件的性质、规模和跨境影响不同，响应机制要有所区别。

如果突发事件对企业永续经营造成严重影响，网络信息安全指令建议根据突发事件的跨境性质，国家或欧盟网络信息安全合作计划启动。网络信息安全当局网络在此情况下将被用于信息共享和发挥支撑作用。这将有助于保存或恢复受影响的网络和服务。

如果突发事件看上去与犯罪有关，欧盟警察局/欧盟网络犯罪中心将得到通知，它们将与受到影响的国家的执法部门一起开展调查，保存证据，确定入侵者的身份并最终确保其受到追诉。

如果突发事件看上去与网络间谍或一国发起的攻击有关，或者具有威胁国家安全的意味，国家安全和防务当局将警告它的有关同伴，以便其他机构知道处于被攻击状态，并开展自卫。然后，早期预警机制将被激活，如果需要，危机管理或其他程序也将被激活。一个特别严重的网络事件或攻击可能具备足够的理由让成员国启动欧盟团结条款(《欧盟运作方式条约》第222条)。

如果突发事件看上去包括个人数据,根据第2002/58/EC号指令,国家数据保护当局或国家管理当局应当介入。

最后,网络事件或攻击的处理将得益于接触网络,并得到国际伙伴的支持。这可能包括技术转移、犯罪调查或危机管理响应机制的启动。

4. 结论和展望

这份推荐的欧盟网络安全战略由委员会和欧盟外交和安全政策高级代表提出,基于强化保护和促进公民权利的考虑,概括了欧盟的设想和必要措施,让欧盟的网络环境成为世界上最安全的网络环境。[1]

该设想只有通过真正建立众多参与人之间的伙伴关系,负起责任,迎接未来挑战,才能实现。

为此,委员会和高级代表请求欧盟部长理事会和欧洲议会支持本战略,帮助实现所提出的措施。同时还需要来自私营部门和公民社会的强力支持和行动,他们是提高我们的安全水平和保障公民权利的关键角色。

现在是行动的时候了。委员会和高级代表决定与大家一起共同努力,实现欧洲所需要的安全。为了确保本战略得到迅速实施和评估可能面临的进展,他们将在12个月内召集所有相关方,召开高级会议,评估进展情况。

(谢永江译)

---

[1] 本战略将在各个相关政策领域(互联欧洲便利、"地平线2020"、内部安全基金、共同外交和安全政策和外部合作领域,特别是稳定工具领域)可预见的数量范围内得到财政支持,该项规定在委员会的多年度财政框架建议2014—2020(受制于预算局的批准和多年度财政框架2014—2020通过的最终数额)中。至于确保与分散机构大量职位的全部兼容性以及在下一个多年度财政框架下的分散机构支出名目的上线约束的需要,将鼓励本《通讯》要求承担新任务的各机构(欧洲警察学院、欧洲防务局、欧洲网络信息安全局、欧洲检察官组织和欧盟警察局/欧盟网络犯罪中心)建立获取不断增长的资源的实际能力,以及确认重新安排的所有可能的情况下,从事相关工作。

加拿大网络安全战略
——为了一个更加强大和繁荣的加拿大

(2010年10月3日)

> 加拿大公共安全部部长的信
> 一、简介
> 二、理解网络威胁
> 三、加拿大网络安全战略
> 四、具体举措
> 五、今后展望

加拿大公共安全部部长的信

加拿大人民的个人生活和职业生涯已经走向数字化:我们在网络空间里生活、工作和娱乐;我们用互联网、计算机、手机等移动设备进行日常交流,用邮件、短信还有推特来联系亲朋好友和同事;我们每天都在进行网上交易,从存款到购物再到获取政府服务,这些随时随地都在发生。数字设施让这一切都变为可能,并维持核心服务的良好运转。

加拿大人——不论是个人、工厂还是政府机构——都很欢迎网络空间带来的诸多优势,国家经济和国民生活质量也从中受益。但是不断增长对网络技术的依赖性使我们在这些攻击数字设备以意图破坏国家安全、经济繁荣和人民生活方式的袭击者面前不堪一击。

本国的网络系统是外国军方和情报机构、犯罪分子和网络恐怖分子的攻击目标。他们企图侵入我们的计算机系统,搜查文件、造成系统瘫痪;企图窃取我们的工业秘密、国家安全机密和个人信息;你看不见、听不见、也抓不住他们。他们有时只是令人反感,有时却给我们的家庭、公司以及国家造成威胁。

《加拿大网络安全战略》是我们应对网络威胁的方案,在2010年新一届总统就职演讲中发布,该方案指出要与各省份、各地区和各私营部门竭诚协作,共同实施网络安全战略,保护我们的数字设施。该战略利用在重要基础设施国家战略和行动计划下建立起来的伙伴关系,支持执法部门不断努力与各伙伴及国际联盟一道,将这些进行网络犯罪或非法行动的不法分子一网打尽。

《加拿大网络安全战略》是政府承诺维系国家——包括网络空间——安全、稳妥、繁荣的基石。

——受人尊敬的公共安全部部长,涂思维的发言致辞

一、简　　介

> 网络空间是由互联互通的信息技术网络和这些网络的信息组成的电子世界。这是一个全球公共领域,超过17亿人在这里建立相互联系,进行思想、服务上的交流,传递友谊。

加拿大的经济严重依赖互联网:据统计,2007年加拿大在线销售额达到627亿美元;[1]2007年,87%的加拿大企业使用互联网。

加拿大人正拥抱网络空间:
- 2008年,加拿大74%的家庭使用付费互联网服务[2];
- 2008年,个人税收档案上有59%来自电子业务[3];
- 2009年,67%的加拿大人在网上办理银行业务[4]。

加拿大各企业正快速接纳最现代化的数字应用,其中包括下一代技术和移动技术。

加拿大各政府部门对互联网的依赖度也在不断增加。现在仅联邦政府就提供了130多项公共在线服务,包括报税表、就业保险单、学生贷款申请表等。

网络空间内的累累硕果是我们最重要的国家资产之一。保护这一硕果意味着要保护我们的网络系统,抵御恶意滥用和破坏性攻击。这是一场持久战。攻击者们声形全无,做事不留一丝痕迹,通过复杂的、被破坏的计算机网络将自己隐匿起来,而我们却没有简单的监测、识别、恢复系统的办法。

网络安全关系到我们每个人,一部分原因在于即使是一些只具备基本技能的攻击者也可能造成实质性伤害。老练的攻击者会破坏电网、水处理厂以及通信网

---

[1] 加拿大统计局日报,2008年4月24日。
[2] Canadian Radio-television and Telecommunications Commission, Communications Monitoring Report, 2009-08.
[3] Canada Revenue Agency, National Processing Status Report, 2009-09.
[4] Statistics Canada, Canadian Internet Use Survey, 2009.

络的计算机控制系统,妨碍政府和私营部门对基本商品和服务的生产及配送,窃取个人信息,危害人们隐私。政府单独应对网络威胁并不足以抵御风险。通过实施本战略,政府将继续与各省、各地区以及私营部门精诚合作,齐心协力解决加拿大和加拿大人民所面对的这些威胁。

我们监测到的网络攻击者一年比一年多,而这些想方设法渗透、挖掘或攻击我们网络系统的黑客们的技术一年精于一年,资源也一年好过一年。他们在对自身的实力进行投资,我们也必须做出回应,在自身技术上投资更多。

政府正在不断努力,保卫加拿大网络系统、保护加拿大网络用户。实际上,该项战略只是为保护加拿大人民制定的一系列措施之一,政府已经建立了"加拿大网络事件响应中心",以监管网络威胁、提供缓解建议,并加强国家应对网络安全事件的协调能力,以回击一切网络安全事件。政府将尽快在执法调查部门中引入立法机制,使之变得现代化,确保技术革新不会用于避开对由通信技术支持的犯罪活动的合法监听。

这些举措虽重要,却还远远不够。网络威胁愈发严重,我们不允许在网络安全上所做的努力停滞在对网络威胁过时的理解上。为确保我们对网络空间的高级使用仍是一项战略资产,加拿大必须预见并对抗新兴网络威胁。《加拿大网络安全战略》是为让所有加拿大网络用户拥有更安全的网络空间而制定的一套方案。

> 网络攻击包括利用无意识的或未授权的渠道,使用、操纵、通过电子手段截断或破坏电子信息和/或电子物理设施,处理、交流和/或存储该类信息。网络攻击的严重性决定了与之相应的反应水平和/或缓解措施:譬如网络安全。

二、理解网络威胁

> 从网络空间中获取信息的渠道多种多样。攻击者可以利用软硬件中的弱点。他们利用安全弱点,诱导人们点开病毒邮件或访问已损坏的网页,用恶意软件感染用户计算机;他们还会利用那些不遵守基本网络安全惯例(如频繁修改密码、定期更新病毒防护软件、只使用受保护的无线网)的用户展开攻击。

一旦攻击者获取一台计算机的使用权限,他们就会窃取或篡改其中的存储信息,破坏计算机运行并重新编程去攻击与该台计算机相连的其他计算机和系统。许多情况下,受害者会遭受身份或个人资产失窃的损失。根据麦克马斯特大学的一项研究[1],2008 年 170 万加拿大人是身份失窃的受害者。在加拿大,每年身份

---

[1] McMaster University, Measuring Identity Theft in Canada: 2008 Consumer Survey.

失窃的损失高达19亿美元。因此,政府已修订了刑法,旨在更好地保护加拿大人免受身份失窃所造成的损失。

加拿大企业遭遇产品上市失败或遭受其他损失,甚至都意识不到罪魁祸首是网络攻击。据统计,最近的一年中86%的加拿大大型组织都遭到了网络攻击,而由此带来的知识产权损失在2006至2008年间翻了一番。[1]

虽然某些攻击工具和技术成本极高,也更为复杂,但大多数网络攻击都有四个共同特点,网络攻击通常:

- 成本低——许多攻击工具都可低价购买或网上免费下载;
- 简单——只要具备基本攻击技能,攻击者就可带来严重破坏;
- 高效——即使是微不足道的攻击也能造成大范围的破坏;
- 风险低——攻击者通过复杂的计算机网隐匿踪迹,利用国内外不同法律制度的漏洞来避开监测和控诉。

尽管网络攻击者的攻击目标和攻击方式有相似之处,但他们造成的每个威胁在本质上因不同的攻击动机和意图而各有不同。

国家支持的网络间谍和军事行动

最精密的网络威胁莫过于由外国的情报和军事机构所发动的网络攻击。大多数情况下,这些攻击者资源充裕,有耐心、有毅力,其目的是占据政治、经济、商业或军事方面的有利地位。

在受国家支持的网络间谍面前,所有拥有先进技术的政府或私企都显得不堪一击。来自加拿大和世界的报告明确了这些网络攻击已经成功窃取了工业秘密、国家机密、专用数据和其他有价值的信息。

有些国家业已宣称,网络攻击是该国军事战略的一个核心元素。也有些国家因将网络攻击与传统军事作战相结合,以强化传统军事行动的作用,这种行径遭到广泛指责。通常,这些网络攻击程序设计出来用于破坏对手的基础设施和通信系统,它们或许还支持对敌方军事设备和指令的电子攻击。网络攻击还会通过破坏应急响应机制和公共健康系统而置人民生命于险境。

加拿大及其同盟都明白,要应对这些风险就要使军事政策现代化。正因如此,北大西洋公约组织(NATO)已经采纳了几项网络防御的相关文件。国防部和加拿大军队正在检测加拿大迎接未来网络袭击的最佳反应能力。

互联网在恐怖主义中的应用

恐怖主义也正将网络行动纳入战略方案。在很多恐怖行动中,恐怖分子利用互联网招募人员、筹集资金并进行宣传。

恐怖分子很清楚西方世界对网络系统的依赖可以让他们趁虚而入。例如,现

---

[1] CA Technologies, Canada 2008 Security and Privacy Survey.

在网上有在线资源为恐怖分子出谋划策,教他们如何在对敌方发起攻击的同时防止自己的网站遭受攻击。

另外,包括基地组织在内的很多恐怖组织都表达了要向西方国家发动网络攻击的意图。虽然专家们怀疑恐怖分子当前是否有通过网络攻击造成严重破坏的能力,但也明白他们迟早可能具备这种能力。

网络犯罪

当国家将部署延伸至网络空间时,有组织的犯罪分子也会采取同样的做法。懂技术的犯罪分子会成为技术娴熟的网络攻击者,继续诸如窃取身份、洗钱和抢劫一类的传统活动。

如今犯罪分子们在线出售所窃取的信息,如信用卡和借记卡的账号、计算机服务器登录密码,设计用于渗透和破坏目标系统的恶意软件等。即便是勤于保护个人网上信息的用户,也面临着分享在第三方中的个人数据被窃取的风险。

一些犯罪团伙正在开发特别定制的攻击软件。他们利用先进的加密技术来保护自身资产和交易机密;执法部门和安全部门中有人说,现在一些网络罪犯的技术水平和发达国家的技术水平不相上下。

威胁在进化

与细菌针对抗体产生抗药性非常类似,网络病毒和恶意代码也在向着躲避防御机制和抗病毒软件的目标不断演变。网络攻击工具和技术的革新在前不久进展神速,令人倍感威胁。两大知名网络安全公司阿卡迈(Akamai)和赛门铁克(Symantec)的统计数据共同表明了当前恶意计算机程序来自190多个国家[1]。至今检测到的所有恶意代码中超过60%都是在2008[2]这一年进入网络空间的。

毫无疑问,网络威胁发生愈发频繁,后果也愈发严重。保护加拿大人民在网络空间里的安全将是一个不断演变的挑战。要有效应对这种挑战,就要做出一系列行动和回应,还要立足于长远持续投资,保持警觉性。

三、加拿大网络安全战略

> 加拿大研究人员已经走在了网络空间现实化的前沿。同样地,这一战略也必须继续用于预见、监测未来的网络威胁并将其击败,利用网络空间使加拿大的国家利益更大化。

《加拿大网络安全战略》是应对网络威胁的方案,建立在以下三大支柱上。

---

[1] Akamai,State of the Internet Report,2009-03.
[2] Symantec,Global Internet Security Threat Report,2009-04.

- 保护政府系统——加拿大人民将自己的个人和企业信息委托给政府,也信任政府提供的服务。他们也相信政府将采取行动,维护加拿大网络领土主权,保护并提升国家安全和经济利益。而政府将履行它在网络安全方面的义务,合理配置必要的机构、工具和人员,使其各就其位,各司其职。
- 协同维护联邦政府之外的关键网络系统的安全——加拿大的经济繁荣和治安有赖于政府之外系统职能的顺利运行。在与各省政府、区政府及各私营部门的合作中,政府将支持加强加拿大网络复原能力的各项举措,包括政府重要基础设施部门网络的复原能力。
- 帮助加拿大人民安全用网——政府将帮助人民获取网上保护自己和家人所需的信息,加强执法部门打击网络犯罪的能力。

《加拿大网络安全战略》将加固网络系统和重要基础设施部门,促进经济增长,为加拿大人民接触彼此、接触世界保驾护航。我们在利用网络空间创建一个安全、有弹性的创新型加拿大的过程中扮演着各自的角色。

政府已经向各利益相关者寻求大范围内网络威胁和安全惯例方面的投入。若要维护网络安全,合作(尤其是国际性合作)是重心。加拿大作为一个值得信赖的国际合作伙伴,在保护网络安全方面将获益。

> 战略:
> - 反映加拿大价值,如法律法规、责任性和保密性;
> - 允许不断进步,应对新兴威胁;
> - 整合加拿大各政府的行动方案;
> - 强调与加拿大人民、各省各区、各企业和研究院的伙伴关系;
> - 建立与同盟之间亲密的合作关系。

加拿大支持全球为发展和建立网络治理机制所采取的国际行动,以巩固自身安全。或许在某种程度上,加拿大将帮助欠发达国家和外国伙伴发展其网络安全能力,这有利于先发制人防止敌方从全球网络防御网中的薄弱环节趁虚而入。

协同合作

本战略将由直接负责政府网络系统安全的部门机构实施。我们将与各省区的伙伴们协同合作,他们对保护加拿大重点基础设施负有义不容辞的责任。

加拿大学术界、非政府组织和各私营部门必须与政府一道,共同保护国家网络系统安全。其中每个团体在维护自身系统安全方面都拥有独一无二的技术、分析能力和强有力的激励机制,因此他们的强强联合对于我们保护加拿大、扩大生产,促进繁荣的共同目标而言至关重要。

所有加拿大公民在维护未来国家网络治安中也必须发挥其主体作用。政府引进并支持的网络安全举措并不能保证每个人在上网时都不受威胁和伤害。加拿大人民必须认清这些威胁以及能够认识到有工具去帮助他们辨识并避开威胁,最重要的是,他们必须运用这些工具保护自己和家人。

> 网络安全关系到每个人的日常生活,也关系到加拿大的安全与繁荣。

四、具体举措

保护政府系统安全

> 《加拿大网络安全战略》三大支柱:
> - 保护政府系统安全;
> - 同合作伙伴一道保护联邦政府之外的重要系统安全;
> - 帮助加拿大人民安全上网。

加拿大人民生活、工作和娱乐的网络世界缺少应用于现实世界的法律规定和秩序。政府受人民委托保护其电子数据库中私人敏感信息的安全,利用自身网站和电子处理系统为人民和私营部门提供服务,通过机密通信系统传递对国家军事、国家安保行动至关重要的高度机密信息。

针对政府系统的网络攻击屡见不鲜,网络攻击者定期查探这些系统,以找到其薄弱之处。维护这些链接的安全不仅涉及运营效率,还关乎国家安全和主权,保障外事服务人士、军队和执法部门人员的生命安全,保护国家经济主权完整,保护人民的个人信息。

我们在利用网络技术提升加拿大经济效益和国家安全利益的同时,必将加强政府对网络攻击的监测、打击和防御能力。而要实现政府的网络完整性,就要明确责任与义务,加固系统,要求政府工作人员清楚适当的程序。

(1) 构建清晰的联邦政府角色和责任框架

网络安全如此重要,何人行使何种职能容不得丝毫马虎,本战略为此制定了清晰的要求。

加拿大公共安全部将协调实施本战略,设计政府一体化方针,报道战略执行情况,其将作为新兴复杂威胁的评估和全方位协调方针的制定与改良的总调度,以应对政府内部和全国范围内存在的风险。加拿大公共安全部的加拿大网络事件回应中心将继续成为聚焦点,监测网络攻击,提供网络威胁缓解对策,指挥国家应对一切网络安全事件。加拿大公共安全部还将引领公众意识,组织宣传活动,让人民认识到他们在网络空间里面临的潜在风险以及保护自己和家人所能采取的措施。

加拿大通信安全机构在处理网络威胁和攻击方面拥有国际公认的专门技术。有了这种独特授权和专业知识,该机构将加强自身监测、发现威胁的能力,提供对外情报和网络安全服务,回应针对政府网络和信息技术系统的网络威胁和攻击。

加拿大安全情报局将对国家安全面临的国内外威胁进行分析调查。皇家骑警也将按照《加拿大皇家骑警法》对涉嫌危害加拿大网络和重要信息基础设施的国内外犯罪行为展开调查。

财政部秘书处将通过制定政策、标准和评估工具来支持和加强各政府部门的网络事件管控能力。财务部秘书处还负责加拿大政府的信息技术安全。

加拿大外交处和国际贸易部门将给出国际层面的网络安全建议，致力于制定网络安全对外政策，帮助巩固政府涉外网络安全政策的连贯性。

国防部和加拿大军队将增强自身网络的抵御能力，协同其他政府部门识别威胁并尽量做出回应，继续与同盟交换网络最佳实践范例。他们还将与同盟齐心协力为军队层面的网络安全制定政策和法律框架，以补充加拿大外交和国家贸易部门在对外宣传方面的工作。

考虑到许多网络攻击速度快且极为复杂，应对网络攻击必须打破联邦伙伴之间的合作壁垒和信息共享壁垒。本战略涵盖了解决这类需求的措施，提供了额外的资金来源和所需的人力资源，帮助政府圆满履行网络安全义务。

（2）巩固联邦网络系统的安全

针对我们采取的巩固网络安全的新技术或新做法，网络威胁也在演化以躲避追击。我们将持续投资，建立与不断进化的威胁保持同步所需的专门技术、系统和管理框架。我们也将审视自己的做法，增加网络系统攻击者面临的风险和后果。

政府将巩固自身网络架构的安全性，继续减少政府计算机系统的网络通道数量，采取其他措施加固系统。

2009年，政府针对国家安全政策制定了一系列修正案。这一政策由财政部秘书处执行落实，制定保障措施确保政府服务传递到个人。因为政府依赖信息技术提供这些服务，该政策强调各部门机构有必要对自身的电子运营进行管控和保护。

信息技术的全球化为评估供应商的可信度带来困难。网络攻击者深知全球供应链中的安全漏洞，这些漏洞给他们带来绝佳的机会。一些有组织的犯罪集团和外国情报机构已经在利用这些薄弱之处，努力散播网络攻击技术。政府将强化流程，减少网络攻击技术带来的风险。

（3）加强政府各部门的网络安全意识

明确角色责任、强化系统安全对实现网络安全至关重要，但政府要保障自身网络安全，主要还是依靠政府工作人员。社会各环节数不清的网络事件表明，即使是最精妙的安全系统也会被一个简单的人为失误所破坏。和其他地方一样，在政府机构中，人们会在以下基础网络安全惯例中犯错：

- 没有定期更换通行密码；
- 误以为办公室邮件系统固若金汤；
- 访问已被攻击的网站，导致工作计算机感染恶意病毒。

协同维护联邦政府之外的重要网络系统安全

加拿大私营部门在经济上的成功很大程度依赖于自身对尖端领域的研究、知识产权、商业交易和金融数据的维护能力。若无法保护这些资产的安全,则必然导致市场份额缩水,消费者减少,最终企业倒闭。

同样地,我们的美好生活依赖于运输系统、通信网络和金融机制提供的安全可靠的服务。私营企业推动国家经济繁荣,基础设施系统支撑人们的日常活动,保护与我们生活质量息息相关的这两大基础部门不受网络威胁刻不容缓。一旦失败,将会产生不利的经济影响,打击消费者信心。

2008年,麦克马斯特大学[1]针对加拿大国内身份被盗用所做的一项研究发现,20%的消费者已经摒弃或减少了网上购物,还有9%的消费者由于认识到在线交易存在风险,已经摒弃或减少了网上银行业务。通过营造一个安全可靠的商业环境,我们将培养生产力和创新力,促进国家经济繁荣。

公众需要更加清楚地了解到这些行业提供服务所用的网络系统中固有的缺陷。增强意识可以帮助国民避免身份盗窃和潜在的金融损失。政府将与各省各区、各私营部门齐心协力提高国家和国民对网络安全的警惕性。

政府将立足现有项目和技术(如"国防研究与发展——加拿大公共安全技术项目"),加大对网络安全研究与发展的支持力度,并与私营部门和学术伙伴精诚合作,加强信息共享。

(1)携手各省各区

对加拿大和加拿大人民而言,加强各级政府间的合作是实施全面网络安全战略的重中之重。各省区政府提供一系列核心服务,这些服务的落实依赖于自身网络系统安全、稳妥的运行。例如,他们的电子数据库中保存着敏感的个人信息,包括健康记录、婚姻状况、驾照信息、省份纳税申报单等。各省区在提高国民,尤其是还在上学的首次接触网络的年轻人的安全意识方面起到关键作用。只有各级政府携手合作,才能保证国民私人信息的安全,保证国民获取他们依赖的政府服务。

(2)携手私营部门和关键基础设施部门

网络攻击带来的许多风险和影响是政府和私营部门共同要面对的,例如不可靠的技术对政府和企业都有害处,因此两者必须在合作中识别这些风险。

庆幸的是,加拿大公共部门和私营部门有着很长的合作史,共同实现经济共享和国家安全的目标。未来要进一步加强此类合作。考虑到现有的以及不断出现的威胁、防御技术和其他最佳范例,各伙伴必须共享准确及时的网络安全信息。

通过现有结构和组织,如关键基础设施部门网络,加拿大进一步加强公共部门和私营部门的伙伴关系。建立跨部门机制,为政府和企业在广泛的基础设施事务

---

[1] McMaster University, Measuring Identity Theft in Canada: 2008 Consumer Survey.

（包括网络安全在内）中的合作提供机会。

合作的另一关键领域是控制系统的安全。从机械到工厂再到关键的基础设施，这些系统掌控着一切。它们控制大坝水流、防止电网崩溃、维持交通网络的正常运转。控制系统的安全关系到加拿大人民赖以生存的服务和产品的安全交付，因此公共部门和私营部门的合作积极性将有效地识别网络威胁，共享解决威胁的最佳惯例。

我们在网络安全方面的共同努力将通过训练和演习进一步完善。一些演习已经启动，演习结果将推进合作伙伴各方在网络安全上的动态认知。参与演习也有助于改进保障网络安全的步骤。

破坏关键基础设施和网络系统会直接影响加美边境处的贸易和社区。攻击互通互联的计算机网络也会对工业部门和国家边界产生连锁效应。因此加拿大将在国际上扮演积极角色，保护关键基础设施和网络安全。

帮助加拿大人民安全用网

网络治安的成果帮助我们实现了前所未有的个人生产力和经济繁荣，但同时也使世界上的犯罪分子利用21世纪的技术实施传统犯罪。政府正采取措施进行防护，以防网络空间变成犯罪窝点。我们将杜绝网络罪犯隐匿藏身的可能性，同时保护加拿大人民的隐私。

（1）打击网络犯罪

犯罪分子们很快就了解到实施网络犯罪成本低、风险小且利润丰厚。在2007年[1]曝光的一个家喻户晓的事件中，450多万个消费者的信息记录从北美一个知名的经销商处被窃。这类泄露行为每三年就要发生一次，其间犯罪分子会对来自销售信用卡终端的无线信号进行监控。这些网络攻击使经销商亏损高达1.3亿美元，给个体受害者造成无法估计的财产损失。

同样地，2008年五个国家的网络操作人员被指控闯入九大北美经销商的数据库，从中窃取400万个信用卡和借记卡账号，并通过网络将之卖给其他的犯罪分子。

加拿大执法部门无法用过时的侦查权和侦查工具打击跨国网络犯罪。为了让我们的政策保护我们的网络空间，我们要赋予执法部门新的立法权，给予资金支持。

相应地，加拿大皇家骑警将被赋予所需的一切资源，建立集中式的"综合网络犯罪融合中心"。通过使用风险分析法，这支团队将提升皇家骑警对加拿大网络事件响应中心提出的针对政府或关键基础设施的攻击的反应能力。

政府已经通过立法，打击身份盗窃行为。政府还将重新引进一些立法改革，从

---

[1] SC Magazine, FTC Settles with TJX Over Breach, 2008-03.

以下几方面加强执法部门对网络犯罪的调查和检举能力：
- 规定利用计算机系统对儿童进行性剥削是犯罪行为；
- 要求互联网服务商维护好拦截系统，以便执法部门依法处理司法授权的拦截信息；
- 要求互联网服务商向警方提供消费者的基本识别数据，因为这类信息对在现实生活中打击网络犯罪（如儿童性虐待）至关重要；
- 加强加拿大在打击重大犯罪过程中对其合作伙伴的协助力度。

（2）保护加拿大人民线上安全

加拿大家庭希望自己的隐私、身份和身体健康信息受到保护，不被网络觊觎者利用。同时加拿大人民也清楚风险是存在的。德西玛研究所（Decima Research）的一项研究显示：[1]
- 只有35%的加拿大人相信他们的计算机很安全，不受网上威胁；
- 77%的加拿大人关心个人信息的安全问题，但还有63%的人在互联网上处理一些敏感事务，57%的人将敏感信息保存在自己的计算机上。

只要加拿大国民知道正确的做法，他们就会加强个人网络安全以及国家网络安全。所有人都要遵守基本网络安全惯例，如经常修改个人密码、定期更新病毒防护软件、只使用受保护的无线网等。

政府将提高加拿大人民对常见网络犯罪的防范意识，通过网络站点、创新性材料来推广可靠的安全网络。

政府的终极目标是：打造网络安全文化，借此帮助加拿大人民了解网络威胁和他们能够采取的措施，确保安全地使用网络空间。安全意识的养成需要在接下来的几年内不断努力，而且刻不容缓。

五、今后展望

加拿大人民对网络空间的依赖性与日俱增。回到过去那个没有互联网的年代是不可能了。正如前几代人利用越来越复杂、越来越有用的方法来进行交流，我们欢迎互联网的到来。

但我们在享受网络空间带来的裨益时，也看到了它带来的重重威胁。那些滥用互联网的犯罪分子技术日益精进，危险性越来越高。我们必须现在就对网络安全进行投资建设，保证经济繁荣、国家安全和人民生活质量的提高。

《加拿大网络安全战略》是国家为保护网络系统制定的方案。本战略将保护政

---

[1] Decima Research, Cyber Security Practices in Canada, Final Report, 2008-02.

府系统的完整性和国家重要资产,打击网络犯罪,保障加拿大人民的日常上网安全。通过提高人民对网络安全的需求意识,本战略将鼓励加拿大个人、企业和政府各层级规范网络行为,采用所需技术抗击不断演变的网络威胁。

政府将于2010年开始贯彻落实本战略中的新措施。本战略中列举出来的举措是至关重要的第一步,将按要求进行调整和巩固。

网络安全是我们共同的责任,所有加拿大公民、政府、私营部门和国际伙伴都要扮演一定的角色。本战略反映了这种共同责任。本战略的落实需要共同努力,其成功将依赖于各方协同合作的能力。

> 每个人都必须各尽其职。

(谢建雯译,崔骋堉校)

澳大利亚网络安全战略
——推动澳大利亚创新、发展与繁荣

(2016年4月21日)

> 序言
> 执行概要
> 澳大利亚网络安全战略一览
> 一、网络概览
> 二、国家网络合作伙伴关系
> 三、稳固的网络防御能力
> 四、全球责任与影响
> 五、发展与创新
> 六、网络智能国家
> 七、行动计划

序　　言

数字化时代带来了双重挑战,即促进并保护网络空间利益增长,面对这些挑战,该网络安全战略阐述了澳大利亚政府的理念与计划。

维护网络安全与保护公民网络空间自由并不矛盾,不仅如此,二者还相辅相成。安全的网络空间可增强公民、企业和公共部门对彼此的信任与使用网络空间的信心,促进信息互享、合作与创新。

互联网正在改变我们的社交、经商方式,恐怕当初的网络创建者,也未必预料到其影响如此之大,它改变着我们的娱乐方式与信息获取途径,几乎渗透生活的方方面面,对我们产生着不可估量的影响。

各大领域都迫切希望获得开放、自由、安全的网络空间,这一需求绝不局限于经济领域。

这有利于保证公共与财务问责制,加强民主制度,促进公民言论自由,形成安全且充满活力的社区。

为充分实现网络空间的社会、经济与战略利益,我们必须保证网络管理由用户决定,而非由政府独裁。

同时,网络空间不是法外之地。政府与私营部门都发挥着至关重要的作用。政府在促进创新、维护网络安全,企业则需保证遵守最新、健全的网络安全惯例。

嚣张的犯罪集团、国外对手等恶意攻击者的攻击目标是澳大利亚及澳大利亚民众,他们利用网络空间达成共谋,损害我们的利益。恶意网络攻击对澳大利亚公共部门、私营部门与公民个人造成的影响是史无前例的。我们受害的比率逐渐增加,恶意攻击者的手段也不断翻新、层出不穷。

澳大利亚政府有责任保护国家安全、防御网络攻击、捍卫国家网络空间利益,我们必须预防网络犯罪、网络间谍、破坏网络和不公平竞争等现象。

澳大利亚将与国际伙伴一道,共同努力,遵守、推广相关网络行为规范,构建自由、开放、安全的网络空间。各国不应因商业利益,故意利用互联网进行或支持盗窃知识产权的行为,这也是我们推广的网络行为规范之一。同时,我们还须注意预防不当网络言论的传播,避免引起极端主义和恐怖主义等暴力活动。

从斯诺登信息披露一事可知,对政府或企业网络安全最具破坏力的往往并非"恶意软件",而是"技术人员"。内部人员深受信任,可通过合法渠道获取机密材料并进行非法揭露,甚至严重破坏网络安全,造成重大影响。

技术措施是减少这类网络攻击的重要手段,但文化转变是最有效的方法,必须更加重视文化转变。

企业与政府须注重员工培训,规范他们的网络操作。

该战略旨在促进完善机构网络文化,提高政府与企业员工的网络操作意识,维护澳大利亚人民的网络安全。

该战略补充了政府经济计划的关键要素,有利于促进经济转型,打造多样化、以创新为导向的经济,开放新市场,为澳大利亚企业引进投资。网络安全产业还处于起步阶段,但其发展速度十分迅猛,澳大利亚有优势成为网络安全方面的领导者。我们可以将技术作为突破点,管理互联网的威胁与风险,培养真正的潜力。

该战略符合《国家创新与科学议程》《国防工业计划》中的要求,有利于使更多澳大利亚技术市场化,鼓励学生学习科学、技术、工程和数学(STEM),为未来工作做准备,满足国家对科技理工类人才的需求。同时,还支持创建更多创新型企业,促进澳大利亚创新。

最重要的是,该战略在维护21世纪澳大利亚网络安全中发挥着关键作用,同时,也显示了国家对网络安全的重视与投入。接下来的四年内,澳大利亚政府将继续提高国家能力，维护网络安全，启动相关计划，总投资将超过 2.3 亿美元。这些举措很好地补充了《2016 国防白皮书》中对网络安全的重要投资，并在 10 年内，将投资提高到 4 亿美元。

澳大利亚政府将在本国、国际区域及全球范围内展现领导能力。我会任命一名部长，协助总理管理网络安全事务，同时在总理内阁部任命一名网络安全特别顾问，发挥政府在制定、执行网络安全政策中的领导作用；外交部也将任命首位澳大利亚网络大使；国防部将继续在澳大利亚网络安全中心协调政府网络安全运作能力。

当今时代，网络带来的机遇与威胁并存，我们必须主动行动，抓住机遇，同时预防威胁，而不可单纯应对未来不可避免的网络事件，新结构将保证给予网络安全应有的重视。此外，该战略鼓励澳大利亚公共与私营部门建立合作伙伴关系，提升本国自主网络安全能力，促进国际间网络合作。同时，我们也将与时俱进，不断适应新潮流，在瞬息万变的技术领域中保持竞争力与影响力。

我期待与国内外政府、私营部门和社区合作，共同努力，加强网络可信度，发挥澳大利亚在数字领域中的潜力。

马尔科姆·特恩布尔
总理
2016 年 4 月 21 日

执行概要

在经济全球化环境下，可靠、强大的网络安全能力是国家繁荣富强的基本要素，也是国家安全的关键因素，这要求各政府、私营部门以及社区之间建立合作伙伴关系。

当今时代，互联互通至关重要、必不可少，可为澳大利亚人民创新、发展带来新机遇，如果企业放弃了网络平台，就相当于失去了竞争性。但同时，网络也带来了风险。越来越多的网络犯罪组织和间谍将目光投向澳大利亚，政府、企业和公民应携起手来，提高自身能力，抵御网络安全威胁，同时，最大限度地利用网络带来的机遇。

为进一步推动发展，澳大利亚应积极创新，推进经济多样化，打入新市场，丰富财富创造方式。我们应积极采用颠覆性技术，即可能彻底改变传统经济模式和人们生活、工作方式的技术，对思维敏锐的企业来说，这将意味着前所未有的新机遇。

但是，数字技术的潜力取决于互联网及网络空间的可信程度。只有保证网络安全，才能从互联世界中抓住更多机遇，同时，也利于吸引更多人来澳大利亚经商，促进国家繁荣。

澳大利亚已对网络安全进行了巨额的投资,拥有坚实的网络安全基础。近期,多项政府计划大大提升了政府的网络安全能力,如澳大利亚网络安全中心计划。很多澳大利亚企业也拥有强大的网络安全能力,尤其是银行和电信公司。我们未来的工作就建立在这一平台上。

未来的路还很长,我们要做的事情还很多。组织机构连接到互联网后,容易受到各种网络侵害。随着人与系统之间互联程度不断提高,网络信息的数量与价值也不断提高,但是,窃取、利用网络信息,损害经济、隐私和安全等的行为也不断增多。网络空间及不断涌现的机遇面临着持续不断的威胁。

恶意网络活动是所有澳大利亚公民面临的一项安全挑战。一直以来,澳大利亚公共与私营部门都受到了不同程度的网络攻击,这些网络攻击中的一些是由其他国家支持的,也有一些并未得到其他国家的支持。在国外,大型跨国公司和政府组织一直都是他们的攻击对象,目前,有些组织已丢失大量的商务敏感信息与人员敏感信息,一些攻击已对业务经营和企业形象产生了重大负面影响。

为加强网络安全能力,更准确、快速地预测、响应网络威胁,我们必须弥补短板,培养网络安全专业人才。当今世界,互联程度日益加强,打造国家网络安全人才库关系到公民日常工作与生活,是保证网络安全的关键一环。

归根结底,我们必须充分重视网络安全问题,将它的重要性提升到国家层面,这样才能更好地应对一系列挑战。为实现这一目标,可靠的领导体系将发挥重要作用。

在与其他伙伴的合作过程中,澳大利亚政府将积极发挥带头作用,采取并推广相关活动,保护网络安全。澳大利亚私营企业拥有国家大部分数字基础设施,有责任保护澳大利亚网络安全。各企业、研究机构应与政府、其他利益相关者一起,共同提高网络防御能力,群策群力,解决共同面临的问题。

互联时代下的安全战略

澳大利亚政府致力于保护网络安全,与《国家创新与科学议程》保持一致,促进国家创新、发展与繁荣,倡导创建21世纪充满活力的现代经济。

该战略确立了2016～2020年间,澳大利亚网络安全行动的五大主题:
- 建立国家网络伙伴关系;
- 加强网络防御能力;
- 全球责任与影响;
- 发展与创新;
- 网络智能国家。

政府采取的网络安全措施旨在完善国家网络安全状况,为澳大利亚抓住机遇、持续发展与繁荣保驾护航。随着网络空间不断创新发展,我们将每年及时审查、更新战略计划,每四年审查、更新一次《澳大利亚网络安全战略》。部分措施正步入正轨,并将继续完善成熟、发挥作用。此外,政府还将与私营部门、研究机构、国际伙伴一同研究新措施。大部分行动措施离不开澳大利亚民众的支持与配合,加强澳大利亚的网络安全,提升澳大利亚作为一个开展商业活动的现代经济体和可信地区的信心,每个人在其中都发挥着重要作用。

总理内阁部倡导的《网络安全评估》也支持该战略。总理内阁部新设立了网络安全特别顾问,带领政府实施该项战略,对网络安全负主要责任。

总之,政府、企业、社区及公民都面临着网络安全威胁,只有处理好这些威胁,我们才能最大限度地利用互联网,抓住机遇。该战略描绘了澳大利亚网络创新、积极协作、适应时代的新蓝图。

1. 国家网络伙伴关系

澳大利亚政府与企业举行了网络安全会议,共同制定了战略议程,推动澳大利亚解决网络安全问题。该会议由总理、各企业及研究机构的领导人员共同举办,与该战略的主要提议保持一致,商议相关办法,处理新出现的网络安全问题。会议认为,专门设立部长,协助总理处理网络安全事务,有助于维护国家网络安全。

我们将简化联邦政府的网络安全管理模式,明确定义主要责任。此外,我们将把澳大利亚网络安全中心迁往通信更加便利的地区,使它更加完善,促进政府与私营部门间的高效合作。

不仅如此,我们还将支持并赞助相关研究,深度理解恶意网络活动对澳大利亚经济的负面影响,保证相关组织及时了解当地信息,完善网络安全投资和风险管理决定。

2. 强大的网络防御能力

澳大利亚将逐渐增强网络、系统的防御能力,提高应对网络攻击后的恢复能力,减轻受影响程度,更好地检测、制止、应对网络安全威胁,更准确地预测风险。

澳大利亚政府和私营部门将共同努力、共享信息(包括来自机密渠道的信息),充分利用主要城市的网络威胁共享中心和网络威胁共享门户网站,共享威胁信息及应对措施信息。

我们将共同采取应对措施,随时准备应对网络攻击;政府将对澳大利亚网络安全中心里的各机构进行投资;提高国家计算机应急响应小组能力,使它加强与各大企业的合作,尤其对于为国家提供关键服务的企业,完善二者的合作机制;提高澳大利亚信号理事会的业务能力,弥补网络安全漏洞。以上措施将完善《2016国防白皮书》中对网络能力投入方面的条款。

政府将提高自身能力,扩充澳大利亚犯罪委员会和澳大利亚联邦警察局的相关专业人员队伍,如检测威胁和宣传威胁意识的专业人员、技术分析人员和鉴定网络犯罪的司法人员,以减少网络犯罪。

澳大利亚将提高网络安全行为标准。公共、私营行业的组织机构应加深对网络风险的理解,增强网络防御能力。我们通常将网络安全视为单纯的技术问题,但对公共、私营行业的组织机构而言,网络安全是经济战略的核心。政府、企业、研究机构将共同研究、制定《国家志愿网络安全指南》,推广组织机构可实施的优化措施。我们采取上述所有措施时,都以澳大利亚信号理事会制定的世界级战略为基础,尽量与可行的国际标准保持一致。

3. 全球责任与影响

澳大利亚将与国际伙伴共同努力,支持创建开放、自由、安全的网络空间。我们将共同解决网络安全威胁,强调自由网络空间为全球经济带来的机遇。网络大使将为切实的国际合作寻找机遇,确保澳大利亚在国际网络问题上具有协调能力和持续、有影响力的话语权,增强工作效果。

澳大利亚倡导各国应在网络空间中遵守国际法。此外,公共规范、良好行为标准和切实培养信心的措施可减少发生冲突的风险,也进一步支持、巩固各国的守法行为。

大多数以澳大利亚为目标的网络犯罪都来源于国外,因此澳大利亚政府将与国际法执行机构、情报机构以及其他计算机应急响应小组建立伙伴关系,培养自身网络能力,预防、破坏网络犯罪的温床。澳大利亚还将协助国际伙伴尤其是印度-太平洋地区的伙伴加强培养解决网络威胁问题的能力。

4. 成长与创新

网络空间为澳大利亚所有组织机构都带来了巨大的机遇,是大、中、小型企业运行的关键工具,为实现当前各类服务与产品交易提供了平台,促进了创新型技术的发展,不断带来新商机,此外,互联网还可促进公共、研究和非营利部门的转型发展。

在亚太地区,颠覆性商业模式及其支持技术,如大数据分析、移动网络、物联网和云计算技术,在2030年前在经济活动中每年将创造6 250亿美元的经济利益,占该地区预期GDP的12%。

政府承诺保证网络安全,有助于各企业开发新市场,实现市场多元化,为将来的繁荣昌盛奠定坚实基础。为充分利用网络安全服务不断扩张的全球市场,政府还将支持澳大利亚网络安全行业的发展,促进整体能力的提升,满足全球市场的需求。在国内,强大的网络安全服务保障有助于澳大利亚企业增强信心,安心进行线上交易。

为满足行业及政府需求,澳大利亚集中精力研究、发展网络安全,将刺激更多投资，创造更多就业机会，这将有利于巩固国家网络安全。这些措施还将有利于澳大利亚吸引商业投资，促进国家发展。

澳大利亚将根据《国家创新与科学议程》设立网络安全成长中心，将自身定位为网络安全创新国家。网络安全成长中心将创建国家研究网与创新网，将澳大利亚政府、企业、初创企业和研究机构凝聚在一起，界定并优先应对关乎国家成败的网络安全挑战以及澳大利亚可主导制定出有全球竞争力的应对方案的网络安全挑战。网络安全成长中心还将与国外网络安全创新中心互联互通，有助于强化自身的网络防御能力，增加商业机遇，创造更多就业机会。为实现该目标，可协调、呼应战略中的其他计划，如网络威胁共享中心计划。

此外，政府正通过《国家创新与科学议程》加强"数据61"（Data 61）〔联邦科学与工业研究组织（CSIRO）提到的数字强国战略〕能力以推动网络安全创新，将重点支持网络安全初创企业，并通过"数据61"与众多大学建立伙伴关系，培养国内人员技术能力，包括针对网络设立的博士奖学金项目，它的接受者必须从事"数据61"计划。

以上计划与政府《国家创新与科学议程》中其他计划相互补充，都有利于网络安全企业的发展壮大。与之相似，澳大利亚保护所有具有创新性的网络知识产权，防止网络知识产权被窃。

5. 智能网络国家

澳大利亚承诺支持该战略中其他四大主题，解决网络安全专业人才短缺这一关键问题。我们将全力完成当前政府提出的科学、技术、工程和数学（STEM）相关计划，通过各级教育系统解决这一重大难题，首先将从需求最紧迫的第三产业开始。

政府将与学术社区、研究社区和各企业共同研制模型，在大学建立网络安全人才中心，确保学生学习社会真正需要的技能与知识。这些人才中心将与世界其他人才中心对接，还将与该战略中其他项目机构对接，如网络威胁共享中心和网络安全成长中心。

澳大利亚政府、企业和研究机构也将共同努力，完善网络安全技术输送管道，确保更多孩子学习相关科目，也便于各职业阶段的人士学习网络安全技能。

政府将采取一系列提高防范意识的措施，持续教育公共与私营部门，进一步提升国家网络安全意识，确保所有澳大利亚居民了解互联网的利与弊，懂得在互联网上保护自己。

澳大利亚网络安全战略一览

国家网络伙伴关系

政府、企业与研究机构共同改善澳大利亚网络安全

优先行动

共用领导：政府和企业领导人带头制订国家网络安全计划。
建立强大的伙伴关系：政府明确领导责任，每年总理和企业领导人召开年度网络安全会议，重新安置澳大利亚网络安全中心，更高效处理相关事务
了解损失与效能：政府资助相关研究，弄清恶意网络活动给经济带来的损失

强大的网络防御能力

澳大利亚将逐渐增强网络、系统的防御能力，提高应对攻击后的恢复能力，减轻受影响程度

优先行动

检测、阻止和应对措施：开放联合运行网络威胁共享中心和网络威胁共享门户网站，提高情报能力、分析能力和应对能力，解决网络威胁问题
提高标准：共同设计志愿网络安全管理"体检"利国家良好行为规范指南，进行联合练习，开发利用先进技术，增强澳大利亚网络犯罪防御能力，抵御网络威胁，对政府各机构进行网络安全评估

全球责任与影响

澳大利亚积极提倡创建开放、自由、安全的网络空间

优先行动

支持创建开放、自由、安全的网络空间：在印度洋-太平洋地区以及全球，提倡创建开放、自由、安全的网络空间
破坏犯罪温床：建立全球伙伴关系，预防、破坏网络犯罪及其他恶意网络活动
培养自身能力：培养地区、全球能力，防御恶意网络活动

成长与创新

澳大利亚企业通过网络安全创新走向繁荣、壮大

优先行动

促进网络安全创新：利用网络安全成长中心和创新投资网络安全创新，增强网络防御能力，发展经济，创造更多就业机会
促进网络安全企业发展壮大：支持新型企业，利用网络安全支持澳大利亚网络安全产品、服务的出口
促进网络安全的研究与发展：对网络安全的研发需应对各种挑战

智能网络国家

澳大利亚具备相应的网络安全专业人才，有能力在数字时代茁壮成长

优先行动

培养社会需要的技能与专业知识：解决网络安全技术短缺问题，培养一批高技术的网络安全专业人才，首先可从大学的网络安全人才中心开始，实现多样化
提高国家网络安全意识：继续教育公共与私营部门，促进澳大利亚居民了解网络的利与弊，提高他们的网络安全意识

"该网络安全战略十分重视网络现象的巨大潜力,因为它不仅关系到澳大利亚的国家安全,还与经济的良好运行有关:政府、企业、学术界和社会应建立伙伴关系,解决相关问题,认真对待诸多网络现象,掌握网络现象的复杂性,把握它固有的可能性。"

——网络安全审查独立专家组成员 Iain Lobban 先生

一、网络概览

1. 网络空间充满机遇

澳大利亚鼓励企业创新、增加互联性,二者结合后,互联网经济迅速发展,发展速度达到了其他类型全球性经济的两倍。

在澳大利亚,80%的居民天天上网。假如网络安全状况不佳,人们对网络空间的信任与信心就会下降,在互联互通的澳大利亚经济中,商业机会将迅速减少。另外,如果网络安全状况良好,网络空间可靠,将大大促进澳大利亚的繁荣昌盛。

过去几年,澳大利亚迅速采取行动,抓住了网络空间带来的经济机遇。仅在 2014 年一年,互联网经济就为澳大利亚经济总额贡献了 790 亿美元(占 GDP 的 5.1%)。

随着设备、服务和人员之间的网络联系进一步紧密,到 2020 年,该数字可进一步增长至每年 1 390 亿美元(占 GDP 的 7.3%)。

企业和政府也受益于日渐完善的网络技术和移动技术,可利用网上收集的信息为用户个人提供量身定制的产品与服务。当生活中的物品,如冰箱、汽车甚至起搏器,逐渐连接到互联网并互相连接时,新商机便进一步增加,这种现象曾被称为"物联网",现在则被称为"万物互联"。

2. 澳大利亚民众网络联系日益紧密但网络威胁日渐增多、不可小觑

随着人们和系统之间的联系日益紧密,网络信息的数量与价值也与日俱增,窃取利用网络信息的行为也随之增多。网络空间及其不断带来的新机遇,长期面临着来自四面八方的威胁。恶意网络活动是所有澳大利亚民众面临的一项安全挑战,澳大利亚公共与私营组织机构曾遭受有国家支持或非国家支持的攻击。在国外,大型跨国公司和政府组织机构也曾受到过攻击,泄露了大量商业敏感信息和个人信息,严重影响其业务运转与商业信誉。

虽然各方数据不尽相同,但澳大利亚每年因网络犯罪而损失的资金估计超过 10 亿美元。在世界范围内,每年网络攻击对经济造成的损失约占澳大利亚 GDP 的 1%。从这个角度看,每年网络犯罪对澳大利亚造成的实际损失可能已达 170 亿美元。按照预期,每年损失的数额还将继续增长。根据预测,网络犯罪组织和恶意攻击发起国的重点攻击目标主要是政府、电信部门、资源部门、能源部门、国防部门、银行部门和金融部门。

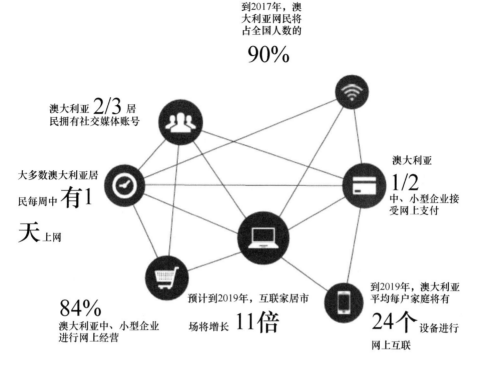

澳大利亚人与网络的联系日益紧密

《2015澳大利亚网络安全中心威胁报告》中提到,不容否认,网络威胁确实是一个长期的、持续存在的顽疾。任何连接到互联网的组织机构都可能受到攻击和损害,但在公众眼中,恶意网络活动只是冰山一角。

恶意网络活动类型

恶意网络活动类型广泛,包括故意损坏计算机网络或信息通信技术系统及其信息保密性、完整性和可用性的活动。"网络间谍"指出于情报原因窃取信息的行为。"网络犯罪"指利用计算机进行的犯罪,如非法篡改电子数据或寻求赎金以解锁被恶意软件破坏的计算机。此外,它还包括将计算机作为犯罪一部分的犯罪,如在线诈骗。

该战略中,"网络攻击"一词指通过故意操纵、拒绝访问、减少或破坏计算机网络及其上面的信息,严重损害国家安全、稳定或繁荣的行为。我们将其他严重损害称为"恶意网络活动"。

一直以来,网络敌人从未放弃攻击澳大利亚网络、窃取澳大利亚信息,此外,为攻破我们的防御网络,窃取、利用新技术,攻击者还在不断提升技能。

最薄弱的链接也会成为他们的攻击目标;如果他们难以攻破首要目标,很可能将更易攻击的网络作为突破口,从而获取攻击首要目标的途径。

此外,一些恶意网络攻击者之间的区别越来越模糊,如网络犯罪组织、国家支持的攻击者、受事件驱动的不法分子。例如,一些网络犯罪分子进行的恶意网络活动比很多的国家发起的网络攻击还要复杂,攻击者数量、来源不断增加,正对全球产生着冲击。

澳大利亚境内恶意网络活动造成的损失不断增长的原因

网络安全事件增多

2014年,大约一百万澳大利亚居民成为网络身份盗窃的受害者。澳大利亚网络犯罪在线举报网站开通的前三个月,就收到了9 500多起网络犯罪的举报信息。2014年,澳大利亚信号委员会应对的政府网络安全事件比之前增加了37%。

攻击目标数量增多

攻击者的攻击范围正在逐渐扩大,从传统的计算机、手机延伸到其他连接到物联网的设备,如汽车、冰箱和医疗设备。到2020年,至少将有500亿台设备连接到物联网。

复杂性增加

网络攻击的复杂性日益增加,过去不受重视的恶意活动,现在几乎可不留任何痕迹进行攻击,如感染硬驱固件。相应地,软件开发者推出软件补丁的时间由2013年的平均4天延长到2014年的平均59天。

入侵媒介

入侵媒介指攻击者侵入目标的路径或方式。常见入侵媒介包括:附带恶意链接或附件的邮件;带病毒的虚假网站或被操纵的网站;U盘等可移动媒介;不安全的无线热点;简易密码接入。

恶意攻击者还可通过入侵媒介利用人类行为。在邮件中加入恶意软件,根据攻击目标的兴趣爱好,诱使其打开软件,这种方式叫"钓鱼式攻击"。这些媒介类型通常被称为社交工程:公开或暗中操纵攻击对象,令其做出目标行动或泄露机密信息。这类攻击既可通过实际接触的人员展开,也可通过网络空间展开,例如,通过社交媒介培养大批攻击目标。

---

3. 未来我们大有可为

澳大利亚有机会领导各国提出全球网络方案。作为稳定、创新的国家,澳大利亚将积极出力,确保互联网的公开、自由和安全,并与其他国家合作,增强全球网络稳定性,加强合作伙伴关系,培养自身网络安全能力。

我们对网络培训与安全工具的需求不断增加,美国所提出的相关模型表明,企业管理网络风险的费用将在10年内上涨38%。据估计,到2020年,亚太地区对关键基础设施网络安全的投入将达到220亿美元,为澳大利亚网络安全产业发展带来更多机遇。

这将为澳大利亚国内发展带来诸多好处。劳动力技能熟练,消费者喜爱上网,监管环境简单、安全,鼓励创新,这是企业寻求的理想投资环境。在电商交易中,对网络安全有信心至关重要。保证网络安全有利于澳大利亚促进本国创新、吸引投资、推动商业发展和组织机构多样化、促进出口,更利于所有民众保护自身网络安全。

4. 网络安全促进颠覆性技术的研发

当多个颠覆性技术结合在一起时,将获得巨大潜力,推动经济发展。麦肯锡曾预测过,仅仅在东南亚地区,移动互联网、大数据、工作自动化和云技术有望在2030年前释放每年2 200亿～6 250亿美元的经济价值。

但是,想要充分实现这些价值,甚至获得更多价值,我们必须确保以上技术及其操作设备完全可靠,这就需要强大的网络安全能力。

万物互联

到2020年,预计全球将有500亿设备连接到互联网,互联设备激增将促进产品与服务的创新,带来新的商机与工作机会。

但另一方面,互联程度越高,恶意攻击者的攻击目标也就越多。然而,在设计许多连接到互联网的设备时,并未考虑网络安全因素,这使恶意攻击者更容易扰乱、破坏网络。

连接到互联网的设备极易被攻击者利用,为证明这一点,著名技术网站Wired.com曾于2015年对相关研究进行报道,安全研究员曾利用一辆美国汽车的网络娱乐系统成功侵入其电子设备,在关闭发动机之前远程改变汽车速度和制动能力。该项研究曝光后,制造商不得不为140万辆拥有相同娱乐系统的美国汽车和卡车提供软件更新服务。

互联程度不断提高,企业与消费者之间的关系也随之改变;这使供应链与企业模型逐渐走向碎片化。这种变化又将影响人们的生活、工作方式和各行各业与经济的运作模式。

云计算

澳大利亚社会正日益网络化,其中一个主要特征是云计算。云计算为个人和企业提供更大的数据存储容量,节省成本,方便灵活。但是,它也存在一定的风险,存在数据失控以及数据恢复困难等问题。

> 2014年,澳大利亚发布《澳大利亚政府云计算政策》,要求政府机关在云计算适用的地方采用"云优先"办法。"云优先"可以充分保护数据,具有使用价值。采取正确的措施,公私部门,尤其是小型团体和企业,都可以使用云计算来提高网络安全性。
>
> 澳大利亚网络安全中心已经就云计算安全给予指导,包括一份已被认证的云服务列表。

"网络安全问题不能仅靠政府解决。团体和个人在有效减少网络安全风险方面也发挥着关键作用。"

——迈克·伯吉斯

澳洲电信首席信息安全官、网络安全审查独立专家组成员

二、国家网络合作伙伴关系

政府、企业及研究机构合作,共同推进澳大利亚的网络安全事业。

为实现这一目标,政府将:

- 举办网络安全年度领导人会议,总理与商界领导人在会上制定网络安全工作战略议程,推动《澳大利亚网络安全战略》的实施。
- 简化网络安全管理措施和结构,促进公私部门互动。重新定位澳大利亚网络安全中心,使其更好发展,方便政府和私营部门更高效地合作。
- 同私营部门和学术机构合作,更好地理解恶意网络活动给澳大利亚经济造成的不良影响。

全国协同领导和跨部门合作,对构建强大的网络安全能力至关重要。

网络安全需要自上而下推行。在经济安全和国家安全需要之下,网络安全对于政府部长、高级管理人员和企业董事会等领导层来说是一项战略问题。今后公私部门间战略探讨的重点,将更多地放在实际效益和提高网络安全方面,把网络安全问题视为商业风险和战略机会,而不是仅把它当作操作层面的问题对待。

政府和商界领导人在提高机构、团队和同类组织内部网络安全的显著性上可以大有作为。澳大利亚把网络安全归为企业董事会和国际领导人的优先事务,表明网络安全问题是澳大利亚的战略重点。

1. 目前的行动

- 澳大利亚计算机应急响应小组(CERT Australia)同500多家商业团体进行合作,向国家关键基础设施拥有者和运行者提供网络安全建议。该小组还直接同世界各国计算机突发事件应急团队合作。作为合作内容的一部分,澳大利亚计算机应急响应小组会定期与企业举办国家和地区信

息交流会。
- "澳大利亚网络安全挑战赛"是一年一度针对澳大利亚大学生的网络安全竞赛,由政府、企业、学者及研究人员共同举办,致力于培养新一代澳大利亚网络安全人才。总赛时超过 24 小时,在测试参赛者的专业技能和沟通能力的同时,促进网络安全职业的发展。
- 澳大利亚企业和研究机构正在开展合作,促进网络安全信息共享和创新。董事会正在更多地关注网络安全问题。一些商业团体向政府分享恶意软件数据,还有一些商业团体在网络安全技术研发方面进行投资。

我们要对自己在网络空间中的行为负起全部责任,要知晓风险、了解如何保护自身及身边的人。

更多澳大利亚各团体的高层领导者需要对网络风险进行更好的理解。强化公私部门在网络安全方面的合作,我们将获得竞争优势,提升澳大利亚作为创新、联通的现代经济体的潜力。

政府和商界领导人将在本战略的指导下,共同制定国家网络安全条例,总理会每年与商界领导人举行网络安全会议。会议将澳大利亚众多经济领域的领导人汇聚一堂,共同探讨政府和企业的合作方式,通过构建更强大的网络安全防御体系,促进澳大利亚经济发展和国家安全。

澳大利亚面临着各种网络安全机遇及挑战,公私部门互相协作对保证个人和集体安全而言至关重要。

2. 明确角色和责任

各团体需要在网络安全工作上同政府机构保持沟通。新型简化的政府网络安全架构,会将政策领域和操作领域互不相干的元素结合起来。政府会任命一位部长,专门负责协助总理处理网络安全事务,带领政府与商界领导人协同合作,贯彻实施各项政策方针。

除设置专门部长外,国家对网络安全的管理将由三个互相协调的战略支柱组成。

首先,总理内阁部将加强在网络安全政策制定上的主导作用,成为决策中心,保证政府为利益相关方提供更为简化的政策。总理内阁部会对政府的网络安全政策及本战略的实施进行综合监督,并根据战略中制定的国家网络安全目标,为政府活动划出重点。

总理内阁部将设立新职位"网络安全特别顾问"来领导和推广这项工作。特别顾问将领导网络安全战略和政策的制定,为操作实施部门提供明确目标和工作重点,监管这些部门对优先目标的实施。特别顾问还将确保国家政府与地方政府、私营机构、非政府组织、研究机构和国际伙伴开展有效合作。

其次,澳大利亚网络安全中心以国家网络安全目标为指导,将继续更好地整合政府的网络安全操作能力,依靠其世界知名的网络技术为更多企业提供操作层面的帮助。此外,澳大利亚网络安全中心的延伸服务将进一步完善,便于私营机构与之沟通。国防部,特别是澳大利亚信号理事会在政府抵御恶意网络活动中承担着更多任务,将继续领导网络安全中心的工作。

澳大利亚网络安全中心将会有全新定位,使政府与企业、研究机构和学术团体以及安全中心的国外伙伴的合作关系更加综合化。

重新定位会使澳大利亚网络安全中心内相关机构更快地招募新人,并使其能提供更为灵活的工作安排,从而对员工保持吸引力,留住技艺精湛的员工队伍。这也使在战略实施后安全中心有能力容纳新员工。

最后,外事贸易部将任命一位网络大使来领导澳大利亚的国际网络事务。大使受网络安全特别顾问指导并与其紧密合作,主张基于言论自由、尊重隐私及法治等价值观的公开、自由和安全的网络环境。网络大使将继续宣传反对国家审查网络,推广本国关于网络机遇普惠性的观点,确保澳大利亚协同各方构建本地区的网络能力。

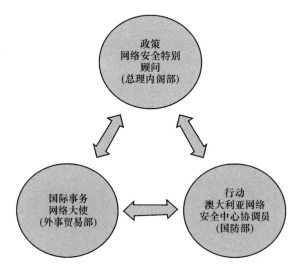

政府网络安全架构

3. 更好地理解成本和收益

网络侵袭给国家带来影响的统计数据,将使澳大利亚地方政府和企业得以在应对网络危机时做出知情决策。数据收集措施会帮助地方政府和私营部门做出基于实证的投资决策,应对澳大利亚经济和安全面临的网络安全威胁。

为帮助各组织机构更好地理解恶意网络活动造成的影响,澳大利亚政府也将对相关研究进行资助,让人们更好地理解恶意网络活动给澳大利亚经济带来的损失。

"打击网络威胁需要各方公开行动数据,这样各地政府决策者、企业和整个社会才能获得所需信息来保卫自身及国家的安全。"

——詹妮弗·维斯塔考特

澳洲商业理事会会长、网络安全审查独立专家组成员

三、稳固的网络防御能力

澳大利亚的网络和系统对网络攻击具有可恢复性,难以被破坏。

为实现这一目标,政府将:

- 通过最初在各省会城市部署的网络威胁联合共享中心和网络威胁在线共享门户,建立一套分层体系,以实时共享公私部门的网络威胁信息;
- 与私营部门共同制定国家网络安全自愿指导原则,对良好行为进行界定;
- 更新澳大利亚信号理事会发布的《减少针对性网络入侵的战略》;
- 引入自愿的国家网络安全管理"健康检查",让董事会和高管更好地理解公司的网络安全状态;
- 帮助小型企业检测其网络安全状况;
- 增强澳大利亚网络安全中心应对网络安全威胁和网络犯罪的能力;
- 更新网络事故管理安排,并使之与国际伙伴的工作相协调,与私营部门共同处理恶意网络活动;
- 支持政府机构提高网络安全,包括指导政府机构管理ICT设备和服务供应链的安全风险。

网络系统非常复杂,易受冲击。所有澳大利亚人必须共同努力,确保我们的系统和信息处于最难攻击之列,使我们的防御力量尽可能地达到最佳状态。

为了更好地发现、阻止和打击恶意网络活动,澳大利亚公共部门和私营部门内部及相互之间应实时共享网络威胁信息,双方的信息整合有助于了解整个网络威胁状况。只有把各自的信息综合起来,我们才能全面了解网络安全对澳大利亚的威胁,并找到打击威胁的办法。

阻止恶意网络活动,更好地理解网络威胁、将犯罪者绳之以法也同样重要。由于恶意网络活动具有全球性的特征,在同国外执法等机构合作的同时,打击网络犯罪既要增加国内执法人员的数量,也要提高执法人员犯罪情报收集能力和一系列技能。

澳大利亚具备网络防御和攻击能力,我们能够阻止并应对网络攻击所造成的威胁。澳大利亚对恶意网络活动的任何阻止和打击手段须符合我们对国际秩序的支持,遵守国际法规定的义务。

1. 目前的行动

- 澳大利亚网络安全中心成立于2014年，整合了澳大利亚政府的网络安全能力，与外界协作共享威胁信息。
- 澳大利亚政府以《打击网络犯罪国家计划》为指导，重点打击包括社区教育在内的六大领域的网络犯罪。
- 澳大利亚网络犯罪在线报告系统对如何辨别、避免网络犯罪提供指导，允许个人举报违反澳大利亚法律的网络犯罪事件。
- 澳大利亚信号理事会制定《减少针对性网络入侵的战略》，为网络安全提供世界领先的建议。信号理事会对已报告的安全事件和已判定的网络漏洞进行分析，在此基础上制定该战略。
- 澳大利亚媒体和通信管理局实施《澳大利亚互联网安全计划》。该项目为自愿的政企合作项目，旨在帮助减少在澳大利亚IP地址范围内的恶意软件和服务漏洞。
- 鉴于电信网络安全的重要性，政府通过提供保护网络及其存储、传输信息的建议，正与电信公司合作管理供应链风险。此外，政府方面还会实施通信部门安全改革，制订更正规全面的计划，更好地打击危害国家安全的间谍活动和破坏活动。

2. 发现、阻止和打击

网络攻击者不遗余力地对澳大利亚网络和信息安全进行破坏。他们不断改善方法、更新技术，试图攻破我们的网络防御体系。安全网络是网络攻击者的首要攻击目标，如果网络安全状况良好，他们就会选择攻击最薄弱环节。

强有力的网络安全可以让组织机构更好地发现恶意网络活动。给攻击者增加攻击难度可以有效遏制网络攻击。这样在发生恶意活动时还可以确保减轻不良影响，有效控制恶意活动范围。

企业在网络空间拥有并运营着最多的基础设施。它们掌握着其网络和系统里恶意活动的信息，而这些信息政府机构无法获取。另外，政府能够获取情报以及其他网络安全的限制信息，这些信息又是企业无法获取的。同样，企业想让政府实现信息共享。

公私部门必须进行合作，通过分层共享网络威胁，达成对网络威胁和风险的共识。通过对敏感信息的安全共享，在可能的情况下开展合作，使我们能够更好地达成共识，增强分析预测网络安全威胁的能力。这包括识别各种恶意网络活动的类型，进行适应性分析和行为分析，从而利用流行病学手段对待网络威胁。通过整合资源，我们解决问题会更有效率，也会让我们更快地对危害做出反应，建立国家的可恢复力。我们可以借鉴澳大利亚网络应急响应小组等其他成功的网络安全伙伴的经验。

澳大利亚网络应急响应小组（AUSCERT）

澳大利亚网络应急响应小组总部设在昆士兰大学，是一个独立、自筹资金、非营利的网络安全会员团体，对政府和国内工业重点覆盖，工作范围涵盖国内外。

自1993年以来，澳大利亚网络应急响应小组便帮助其成员预防、发现与应对网络攻击。它与国内外的计算机应急机构，包括澳大利亚计算机应急响应小组（CERT Australia）和澳大利亚的国家网络应急反应组织（Australia's National CERT）都有着广泛而可靠的联系。澳大利亚网络应急响应小组拟定相关政策，通过为成员服务、援助别国应急小组、与外界合作、为政府献计献策以及参加国内外网络安全论坛等措施，改善网络安全。

澳大利亚网络安全中心已经与私营部门共享网络威胁信息，并与关键基础设施供应商加强联系。为更快速地同更多企业分享敏感信息，政府将建立多个网络威胁联合共享中心。共享中心将由政府和私营部门共同设计，设立在重要的省会城市中，使企业、研究团体和政府机构能够同在一处。

网络威胁联合共享中心将提出实用建议，帮助组织提高网络安全水平。试行共享中心的运行模式将作为第一步。企业和政府会共同设计信息共享规则。基于试行效果，未来将在重要的省会城市启动新的共享中心。

澳大利亚网络安全中心（ACSC）

澳大利亚网络安全中心成立于2014年，是世界领先的合作倡议。该中心集结澳大利亚政府网络安全操作能力，以与外界分享威胁信息，打击复杂的网络安全威胁。澳大利亚网络安全中心的伙伴机构包括：
- 澳大利亚犯罪委员会
- 澳大利亚联邦警察署
- 澳大利亚安全情报组织
- 澳大利亚信号理事会
- 澳大利亚计算机应急响应小组
- 国防情报机构

2015年7月，澳大利亚网络安全中心发布首份《公共网络安全威胁报告》，概括了澳大利亚网络攻击者的分布范围、攻击动机、攻击特点及影响，在网络安全威胁信息共享方面迈出了重要的第一步。报告将每年至少更新一次并出版发行，以此共享网络威胁信息。安全中心也会就如何在网上自卫给组织提供建议，并且进行消费者调研来评估网络安全措施的成熟度。

为了满足更多企业和组织包括中小型企业的需求,政府也会和私营部门共同设计一个在线网络威胁共享门户。该门户能使网络威胁联合共享中心的参与者快速公布威胁信息,及时给澳大利亚的组织机构给予实用建议,增强其网络防御能力。共享门户成员将能够在线协作,共享威胁信息和应对方案。

作为网络威胁共享模型共同设计的一部分,共享用户还将探讨全球网络安全威胁共享项目联动以及对企业分享信息、提高网络安全状况的激励措施。这也包括审查共享的立法障碍。

分层共享网络信息

1. 澳大利亚网络安全中心:澳大利亚政府与重要企业在安全中心共享关键服务的机密信息。

2. 网络威胁联合共享中心:该中心分布于各重要省会城市,各地政府、企业和研究团体通过该中心交流敏感网络信息。

3. 在线网络威胁共享门户:各组织机构在一个安全的在线网络威胁共享门户共享信息,包括来自网络威胁联合共享中心的分析报告。

政府负责为澳大利亚网络安全中心配备所需资源和工具,以打击不断增加的恶意网络活动,维护网络安全。为增强安全中心各部门处理网络安全威胁的能力,政府将采取以下做法:

- 提升澳大利亚计算机应急响应小组的工作能力,深化其与企业尤其是提供关键服务的企业的合作。这也会提高应急小组的技术能力,为企业网络安全做后盾,开展国际合作预防并制止恶意网络活动。
- 为澳大利亚犯罪委员会和澳大利亚联邦警察署输送新的专家人员,以打击网络犯罪。相关机构会组织新的培训,包括采用新的录取方法以及对老员工进行数字培训,大幅提升专家人员的数字勘察技术,打造一支高素质的网络执法人员队伍。

政府也会同各州和地区一起,探索如何才能最好地保证执法人员接受相应培训的方法,以打击全国范围内的网络犯罪。

技术环境日益复杂。网络技术快速发展,越来越多的传统技术被赋予新的用途。比如,加密技术变得廉价,能够更广泛地运用,任何人都可以使用这种技术保护自己的信息,提升网络安全。但是,团体或个人利用加密技术隐藏非法活动、诱骗他人加入的情况也逐渐增加。

政府支持使用加密技术保护敏感的个人、商业和政府信息。然而,加密技术也阻碍了澳大利亚执法部门和安全机构在安全侦查工作中对所需的基本信息的收集。政府机构在努力应对这些难题。

虽然每天都会有新的网络安全漏洞出现,但许多漏洞已越来越难以识别。政府将提高澳大利亚信号理事会识别新的网络安全威胁的能力,提高入侵分析能力。通过《2016国防白皮书》,政府也在大幅提升国防部的网络安全能力和性能——包括使用新资源加强国防部的安全能力,保卫其自身和其他重要的政府系统不被恶意入侵和破坏。

系统已被破坏,该怎么办?

若企业认为自身已成为恶意网络入侵的目标,尤其是基础设施受到威胁,可以通过澳大利亚网络安全中心联系计算机应急响应小组。对威胁进行快速识别,有助于将潜在破坏的范围最小化。分层共享威胁信息会简化事故的报告程序,让澳大利亚更全面地了解网络威胁情况。

政府也必须在事故发生时准备好应对之法。网络事件未必需要网络上的回应,政府可以做出多种应对选择,包括按照法律处理,还有对网络威胁使用外交的、经济的手段解决,甚至最后可以用军事手段解决。为确保我们对重要的网络安全事件做出反应以及改善现有措施,政府会同各地政府机关、企业和国际伙伴合作,拓展现有网络事件管理安排,并且实施相关项目以确保危机来临时能够共同应对。

网络风暴演习

"网络风暴(CyberStorm)"是一个由美国主导的国际网络安全演习项目。其规模和复杂程度逐年递增,2016年的演习全球有逾千人参与。参与该项目有助于澳大利亚在真实场景中评估自己的能力,深化与国际伙伴的合作关系,并在现实中对这些运作关系进行检测。网络安全演习是企业可以用来展示网络攻击对整个业务的潜在影响的最有效的手段之一。

---

3. 提高防御门槛

虽然发现和打击网络入侵非常重要,但更为重要的是让我们的网络和系统更为稳固,增强抗入侵能力。所以,预防绝对胜于打击。

尽管国际网络安全标准适用于所有团体,但有的团体可能在执行,有的团体并没有在执行。要在这个相互联系的世界获得网络信心,有一条牢固的网络安全措施基线十分重要。

私营部门参与设计的一套简单、自愿的国家指导方针和自我监管体系,会帮助组织机构提高网络安全能力。像私营部门建议的那样,这些指导方针将建立在澳大利亚信号理事会的《减少针对性网络入侵的战略》的基础之上。这些战略将持续更新,以跟上科技发展和网络安全挑战应对方案创新的步伐。

尽管网络保险市场在澳大利亚还处于初始阶段，但其发展迅速，可能有助于提高网络安全性能。

通过参与自愿管理"健康检查"（类似于英国的 FTSE350 管理健康检查），ASX100 上市公司可以增强网络安全管理能力。管理"健康检查"将使董事会和高级管理人员更好地了解公司网络安全状态，知晓如何同相似公司进行比较。未来，这些"健康检查"可以为公共机构和私营企业量身定做。

小型企业往往难以配置资源进行很好的网络安全管理，由此成为相关组织的软肋或后门。政府将为这些小型企业提供支持，使它们接受职业检测员的网络安全测试。

澳大利亚-新西兰伦理安全测试员委员会就信息安全监测服务进行认证，政府也会支持其扩大认证范围。

澳大利亚-新西兰伦理安全测试员委员会

澳大利亚-新西兰伦理安全测试员委员会是个非营利性的网络安全标准组织，其成员公司若符合管理标准就可以获得认证。委员会采用渗透检测法，在真实环境下对成员公司的雇员和合约商进行网络安全检测，给予认证。不久的将来也会在对网络安全有要求的地区实施该项措施。伦理安全测试员委员会认证的测试人员虽然隶属于网络管理完善的认证公司，但他们的存在给了澳大利亚企业和所在区域信心——它们的网络和系统的安全检测是由专业的网络安全检测员进行的。

几乎每天都在发生针对澳大利亚政府网络的网络间谍活动，其网络系统也曾被入侵。2013 年，澳大利亚国家审计署对七家政府机构进行审计，检测其落实政府网络安全政策的情况，结果不甚理想。现在这些政府机构正采取相关措施，提升网络安全。

为更好地自我防护，政府将：

- 针对澳大利亚信号理事会发布的《减少针对性网络入侵的战略》，对政府机构的实施情况采取独立滚动式评估；
- 为具有遭受恶意网络攻击高风险的部门建立独立的网络安全评估，建立一个便于这些部门发表评估结果的框架；
- 提高澳大利亚信号理事会评估政府机构网络漏洞的能力，对新兴技术和漏洞提供技术安全建议。

这些评估有助于保证政府在管理网络风险时采取恰当行动，确保机构可以采取正确手段应对恶意网络活动。根据评估结果，政府机构会采取进一步措施，提高自身防御能力。新兴技术方面的工作也有助于把澳大利亚网络安全中心的建议告知公私部门。

各家ICT供应商提供了多样化的ICT产品和服务,ICT供应链随之得到发展,产品部署和维护覆盖全球。这使得成本降低,竞争更为激烈。由于澳大利亚本土的ICT生产有限,澳大利亚对这些产品的生产控制力微弱,相关服务依赖国内外组织提供。多元化的全球供应链可能招致风险。

政府将指导各机构坚持管理ICT设备和服务供应链的安全风险。

"互联网的开放性是其作为经济驱动力的核心,也是其改善社会生活的基础。它把人和想法联系起来;它消除了时间和距离。"

——外交部部长、自由党议员朱莉·毕晓普
在2013年首尔举行的网络空间国际会议上的发言

四、全球责任与影响

澳大利亚积极营造开放、自由和安全的网络环境。

为实现这一目标,政府将:

- 任命澳大利亚首个网络大使;
- 发布国际网络交往策略;
- 捍卫一个开放、自由和安全的互联网,让所有国家借助网络实现增长,创造机遇;
- 进行国际合作,关闭安全港,阻止恶意网络活动,印度-太平洋地区是要特别关注的地区;
- 通过公私部门合作等手段提升在印度-太平洋等地区建设网络的能力。

网络安全是澳大利亚在国际合作中的一项关键议题。网络空间已经是澳大利亚外交政策的核心问题,也是其外交事务的主题。各国元首定期展开多边论坛,就制定国家行为规范、应用国际法、互联网管理和网络创新等话题展开讨论。

澳大利亚需要开展国际合作,确保我们的网络交往能够促进社会进步,提升经济利益,改善我们的价值观念。政府将发布国际网络交往策略,指导澳大利亚在网络安全方面进行双边及地区合作。

私营部门和研究机构也可以并且必须参与到国际网络议程中来,只有这样我们才能够为所有澳大利亚人谋求网络空间利益。

澳大利亚主张建立一个基于言论自由、尊重隐私和法治、开放、自由、安全的网络环境。我们会继续努力将互联网机遇惠及所有人,反对国家对互联网进行审查。对此,新任命的网络大使将与各方展开合作,带领澳大利亚提升国家网络能力。

1. 目前的行动

- 澳大利亚主持了2012—2013年的联合国信息安全政府专家组,它确认现有国际法规定的义务在网络空间同样需要遵守。
- 2015年8月,各国首脑一致通过东盟地区论坛网络工作计划,澳大利亚扮演了重要角色,为降低风险、防止冲突发挥了重要作用。
- 2015年,澳大利亚参加了自由在线联盟。该联盟由29个国家组成,致力于推进网络自由。
- 澳大利亚联邦警察署与印度-太平洋地区各警察机构合作展开培训,共同制定网络能力构建方案以打击网络犯罪。比如,网络安全帕斯菲卡倡议就是太平洋各岛国警察长与澳大利亚联邦警察署的合作项目。该项目已在14个太平洋岛国内发起,培养了40名教官,他们在各自国家开展网络安全教育,并为其他太平洋岛国提供支持。太平洋地区有超过72 000个孩子和年轻人已接受了网络安全教育,并参与了相关研讨会。
- 2013年,澳大利亚加入欧洲委员会的《网络犯罪公约》,该公约也被称作《布达佩斯公约》。该公约规定了哪些行为构成网络犯罪,简化了签约国之间网络犯罪执法程序。
- 目前,澳大利亚计算机应急响应小组是亚太地区计算机应急小组指导委员会的主席(该委员会由亚太地区20个经济体的28个小组组成),并和其他应急小组共享网络威胁信息。
- 澳大利亚律政部为太平洋岛国改革刑事司法框架、打击网络犯罪提供援助。
- 政府正在加强与国际伙伴的合作,侦查和预防恐怖分子利用互联网作案的行为,打击网络上的暴力极端主义。在东亚峰会和亚太经合组织抵制在线极端主义、打击网络恐怖宣传的工作中,澳大利亚发挥着领导作用。

2. 一个开放、自由和安全的互联网

一些国家现在还坚持对互联网的开放性进行约束。

澳大利亚一贯主张建立一个基于言论自由、尊重隐私和法治、公开、自由、安全的网络环境。澳大利亚会继续努力将互联网机遇惠及所有人,反对国家对互联网进行审查。

澳大利亚国际网络交往遵循以下三条核心原则。

- 目前由地方政府、私营部门和社区作为平等合作方共同管理互联网的模式是最为有效的。这种对互联网的多方共管模式在平衡言论自由和隐私权等基本人权的同时,也增加了经济效益和社会机遇。
- 国家网络行为受到国际法监督,并由约定的国家行为规范和实际信任建构措施加以巩固,以降低冲突风险。
- 在国际范围内发展网络能力有助于缩小发达国家和发展中国家间的数字鸿沟和经济差距,也会增强澳大利亚的国家安全和出口机会。

通过增进相互了解,有助于缓解国家间的紧张关系,降低做出错误判断的风险。澳大利亚会继续推广和平时期下可接受的国家网络行为准则,为此,各国应:
- 对破坏或损害关键基础设施的网络活动进行预防和阻止;
- 帮助开展(而非阻碍)其他国家的计算机应急响应小组为保护网络安全进行的重要工作;
- 履行调查和监管自本国内开始的恶意网络活动及对合作行动请求做出响应的职责;
- 不主动进行或者有意支持任何为企业或商业部门提供竞争优势而借助网络盗用知识产权的行为。

网络政策对话

为加强同亚洲各国的合作关系,2014—2015 年,澳大利亚与中国、印度、日本和韩国四国启动了网络政策对话机制。自 2012 年起,澳大利亚也一直与新西兰保持长期网络政策对话机制。

这些会谈是各国政治合作的基础,有利于加强现有双边关系,帮助澳大利亚实现网络威胁信息共享,并交流意见,捍卫国家利益。例如,政府部门可以通过对话强调网络空间中规范行为的重要性,构建一个开放、自由、安全的网络环境。

---

3. 关闭安全避风港

澳大利亚与各国的合作关系至关重要,有利于增强互信,保证网络犯罪和其他恶意网络行为无处可逃,同时,也便于实施国际行动来阻止网络攻击,追踪罪犯。澳大利亚将加大投资力度来加强同各国的合作关系,提高本国的网络安全能力。

大多数网络犯罪源于海外。通过国际合作预防和阻止网络恶意活动,培养网络安全能力,将有助于我们从源头锁定网络安全威胁,提高网络可恢复性,为澳大利亚的网络安全事业保驾护航。

国际合作还会为澳大利亚的业务往来提供保障。

同时,澳大利亚将与国际伙伴密切合作,必要时为它们提供帮助,以预防网络攻击,关闭网络犯罪的避风港。

4. 全方位培养网络能力

切实的行动与合作是解决网络犯罪问题、阻止其在澳大利亚扩散的关键所在。要形成一套全面成熟的网络安全方案,也必须以澳大利亚及其合作伙伴的互信为基础。

政府部门将扩大活动范围,加强国际合作,尤其是加强与印度-太平洋地区的合作,以便培养网络安全能力,抵制恶意网络活动。

各国会共享网络技术,加强国家计算机应急响应小组间的合作,打击网络犯罪。

共享澳大利亚网络安全技术

2015年,在海牙举办的全球网络空间大会上,澳大利亚成为全球网络专家论坛的创始国,希望可以提升网络能力建设(例如,与其他国家共享技术并进行学习)。在论坛上,澳大利亚发挥其专长和优势与本地区各国合作,以减少网络攻击。

"随着全球经济进入下一个数字化时代,强大的网络安全能力对澳大利亚至关重要。"

——约翰·斯图尔特
思科副总裁兼首席安全官,网络安全评估独立专家小组成员

五、发展与创新

通过网络创新促进商业的发展与繁荣。

为实现这一目标,政府将:

- 同私营部门合作,创建网络安全发展中心,以协调全国的网络安全创新网络,走在网络安全研究与创新的前沿;
- 推动澳大利亚网络安全产品与服务的开发与出口,尤其针对印度-太平洋地区的出口;
- 同企业、学术界合作,以便对澳大利亚所面临的网络安全挑战进行更好的研究。

未来经济的繁荣需要进军新的市场,开发新的发展模式。颠覆性的技术开发会带来新的商机,但这些机遇大多依赖于安全的网络。网络安全的正确部署意味着澳大利亚将成为一个安全、活跃的商业多元化发展及投资中心。

对很多国家而言,网络安全已成为发展最为迅速的经济元素之一,在通信日益发达的今天,澳大利亚将充分利用自身能力,发掘更多商机。

虽然国内的网络安全部门规模不大,但却拥有良好的国际声誉。为确保我们能充分利用优势,政府部门将帮助我们创造网络安全研发和创业的有利环境。

> **近期成果**
>
> - 澳大利亚的创新与研究工作备受关注,且得到了政府和私营部门的大力支持。网络安全是政府的九个国家科学研究重点之一。
> - 商界也在积极利用网络提供的各种机遇。近年来,澳大利亚的在线商务凭借其良好的出口量、产品和服务的独特性,多次赢得澳大利亚出口创新奖。
> - 网络安全创新人员在赢得国际声誉的同时,也吸引了众多海外同行的投资,为解决复杂的网络安全挑战提供了商业化途径。

1. 促进网络安全事业的发展与繁荣

网络为澳大利亚提供了无尽商机。我们会把技术创新的成果、经验丰富的技工以及之前的技术经验带到经济发展中。为了从坚实的网络安全基础中获益,我们要充分利用这些专业技术,成功实现澳大利亚经济与安全事业的规模化发展。

更广泛地说,突出网络安全服务将提升对在线商务的信任与信心。政府部门在网络安全方面的承诺有助于网络业务的多元化,便于开发新市场,为以后的繁荣发展奠定基础。政府部门还将以每年8%的速度拓展网络安全服务的国际市场,这是全球经济增长速度的两倍。

> **支持创业**
>
> 《国家创新与科学议程》帮助创新人员将好的创意付诸实践。初创企业和大公司将获得一系列支持,如:
> - 完善签证体系,以吸引更多的优秀人才和技术;
> - 改善早期风险投资有限合作企业的税收待遇,为那些有潜力的初创公司吸引更多投资;
> - 通过为投资者提供优惠税收待遇,促进对创新型、潜力型公司的投资;
> - 启动孵化扶持项目,开发新的创新项目和高收益业务;
> - 五年内向全球创新战略投资3600万美元,以提高澳大利亚的国际创新与科学合作能力;
> - 支持通过早期创新基金,将澳大利亚联邦科学与工业研究组织(CSIRO)、大学和其他研究机构的研究成果商业化。

2. 促进网络安全研发与创新

为创造更多商机,提高企业的网络安全水平,政府部门计划斥资3000万美元,创建一个以产业为导向的网络安全发展中心。

2015年12月,该发展中心正式成为《国家创新与科学议程》的一部分,并将为国家网络安全部门的发展制定方案。这是国家产业发展中心计划的一部分,它将整合国家网络安全研究与创新项目,以捍卫国家利益,使澳大利亚成为网络安全问题和相关服务领域的领导者。同时,还将吸引更多投资,创造更多就业机会。

此外,网络安全发展中心还将为国家网络安全创新网络的整合提供战略性指导意见,该创新网络将国家和公私部门一些早期的网络安全创新中心和研发机构连接起来。该中心还将制定跨部门的合作机制,为那些不具备巨大商业价值的国家关键网络安全基础设施建设项目提供资助。政府、企业和学术界应充分利用网络推动下的"第四次工业革命",一同将研究成果、创业和商机联系起来。该中心还将努力提高职工技能,寻找机会,把国家的网络安全部门推向国际市场。这将有利于澳大利亚网络安全部门的发展,提高网民和网络业务的安全水平。

联邦科学与工业研究组织旗下的强将——"数据61"研究所将通过和私营部门展开网络安全研究与合作,推动国家网络安全创新网络的发展,并借助安全创新网络(SINET)等计划与国际接轨。

以产业为导向的发展中心及其创新网络将通过指导和利用现有的全国和地方性措施,支持网络安全领域的国家科学与研究重点项目,推动研究成果的商业化进程,促进商业创新,提高行业竞争力。

例如,发展中心会识别网络研究、技术层面的差距,判定行业重点,帮助科学和研究团体明确行业需求和商机。同时,还会与其他发展中心合作,识别其他部门面临的网络安全挑战。

此外,发展中心还将实施《澳大利亚网络安全战略》中的其他计划,如创建联合网络威胁共享中心,为新型网络安全威胁提供解决方案,建立网络安全人才中心,培养具有实践经验的毕业生。

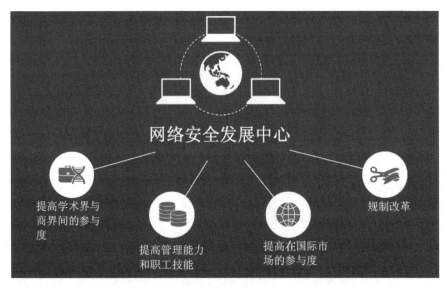

网络安全发展中心

> **数据 61——澳大利亚最大的数据创新机构**
>
> 数据61组建于2015年,那时便已建立起一个覆盖政府、企业和学术界的庞大的合作网络,并迅速成为澳大利亚最大的数据创新机构。为了充分利用新兴的数据驱动型经济,数据61研究所正在研发"跳跃(leap ahead)"技术,以使本国政府和企业可以走在网络安全领域的前沿。数据61的战略目标与《澳大利亚网络安全战略》密切相关,都强调网络安全在以数据驱动发展的社会中的重要性。
>
> 数据61的任务是帮助澳大利亚创建以技术为依托的系列产业。网络安全是其中之一,且是其他产业的基础。为完成这一任务,数据61注重全球背景下的合作,并努力推进全球创新网络的建立,以便将世界各地的学者、创业者、政府、投资者和企业家联系起来。2016年,数据61还将在全国推出安全创新网络(SINET),这是美国网络安全创新领域的"超级连接器"。在澳大利亚推出的部分被称为SINET61,它将连接一系列国际活动,以硅谷、纽约、华盛顿等地SINET的现有年度活动为基础,为网络安全领域的企业家、初创者与风险投资家、天使投资者搭建沟通的桥梁。

"(应该)加大政策投资,建立针对中学和大学的长期教育计划,增加网络安全方向的就业机会,只有这样,才能解决目前人才短缺的问题——虽然也可以通过科研技术进行弥补。"

——托比亚斯·菲金

澳大利亚战略政策研究所国际网络政策中心主任,网络安全评估独立专家小组成员

六、网络智能国家

澳大利亚人要掌握在数字时代中安身立命的网络安全技能和知识。

为实现这一目标,政府将:

- 通过在全国各个教育系统施行有针对性的措施解决网络安全人才短缺问题,在各高校建立网络安全人才中心,提升人才的多样性;
- 同私营企业和国际伙伴合作,提高网络安全意识。

同许多国家一样,澳大利亚面临着网络安全技术薄弱问题。在当今这个联系密切、以技术驱动发展的时代,这些技术必不可少,是《澳大利亚网络安全战略》成功实施的基础。但是这方面的人才缺乏,例如,预计到2020年,全球信息安全领域的人才缺口将达到150万人。

相关人士和组织也意识到了他们所面临的问题。我们大多只关心自己的所有

物，却对身边的设施和网络信息不在意。政府一直致力于让每一位网民都掌握正确的网络安全技术，从各个方面提升网络安全意识，造福大众。

1. 现有措施

- 网站 Stay Smart Online 为每一位网民提供有效建议，帮助他们保护个人及商业信息安全。政府部门正在协调国际网络安全意识活动，已将 Stay Smart Online 周与美国的网络安全意识月结合起来。
- 由澳大利亚竞争与消费者委员会运行的网站 SCAMwatch 可以为个人和企业提供信息，帮助他们识别和举报诈骗行为。
- 儿童网络安全委员办公室会提供相关信息和资源，引导儿童和青少年拥有安全愉快的上网体验，同时为遭遇严重网络欺凌的孩子提供投诉渠道。
- 私营部门也将投资于网络技术的开发。位于维多利亚的博士山技术与继续教育学院与私营部门合作，推出了为期一年的网络安全学徒计划，结束后会颁发四级证书。澳大利亚银行与电信企业已和高校合作，设立了奖学金基金和网络安全学位，鼓励学生学习网络安全课程。
- 建立澳大利亚网络安全研究所（ACSRI）是政府、私营部门和研究人员合作的首个战略性研究与教育尝试。它通过整合协同网络，支持政府的网络安全重点项目，在全国范围内推广网络威胁应对办法，增加培养高素质专业人才的机会。

五年内，国内对网络安全服务及相关工作——如法律服务、保险和风险管理服务——的需求将至少增加 21%。届时将会有更多的就业岗位需要这些技术人员。

然而，公私部门无法填补自身的网络安全空白。

情况似乎正在恶化，与信息与通信技术相关的大学学位（获得这些学位的毕业生通常以后会成为网络安全专家）在过去十年里已减少过半，毕业率也有所下降。这种情况是由目前可用的课程类型和数量不足，学生对工作机遇的意识不强等造成的。

2. 开发正确的技能和专业知识

为提高未来的职工质量，政府部门将与私营部门、学术研究所合作，从教育系统的方方面面发展网络安全教育。这将有助于保证相关职业群体掌握正确的技能和专业知识，帮助网民充分利用网络空间里的各种机会。

现在对于高素质网络安全专业人才的需求最为迫切。人才中心将提高网络安全方面的课程质量和教职人员的素质，学术中心的认证标准也将提高，并通过反复严格的评估加以维系。

中心将通过系统的教程和优秀的教学推出本科生和研究生网络安全教育课程。各中心将鼓励学生们考虑在网络安全领域就业，在校努力学习 STEM 科目。

毕业生的质量和海内外所提供的就业机会也将激励那些积极进取的学生在澳大利亚探索新的职业道路。

我们需要的不仅仅是拥有高端技术的高校毕业生,还需要那些具备一定知识的工作人员,以便帮助各个组织维护网络安全。政府部门将与私营部门、各地区及技术服务组织合作,支持网络安全培训在注册培训机构(包括 TAFEs)的推广,也可能实施学徒制。

在澳大利亚,从事网络安全相关工作的女性较少,这意味着我们还没有彻底地发挥人才潜能。就全球而言,在信息安全领域的专业人士中,女性只占 10%。要解决这一问题,我们还需同私营部门和学术界合作,实施一系列的综合措施。

各中心将鼓励学生们考虑在网络安全领域就业,在校努力学习 STEM 科目。将只关注高校学生的年度网络安全挑战活动发展为一个覆盖范围更广的竞技与技术研发项目,放宽对参与者的限制,工作人员也可参加,这样将持续为国家培养网络安全专业人才。这里也包括与他国的竞争。

各个层次的员工,包括管理层,都可以通过参加短期课程、管理培训和其他与现有硕士课程互补的项目,增强网络安全方面的知识和技能。这也会提高相关从业人员的质量和数量。

3. 提高全国的网络安全意识

解决澳大利亚民众网络风险意识相对较低的问题,是该战略中各项行动得以成功的基础。增加对网络安全风险与裨益的认识,再辅以简单的线上保护活动,这是我们强有力的防御手段之一。国家行为的变化将提高网民对网络安全的意识,规范他们在家、学校和工作场所的网络行为。通过提高网络安全意识,网民可以保护自己和他人,增强他们的信心和从事在线商务的意愿。

为提高澳大利亚及全球范围内民众的网络安全意识,政府、私营部门及海外机构开展的许多项目已取得了一些进展,但要更广泛地提升人们的网络安全意识,仍需更为持久、更为协调的行动。

联邦政府将与各地方政府、企业、研究人员及社会团体合作,在全国范围内持续进行网络安全意识提升宣传活动,包括保护所有网民网络安全的一系列行动。

该计划将努力宣传网络风险对现实生活的影响,以及它们会以何种方式影响目前和未来的繁荣。

我们也将与国际伙伴密切合作,协调区域及全球活动,助力能力培养计划,提升信息的集体影响力。

七、行动计划

该行动计划概述了政府为实现 2020 年网络安全目标将采取的行动,对《澳大利亚网络安全战略》进行了补充。
- 政府、企业和研究团体将通过建立网络伙伴关系，一同推进澳大利亚的网络安全事业。
- 澳大利亚的网络和系统兼容性不高，且很难适应网络攻击。
- 澳大利亚会积极承担国际责任，发挥国际影响力，以期建立一个开放、自由、安全的网络环境。
- 通过网络安全创新促进澳大利亚企业的发展与繁荣。
- 澳大利亚人要掌握在数字化时代中安身立命的网络安全技能和知识。

鉴于网络环境在不断变化，每年政府都会对该行动计划进行评估和升级。

1. 国家网络合作伙伴关系

目标：政府、企业和研究机构合作，共同推进澳大利亚的网络安全事业。

行动	成果
推广《澳大利亚网络安全战略》的实施进程	政府评估实施进程，并对该行动计划进行年度升级
举行网络安全领导人年度会议	• 总理和商界领袖制定网络安全议程，并自上而下推动《澳大利亚网络安全战略》实施。 • 商界领袖和政府部门掌握了相关信息，如对新型网络挑战的集中解读，方便其可做出恰当的投资和商业决策
简化政府的网络安全治理和结构	• 政府的网络安全责任可以得到良好的沟通和理解 • 总理委派一名助理，协助总理处理相关事项 • 政府的网络安全运行变得协调又高效，且与战略重点相结合 • 澳大利亚网络安全中心进行搬迁，以便可以更好地发展，同时便于政府和私营部门更高效地工作
资助研究活动，以便更好地理解恶意网络行为对澳大利亚经济的影响	• 可以更好地了解网络对经济的影响 • 发布有说服力的数据，以便对网络安全风险管理和投资做出明智决定 • 发布有说服力的数据，提高组织对网络安全投资有效性的评估能力

2. 稳固的网络防御

目标：澳大利亚的网络和系统对网络攻击具有可恢复性，难以被破坏。

行动	成果
检测、制止和应对方面	
同私营部门合作，通过以下行动，创建一套网络信息分化办法： • 在澳大利亚网络安全中心建立企业和政府的合作关系 • 在主要省会建立由多方参与设计的联合网络威胁共享中心（作为试点） • 开通一个由多方参与设计的线上信息共享入口	• 澳大利亚网络安全中心和私营部门的合作不断增加，为双方带来了诸多益处 • 开发出一套联合网络威胁共享中心的运行模式，试点成功并通过审查 • 在试点成果的基础上，在全国范围内建立联合网络威胁共享中心，提高了企业、研究机构、各地区和政府机构的协同定位，且分享了： - 及时有效的关于网络安全威胁与风险方面的信息 - 最新的相关知识和入侵方法 - 解决问题的专业知识及从网络事故中得出的相关经验通过线上信息共享入口得以大范围地传播
提高澳大利亚计算机应急响应小组（CERT）的能力	• 澳大利亚 CERT 的技术水平得以提高，服务范围得以扩大 • CERT 加强了国际合作，专注于恶意网络行为的预防和制止
提高澳大利亚犯罪委员会对抗网络犯罪的能力	澳大利亚犯罪委员会检测和分析网络犯罪的能力得以提升
提高澳大利亚联邦警察署对抗网络犯罪的能力	澳大利亚联邦警察署对抗网络犯罪的能力得以提升
同各地政府合作，确保执法人员得到了适当培训，可以应对国内的网络犯罪	• 明确了执法人员打击网络犯罪所需的各项技能 • 研发并实施了一项专业培训战略
提高澳大利亚信号理事会识别新型网络威胁的能力和入侵分析能力	• 澳大利亚信号理事会识别网络威胁的能力得以提升，并对日益复杂的数据环境采取了应对措施 • 澳大利亚信号理事会丰富了网络安全服务项目，以便服务于更多组织
通过实施《2016 国防白皮书》中的各项计划，加强国防部的网络安全能力	• 国防部增强了网络安全能力，保护自身和其他政府关键系统免受恶意网络行为的入侵和破坏 • 国防部提升了包括军队网络在内的网络可恢复性，提高了网络安全中心及其工作人员的能力，包括部署新型军队，APS 定位和培训项目

续 表

行动	成果
检测、制止和应对方面	
增加国家的网络事件管理安排和演习计划	• 政府的网络事件管理安排对日益变化的网络威胁做出了有效应对 • 澳大利亚各地政府认识到面临网络危机时,各自的网络及事件响应小组该如何合作 • 政府和私营部门创建了一项联合网络演习计划 • 澳大利亚同国际伙伴一起,合作研发了网络事件应对政策,以此作为增强信心的措施之一
提高标准方面	
共同设计最佳网络安全行动自愿遵守的指导方针	• 政府和私营部门合作设计并公布了网络安全的基本指导方针,为良好的行动提供了基准,保证了网络安全,承担了企业的义务 • 最佳行动指导方针是一项经济又安全的资产,为我们提供了商业优势,也保证我们能够评估并管理对关键服务的网络威胁 • 澳大利亚各企业,无论规模大小,都对最佳网络安全行动有了更好的认识 • 政府、关键服务和高风险部门对最佳网络安全行动进行了演示
定期更新澳大利亚信号理事会《减轻有针对性的网络入侵战略》内容	《减轻有针对性的网络入侵战略》是世界领先的,关于如何最有效地防范有针对性的恶意网络活动的公开建议
共同设计针对 ASX100 上市公司的网络安全"健康检查"	• ASX100 上市公司的高管和董事会更好地了解网络安全的优势和由此带来的商机 • 公司决策者接触到有针对性的网络风险信息 • 澳大利亚执行力最高的企业在全国范围内起到了引导作用 • 提高大型公司的网络可恢复性
支持伦理安全测试员委员会(CREST)扩大网络安全服务范围	• CREST 建立了认证公司的聚集地,以满足业务需求 • CREST 提高了认证服务的多样性,评估类型可能包括渗透测试、漏洞分析和最佳行动标准评估

续表

行动	成果
检测、制止和应对方面	
支持小型企业在经过CREST认证供应商测试后,拥有自己的网络安全系统	• 澳大利亚小型企业可以通过认证专家对自身的网络安全进行评估,这样有助于它们承担各自的网络安全责任 • 它们了解了潜在的安全漏洞,也知晓了去哪里寻找可靠的建议 • 它们有权了解所需的知识,以便进行有效的网络安全投资,保护商业往来的长期安全 • 大小型企业在联系中增强了互信
对澳大利亚信号理事会针对性网络入侵消除战略在各机构的实施情况进行独立评估,提高政府各机构的网络安全度	• 政府机构的网络安全行动是公私各部门的典范 • 各政府机构有权保持较高的网络安全水平,同时提高自身的网络安全能力 • 政府网络中储存的非政府信息对恶意网络行为免疫
对政府机构进行恶意网络行为独立评估并加以解决,提高政府机构的网络安全度	• 政府机构网络安全行动是公私各部门的典范 • 各政府机构有权保持较高的网络安全水平,同时提高自身的网络安全能力 • 政府网络中储存的非政府信息对恶意网络行为免疫
提高澳大利亚信号理事会的能力,从而提升政府各机构网络安全能力,以便对网络漏洞进行评估,提供技术性安全建议,对新兴技术进行研究	• 政府机构网络安全行动是公私各部门的典范 • 各政府机构有权保持较高的网络安全水平,同时提高自身的网络安全能力 • 政府网络中储存的非政府信息对恶意网络行为免疫
制定政府机构指南,统一管理ICT设备与服务供应链中的安全风险	• 政府机构有明确的指导方针,以识别和管理在购买ICT设备与服务时出现的网络安全风险

3. 全球责任与影响

目标:澳大利亚积极营造开放、自由和安全的网络环境。

行动	成果
委派网络大使	• 澳大利亚可以在国际网络事件上发出协调一致的,具有影响力的声音
发布网络安全的国际参与战略	• 在国际网络事件上,澳大利亚备受关注 • 在国际舞台上,各利益相关者了解到澳大利亚在解决关键网络事件时的重要性

续表

行动	成果
捍卫开放、自由、安全的网络环境,使世界各国都能在网上寻求商机,得以发展	• 澳大利亚积极参与重要的国际网络论坛,推动和平时期正当网络行为规范的建立 • 在网络犯罪方面,澳大利亚同国际伙伴的合作有所增强
通过国际合作消除避风港,防止恶意网络行为	• 在网络犯罪方面,澳大利亚同国际伙伴的合作有所增强 • 各国在努力对网络犯罪进行起诉
通过公私合作等方式,培养印度-太平洋地区及全球的网络安全能力	• 通过企业与研究团体的合作,印度-太平洋地区的网络安全能力有了明显提升,网络成熟度也有所提高

4. 发展与创新

目标:通过网络创新促进商业的发展与繁荣。

行动	成果
通过《国家创新与科学议程》,建立网络安全发展中心,构建国家网络安全创新网络,走在网络安全研究与创新的前沿	• 发展中心将利益相关者联系起来,实现了网络安全建议的乘数效应,网络挑战的应对方案也有所增加 • 越来越多的初创公司获得了资金 • 研发的网络安全方案日益增多,并逐渐被商业化 • 澳大利亚网络安全业务的数量不断增加 • 用于出口的网络安全产品和服务越来越多 • 越来越多的国际企业投资于澳大利亚的网络安全研发与创新 • 在发展中心的支持下,所有企业都受益
通过《国家创新与科学议程》,提高数据61的网络安全能力,支持网络安全解决方案的商业化,提高网络安全技能,深化与国际伙伴的合作	• 数据61在网络安全研究与创新方面的努力对发展中心国家网络安全创新网络中的各项行动产生了巨大影响 • 在数据61奖学金项目的支持下,网络安全博士项目的学生数量不断增加 • SINET的成功建立把网络创新人员、买家和投资者联系在一起,与网络安全发展中心的各项活动互为补充
同商界和学术界合作,对澳大利亚网络安全挑战的研发进行更好定位	• 澳大利亚的网络安全研发工作发展稳健有序,且极具竞争力 • 澳大利亚网络安全研发工作对已有的和新型的网络安全挑战进行了探索
推动网络安全产品的研发和出口	• 澳大利公私各部门对本土的网络安全产品的理解日益成熟 • 政府投资开发本土的网络安全理念 • 投资于澳大利亚及其网络安全部门的国际组织也不断增加

5. 网络智能国家

目标：澳大利亚人要掌握在数字时代中安身立命的网络安全技能和知识。

行动	成果
同各地政府、企业、教育机构和研究团体合作，发展网络安全技术： • 在高校建立网络安全人才中心 • 确保ICT领域的各项资格证书能够认证网络安全技能 • 从管理层开始，向各层次的职工介绍培训项目，增强员工的网络安全技能和知识 • 在学校不断提高学生对网络安全领域所需的关键技能的意识 • 网络安全从业者中女性比例较低，了解这一现象的原因，并解决 • 将政府的年度网络安全挑战活动发展为一个覆盖范围更广的竞技与技术研发项目	• 不论是大学毕业生，还是具备网络安全证书的技校学生，他们的技术水平都有所提升 • 网络安全方面的毕业生不断增加 • 学校中学习网络安全相关专业的学生越来越多 • 越来越多的女性和不同知识背景的人转而从事网络安全行业 • 各个层次的员工，包括管理层，都可以通过参加短期课程、管理培训、攻读硕士学位等方式，增强网络安全方面的知识和技能 • 参与澳大利亚网络安全挑战活动的机会不断增加，海外人士也可参加
整合并发展公私各部门网络安全意识提升计划，以便充分利用资源	• 越来越多的人了解了网络风险对现实生活的影响，以及它们对目前和以后社会发展的影响
同其他国家合作，推动网络安全意识提升项目的进程，实现互惠互利	• 我们通过网络安全意识提升项目实现了规模化经济

（刘红丽、秦悦、郑萌萌译）

中国国家网络空间安全战略

(2016 年 12 月 27 日)

> 一、机遇和挑战
> 二、目标
> 三、原则
> 四、战略任务

信息技术广泛应用和网络空间兴起发展,极大促进了经济社会繁荣进步,同时也带来了新的安全风险和挑战。网络空间安全(以下称网络安全)事关人类共同利益,事关世界和平与发展,事关各国国家安全。维护我国网络安全是协调推进全面建成小康社会、全面深化改革、全面依法治国、全面从严治党战略布局的重要举措,是实现"两个一百年"奋斗目标、实现中华民族伟大复兴中国梦的重要保障。为贯彻落实习近平主席关于推进全球互联网治理体系变革的"四项原则"和构建网络空间命运共同体的"五点主张",阐明中国关于网络空间发展和安全的重大立场,指导中国网络安全工作,维护国家在网络空间的主权、安全、发展利益,制定本战略。

一、机遇和挑战

(一) 重大机遇

伴随信息革命的飞速发展,互联网、通信网、计算机系统、自动化控制系统、数字设备及其承载的应用、服务和数据等组成的网络空间,正在全面改变人们的生产生活方式,深刻影响人类社会历史发展进程。

信息传播的新渠道。 网络技术的发展,突破了时空限制,拓展了传播范围,创新了传播手段,引发了传播格局的根本性变革。网络已成为人们获取信息、学习交流的新渠道,成为人类知识传播的新载体。

生产生活的新空间。 当今世界,网络深度融入人们的学习、生活、工作等方方面面,网络教育、创业、医疗、购物、金融等日益普及,越来越多的人通过网络交流思想、成就事业、实现梦想。

经济发展的新引擎。互联网日益成为创新驱动发展的先导力量,信息技术在国民经济各行业广泛应用,推动传统产业改造升级,催生了新技术、新业态、新产业、新模式,促进了经济结构调整和经济发展方式转变,为经济社会发展注入了新的动力。

文化繁荣的新载体。网络促进了文化交流和知识普及,释放了文化发展活力,推动了文化创新创造,丰富了人们精神文化生活,已经成为传播文化的新途径、提供公共文化服务的新手段。网络文化已成为文化建设的重要组成部分。

社会治理的新平台。网络在推进国家治理体系和治理能力现代化方面的作用日益凸显,电子政务应用走向深入,政府信息公开共享,推动了政府决策科学化、民主化、法治化,畅通了公民参与社会治理的渠道,成为保障公民知情权、参与权、表达权、监督权的重要途径。

交流合作的新纽带。信息化与全球化交织发展,促进了信息、资金、技术、人才等要素的全球流动,增进了不同文明交流融合。网络让世界变成了地球村,国际社会越来越成为你中有我、我中有你的命运共同体。

国家主权的新疆域。网络空间已经成为与陆地、海洋、天空、太空同等重要的人类活动新领域,国家主权拓展延伸到网络空间,网络空间主权成为国家主权的重要组成部分。尊重网络空间主权,维护网络安全,谋求共治,实现共赢,正在成为国际社会共识。

(二) 严峻挑战

网络安全形势日益严峻,国家政治、经济、文化、社会、国防安全及公民在网络空间的合法权益面临严峻风险与挑战。

网络渗透危害政治安全。政治稳定是国家发展、人民幸福的基本前提。利用网络干涉他国内政、攻击他国政治制度、煽动社会动乱、颠覆他国政权,以及大规模网络监控、网络窃密等活动严重危害国家政治安全和用户信息安全。

网络攻击威胁经济安全。网络和信息系统已经成为关键基础设施乃至整个经济社会的神经中枢,遭受攻击破坏、发生重大安全事件,将导致能源、交通、通信、金融等基础设施瘫痪,造成灾难性后果,严重危害国家经济安全和公共利益。

网络有害信息侵蚀文化安全。网络上各种思想文化相互激荡、交锋,优秀传统文化和主流价值观面临冲击。网络谣言、颓废文化和淫秽、暴力、迷信等违背社会主义核心价值观的有害信息侵蚀青少年身心健康,败坏社会风气,误导价值取向,危害文化安全。网上道德失范、诚信缺失现象频发,网络文明程度亟待提高。

网络恐怖和违法犯罪破坏社会安全。恐怖主义、分裂主义、极端主义等势力利用网络煽动、策划、组织和实施暴力恐怖活动,直接威胁人民生命财产安全、社会秩序。计算机病毒、木马等在网络空间传播蔓延,网络欺诈、黑客攻击、侵犯知识产权、滥用个人信息等不法行为大量存在,一些组织肆意窃取用户信息、交易数据、位置信息以及企业商业秘密,严重损害国家、企业和个人利益,影响社会和谐稳定。

网络空间的国际竞争方兴未艾。 国际上争夺和控制网络空间战略资源、抢占规则制定权和战略制高点、谋求战略主动权的竞争日趋激烈。个别国家强化网络威慑战略,加剧网络空间军备竞赛,世界和平受到新的挑战。

网络空间机遇和挑战并存,机遇大于挑战。 必须坚持积极利用、科学发展、依法管理、确保安全,坚决维护网络安全,最大限度利用网络空间发展潜力,更好惠及13亿多中国人民,造福全人类,坚定维护世界和平。

二、目　　标

以总体国家安全观为指导,贯彻落实创新、协调、绿色、开放、共享的发展理念,增强风险意识和危机意识,统筹国内国际两个大局,统筹发展安全两件大事,积极防御、有效应对,推进网络空间和平、安全、开放、合作、有序,维护国家主权、安全、发展利益,实现建设网络强国的战略目标。

和平:信息技术滥用得到有效遏制,网络空间军备竞赛等威胁国际和平的活动得到有效控制,网络空间冲突得到有效防范。

安全:网络安全风险得到有效控制,国家网络安全保障体系健全完善,核心技术装备安全可控,网络和信息系统运行稳定可靠。网络安全人才满足需求,全社会的网络安全意识、基本防护技能和利用网络的信心大幅提升。

开放:信息技术标准、政策和市场开放、透明,产品流通和信息传播更加顺畅,数字鸿沟日益弥合。不分大小、强弱、贫富,世界各国特别是发展中国家都能分享发展机遇、共享发展成果、公平参与网络空间治理。

合作:世界各国在技术交流、打击网络恐怖和网络犯罪等领域的合作更加密切,多边、民主、透明的国际互联网治理体系健全完善,以合作共赢为核心的网络空间命运共同体逐步形成。

有序:公众在网络空间的知情权、参与权、表达权、监督权等合法权益得到充分保障,网络空间个人隐私获得有效保护,人权受到充分尊重。网络空间的国内和国际法律体系、标准规范逐步建立,网络空间实现依法有效治理,网络环境诚信、文明、健康,信息自由流动与维护国家安全、公共利益实现有机统一。

三、原　　则

一个安全稳定繁荣的网络空间，对各国乃至世界都具有重大意义。中国愿与各国一道，加强沟通、扩大共识、深化合作，积极推进全球互联网治理体系变革，共同维护网络空间和平安全。

（一）尊重维护网络空间主权

网络空间主权不容侵犯，尊重各国自主选择发展道路、网络管理模式、互联网公共政策和平等参与国际网络空间治理的权利。各国主权范围内的网络事务由各国人民自己做主，各国有权根据本国国情，借鉴国际经验，制定有关网络空间的法律法规，依法采取必要措施，管理本国信息系统及本国疆域上的网络活动；保护本国信息系统和信息资源免受侵入、干扰、攻击和破坏，保障公民在网络空间的合法权益；防范、阻止和惩治危害国家安全和利益的有害信息在本国网络传播，维护网络空间秩序。任何国家都不搞网络霸权、不搞双重标准，不利用网络干涉他国内政，不从事、纵容或支持危害他国国家安全的网络活动。

（二）和平利用网络空间

和平利用网络空间符合人类的共同利益。各国应遵守《联合国宪章》关于不得使用或威胁使用武力的原则，防止信息技术被用于与维护国际安全与稳定相悖的目的，共同抵制网络空间军备竞赛、防范网络空间冲突。坚持相互尊重、平等相待，求同存异、包容互信，尊重彼此在网络空间的安全利益和重大关切，推动构建和谐网络世界。反对以国家安全为借口，利用技术优势控制他国网络和信息系统、收集和窃取他国数据，更不能以牺牲别国安全谋求自身所谓绝对安全。

（三）依法治理网络空间

全面推进网络空间法治化，坚持依法治网、依法办网、依法上网，让互联网在法治轨道上健康运行。依法构建良好网络秩序，保护网络空间信息依法有序自由流动，保护个人隐私，保护知识产权。任何组织和个人在网络空间享有自由、行使权利的同时，须遵守法律，尊重他人权利，对自己在网络上的言行负责。

（四）统筹网络安全与发展

没有网络安全就没有国家安全，没有信息化就没有现代化。网络安全和信息化是一体之两翼、驱动之双轮。正确处理发展和安全的关系，坚持以安全保发展，以发展促安全。安全是发展的前提，任何以牺牲安全为代价的发展都难以持续。

发展是安全的基础,不发展是最大的不安全。没有信息化发展,网络安全也没有保障,已有的安全甚至会丧失。

四、战略任务

中国的网民数量和网络规模世界第一,维护好中国网络安全,不仅是自身需要,对于维护全球网络安全乃至世界和平都具有重大意义。中国致力于维护国家网络空间主权、安全、发展利益,推动互联网造福人类,推动网络空间和平利用和共同治理。

(一)坚定捍卫网络空间主权

根据宪法和法律法规管理我国主权范围内的网络活动,保护我国信息设施和信息资源安全,采取包括经济、行政、科技、法律、外交、军事等一切措施,坚定不移地维护我国网络空间主权。坚决反对通过网络颠覆我国国家政权、破坏我国国家主权的一切行为。

(二)坚决维护国家安全

防范、制止和依法惩治任何利用网络进行叛国、分裂国家、煽动叛乱、颠覆或者煽动颠覆人民民主专政政权的行为;防范、制止和依法惩治利用网络进行窃取、泄露国家秘密等危害国家安全的行为;防范、制止和依法惩治境外势力利用网络进行渗透、破坏、颠覆、分裂活动。

(三)保护关键信息基础设施

国家关键信息基础设施是指关系国家安全、国计民生,一旦数据泄露、遭到破坏或者丧失功能可能严重危害国家安全、公共利益的信息设施,包括但不限于提供公共通信、广播电视传输等服务的基础信息网络,能源、金融、交通、教育、科研、水利、工业制造、医疗卫生、社会保障、公用事业等领域和国家机关的重要信息系统,重要互联网应用系统等。采取一切必要措施保护关键信息基础设施及其重要数据不受攻击破坏。坚持技术和管理并重、保护和震慑并举,着眼识别、防护、检测、预警、响应、处置等环节,建立实施关键信息基础设施保护制度,从管理、技术、人才、资金等方面加大投入,依法综合施策,切实加强关键信息基础设施安全防护。

关键信息基础设施保护是政府、企业和全社会的共同责任,主管、运营单位和组织要按照法律法规、制度标准的要求,采取必要措施保障关键信息基础设施安全,逐步实现先评估后使用。加强关键信息基础设施风险评估。加强党政机关以及重点领域网站的安全防护,基层党政机关网站要按集约化模式建设运行和管理。

建立政府、行业与企业的网络安全信息有序共享机制,充分发挥企业在保护关键信息基础设施中的重要作用。

坚持对外开放,立足开放环境下维护网络安全。建立实施网络安全审查制度,加强供应链安全管理,对党政机关、重点行业采购使用的重要信息技术产品和服务开展安全审查,提高产品和服务的安全性和可控性,防止产品服务提供者和其他组织利用信息技术优势实施不正当竞争或损害用户利益。

(四)加强网络文化建设

加强网上思想文化阵地建设,大力培育和践行社会主义核心价值观,实施网络内容建设工程,发展积极向上的网络文化,传播正能量,凝聚强大精神力量,营造良好网络氛围。鼓励拓展新业务、创作新产品,打造体现时代精神的网络文化品牌,不断提高网络文化产业规模水平。实施中华优秀文化网上传播工程,积极推动优秀传统文化和当代文化精品的数字化、网络化制作和传播。发挥互联网传播平台优势,推动中外优秀文化交流互鉴,让各国人民了解中华优秀文化,让中国人民了解各国优秀文化,共同推动网络文化繁荣发展,丰富人们精神世界,促进人类文明进步。

加强网络伦理、网络文明建设,发挥道德教化引导作用,用人类文明优秀成果滋养网络空间、修复网络生态。建设文明诚信的网络环境,倡导文明办网、文明上网,形成安全、文明、有序的信息传播秩序。坚决打击谣言、淫秽、暴力、迷信、邪教等违法有害信息在网络空间传播蔓延。提高青少年网络文明素养,加强对未成年人上网保护,通过政府、社会组织、社区、学校、家庭等方面的共同努力,为青少年健康成长创造良好的网络环境。

(五)打击网络恐怖和违法犯罪

加强网络反恐、反间谍、反窃密能力建设,严厉打击网络恐怖和网络间谍活动。

坚持综合治理、源头控制、依法防范,严厉打击网络诈骗、网络盗窃、贩枪贩毒、侵害公民个人信息、传播淫秽色情、黑客攻击、侵犯知识产权等违法犯罪行为。

(六)完善网络治理体系

坚持依法、公开、透明管网治网,切实做到有法可依、有法必依、执法必严、违法必究。健全网络安全法律法规体系,制定出台网络安全法、未成年人网络保护条例等法律法规,明确社会各方面的责任和义务,明确网络安全管理要求。加快对现行法律的修订和解释,使之适用于网络空间。完善网络安全相关制度,建立网络信任体系,提高网络安全管理的科学化规范化水平。

加快构建法律规范、行政监管、行业自律、技术保障、公众监督、社会教育相结合的网络治理体系,推进网络社会组织管理创新,健全基础管理、内容管理、行业管理以及网络违法犯罪防范和打击等工作联动机制。加强网络空间通信秘密、言论自由、商业秘密,以及名誉权、财产权等合法权益的保护。

鼓励社会组织等参与网络治理,发展网络公益事业,加强新型网络社会组织建设。鼓励网民举报网络违法行为和不良信息。

(七) 夯实网络安全基础

坚持创新驱动发展,积极创造有利于技术创新的政策环境,统筹资源和力量,以企业为主体,产学研用相结合,协同攻关、以点带面、整体推进,尽快在核心技术上取得突破。重视软件安全,加快安全可信产品推广应用。发展网络基础设施,丰富网络空间信息内容。实施"互联网+"行动,大力发展网络经济。实施国家大数据战略,建立大数据安全管理制度,支持大数据、云计算等新一代信息技术创新和应用。优化市场环境,鼓励网络安全企业做大做强,为保障国家网络安全夯实产业基础。

建立完善国家网络安全技术支撑体系。加强网络安全基础理论和重大问题研究。加强网络安全标准化和认证认可工作,更多地利用标准规范网络空间行为。做好等级保护、风险评估、漏洞发现等基础性工作,完善网络安全监测预警和网络安全重大事件应急处置机制。

实施网络安全人才工程,加强网络安全学科专业建设,打造一流网络安全学院和创新园区,形成有利于人才培养和创新创业的生态环境。办好网络安全宣传周活动,大力开展全民网络安全宣传教育。推动网络安全教育进教材、进学校、进课堂,提高网络媒介素养,增强全社会网络安全意识和防护技能,提高广大网民对网络违法有害信息、网络欺诈等违法犯罪活动的辨识和抵御能力。

(八) 提升网络空间防护能力

网络空间是国家主权的新疆域。建设与我国国际地位相称、与网络强国相适应的网络空间防护力量,大力发展网络安全防御手段,及时发现和抵御网络入侵,铸造维护国家网络安全的坚强后盾。

(九) 强化网络空间国际合作

在相互尊重、相互信任的基础上,加强国际网络空间对话合作,推动互联网全球治理体系变革。深化同各国的双边、多边网络安全对话交流和信息沟通,有效管控分歧,积极参与全球和区域组织网络安全合作,推动互联网地址、根域名服务器等基础资源管理国际化。

支持联合国发挥主导作用,推动制定各方普遍接受的网络空间国际规则、网络空间国际反恐公约,健全打击网络犯罪司法协助机制,深化在政策法律、技术创新、标准规范、应急响应、关键信息基础设施保护等领域的国际合作。

加强对发展中国家和落后地区互联网技术普及和基础设施建设的支持援助,努力弥合数字鸿沟。推动"一带一路"建设,提高国际通信互联互通水平,畅通信息丝绸之路。搭建世界互联网大会等全球互联网共享共治平台,共同推动互联网健康发展。通过积极有效的国际合作,建立多边、民主、透明的国际互联网治理体系,共同构建和平、安全、开放、合作、有序的网络空间。

印度有关国家网络安全的政策

(2013 年 7 月 2 日)

> 前　　言
> 一、愿景
> 二、任务
> 三、具体目标
> 四、策略
> 五、政策的可操作性

前　　言

（1）网络空间是一个复杂的环境，由人、软件和设备的相互作用构成，通过世界范围内的信息与通信技术（ICT）设备和网络的分布给予技术支持。

（2）由于技术进步带来了巨大利益，当今网络空间成为一个公共池，公民、企业、关键基础设施、军队和政府均可使用，使厘清不同部门的边界变得困难。在可见的未来，相关的网络和设备数量将成倍增长，网络空间将变得更加复杂。

（3）信息技术（IT）是网络空间中的关键部门之一。它成为印度经济最重要的增长催化剂之一。除了刺激印度经济，还直接和间接地贡献了各种社会经济指标，如就业、生活水准和其他各种指标，积极地影响着印度人民的生活。信息技术还发挥了一个重要作用，它让印度成为提供世界级技术解决方案和 IT 商业服务的国际参与者。政府在公共服务（政府提供的公民服务、公民身份和公共分配系统等）、健康服务（远程医疗、远程咨询和移动诊室等）、教育（电子学习、虚拟教室等）和金融服务（手机银行/支付网关）等领域不断采购 IT 产品并使用 IT 服务，这成为一个关键的驱动因素。这些计划通过部门改革和国家项目，在公司或私人参与的情况下，引导大量 IT 基础设施创新，促进了国家对 IT 的运用。

（4）考虑到国内 IT 部门的发展、促进社会快速转型和包容性增长的雄心勃勃的计划，以及在 IT 全球市场上印度的突出作用，在电子交易、软件、服务、设备和网络方面重点提供恰当的安全计算环境和充分的可信性,已经成为国家竞争力之一。这一重点有助于创设与全球网络环境相协调的、符合印度国情的网络安全生态系统。

(5) 网络空间是脆弱的,要面对各种突发事件,无论是故意的还是偶然的,人为的还是自然的,并且网络空间的数据交换可能会被政府或非政府的参与者恶意利用。针对一国基础设施或破坏经济福利的网络攻击能有效地减少可利用的国家资源,摧毁国家结构支撑的信心。涉及国家重要利益的网络攻击可能采取任何形式,可以是有组织的网络攻击;不可控的利用,如计算机病毒、蠕虫病毒或任何恶意软件代码,这将造成全国灾难性的重大网络后果;或者是其他造成信息基础设施或关键资产大量损失的突发事件。通过中断关键基础设施系统造成的大范围网络突发事件,可以颠覆政府、公共和私人部门的资源和服务。这种重量级中断造成的混乱可以威胁人身、经济和国家安全。快速识别、信息交换、调查以及协调响应和救济能够降低恶意网络行为造成的损失。针对个人、企业和政府的网络威胁,典型例子有身份盗窃、钓鱼网站、社会工程、黑客主义、网络恐怖主义、针对移动设备和智能手机的威胁、破坏数字认证、高级持久威胁、拒绝服务、僵尸网络、供应链攻击和数据泄露,等等。保护信息基础设施以及维护网络空间信息系统的保密性、完整性和可用性是保护网络空间安全的关键。

(6) 印度政府正在采取各种行动来应对网络安全挑战。网络安全挑战非常有赖于平台的创设水平,而这些平台现在能够支持和承担起保障网络空间安全的工作。由于网络空间具有动态特性,当前需要将这些行动统一到"国家网络安全政策"之下,并以一体化的视野和一系列支持和协调策略将其付诸实施。

(7) 网络安全政策是一项逐渐展开的工作,它迎合各种ICT用户和提供者,包括家庭用户和小、中、大企业以及政府、非政府组织。它提供了一个伞形框架,以明确和引导有关网络空间安全的行动。它还能够帮助个别部门和组织量身定制网络安全政策。该政策为其要采取的措施提供了说明,以有效保护信息、信息系统和网络,深入了解政府保护国内网络空间的方式和策略的概况。它还概括性地提出了一些方针,帮助所有来自公私部门的重要参与者开展合作,保障国家信息安全和信息系统安全。因此,本政策的目标在于创造一个网络安全框架,引导特殊行动和项目以维护国家网络空间的安全态势。

一、愿　　景

为公民、企业和政府建设一个安全和可恢复的网络空间。

二、任 务

保护网络空间中的信息和信息基础设施安全,加强预防和响应网络威胁的能力,减少漏洞,通过制度结构、人员、流程、技术和合作的结合,将网络突发事件造成的损失最小化。

三、具体目标

(1) 在国内创建一个安全网络生态系统,让网络空间的 IT 系统和交易充分可信,并因此在所有经济领域推进 IT 技术。

(2) 创建一个保障框架,以便设计安全政策,并通过评定(产品、流程、技术和人员),推动和采取措施遵从全球安全标准和最佳实践。

(3) 强化管理框架,确保一个安全网络空间生态系统。

(4) 增强和建立国家和部门级的 24×7 小时获取有关威胁 ICT 基础设施的战略信息机制,通过有效的预测、预防、保护、响应和恢复措施,建立响应、解决和危机管理情景。

(5) 设立 24×7 小时国家关键信息基础设施保护中心(NCIIPC),强制推行有关设计、采购、开发、使用和管理信息资源的安全做法,以强化国家关键信息基础设施的保护和恢复力。

(6) 通过前沿技术研究、解决方案研究、概念验证、实验开发、转型、传播和商业化,开发合适的本土安全技术,以便大范围部署通用的和特殊的安全 ICT 产品/流程,满足国家安全需要。

(7) 通过建立测试和确认产品安全性的基础设施,提高 ICT 产品和服务完整的可视性。

(8) 在未来 5 年内,通过能力建设、技能开发和培训,在网络安全领域建设一支包含 50 万人的专门职业队伍。

(9) 向采用标准安全做法和流程的企业提供财政支持。

(10) 在处理、操作、储存和传输过程中提供信息保护,以便保护公民数据隐私,减少因网络犯罪或数据盗窃造成的经济损失。

(11) 通过适当的立法干预,从而有效地预防、调查和起诉网络犯罪,强化执法能力。

(12) 培养网络安全和隐私文化,通过有效的交流和推动战略,使用户能够采取自负责任的行动和措施。

(13) 通过技术和运营合作,建立有效的公私合作伙伴关系,并达成合作协议,帮助加强网络空间安全性。

(14) 通过推动共识,增进全球合作,平衡利益关系以深化网络空间安全事业。

四、策　略

1. 创建安全的网络生态系统

(1) 指定一个功能和职责清晰的国家机构,协调国内所有相关的网络安全事务。

(2) 鼓励所有的公私机构指派一名高级管理人员,作为首席信息安全官(CISO),负责网络安全工作和计划。

(3) 鼓励所有机构制定充分结合其商业计划的信息安全政策,并按照国际最佳实践付诸实施。该政策应该包括建立保障信息流(在处置、操作、储存和传输过程中)的标准和机制、危机管理计划、主动安全态势评估和法庭鉴定信息基础设施。

(4) 确保所有机构拨专款用于执行网络安全计划,满足由网络突发事件导致的应急响应需要。

(5) 提供财政计划和激励措施,鼓励企业安装、强化和升级有关网络安全的信息基础设施。

(6) 通过激励技术开发、网络安全合规和积极行动,预防发生和再次发生网络突发事件。

(7) 建立共享信息机制,以对网络安全事件进行识别、响应以及合作恢复。

(8) 鼓励企业采纳可信的 ICT 产品采购指南,以及采购自主生产的具有安全保障的 ICT 产品。

2. 创建安全框架

(1) 促进采纳并遵从信息安全全球最佳实践,以此增进网络安全态势。

(2) 创建基础设施,对是否符合网络安全最佳实践、标准和指南(如 ISO 27001 ISMS 认定、IS 系统审计、入侵测试/漏洞评估、应用程序安全测试和网页安全测试)进行一致性评估和认定。

(3) 促进所有政府和关键部门企业,在正式风险评估和风险管理流程、商业持续管理和网络风险管理计划方面,执行全球安全最佳实践,以减少服务中断风险、保持安全态势。

(4) 在实体层面对信息基础设施设备和资产进行风险感知识别和分类,以采取相应的安全保护措施。

(5) 鼓励基于全球最佳实践的安全应用程序/软件的开发。

(6) 创建一致性评估框架,定期对是否符合网络安全最佳实践、标准和指南进行核验。

(7) 鼓励所有企业定期检测和评估 IT 系统和网络中的技术和操作安全控制措施的充分性和有效性。

3. 鼓励开放标准

(1) 鼓励使用开放标准,方便不同的产品和服务间的互操作性和数据交换。

(2) 促进政府和私人部门的合作,增进基于开放标准的经测试和认证的 IT 产品的可用性。

4. 加强监管框架

(1) 制定动态法律框架,应对网络空间因技术进步(如云计算、移动计算、加密服务和社交媒体)而带来的网络安全挑战。

(2) 根据管制框架,合理并强制性地定期审计和评估信息基础设施安全的充分性和有效性。

(3) 培养和强化管制框架意识。

5. 创建安全威胁早期预警机制,漏洞管理机制和安全威胁响应机制

(1) 创建国家级系统、处理方法、结构和机制,以形成应对现存和潜在的网络安全威胁形势必要的方案,个人和企业间能够及时分享信息,以便采取具有前瞻性、预防性和保护性的行动。

(2) 管理运行一个 24×7 小时的全国性计算机应急响应小组(CERT-In),作为一个节点代理机构,协调所有网络安全应急响应和危机管理措施。CERT-In 将发挥伞状组织功能,帮助创设 CERT 部门并使其运转,在处理网络危机形势时可以更加方便通信和协调行动。

(3) 24×7 小时待命的 CERT 部门将对有关部门所采取的针对攻击发生的响应和解决措施以及网络危机管理措施进行协调和沟通。

(4) 执行网络危机管理计划,在国家层面、部门层面和企业层面,采取协调良好、多学科融合的方法来处理涉及国家关键管理流程或危及公共安全和国家安全的网络突发事件。

(5) 在国家、部门和企业层面,实施和帮助开展常规的网络安全操练和演习,协助开展抵御和处理网络安全突发事件的应急准备工作,并对安全态势和水准进行评估。

6. 保障电子政务

(1) 在国内所有的电子治理(e-Governance)计划中,强制推行全球安全最佳实践、商业持续性管理和网络危机管理计划,以降低中断风险,提高安全态势。

(2) 在政府部门内鼓励更大面积地使用公钥基础设施(PKI),实现可信通信和交易。

(3) 鼓励信息安全专业人员/机构协助开展电子治理计划,保证最佳安全实践的一致性。

7. 关键信息基础设施的保护和可恢复

(1) 在企业层面开展关键信息基础设施及其完整性保护计划和商业计划,并加以落实。这些计划应包括建立安全信息流(加工、搬运、储存和运输过程中)机制、指南和标准、风险管理计划、前瞻性安全态势评估等。

(2) 运行 24×7 小时国家关键信息基础设施保护中心(NCIIPC),发挥国内关键信息基础设施节点机构的作用。

(3) 根据关键信息基础设施保护计划,为关键基础设施和关键资源提供认证、优化、评估、救济和保护方面的便利。

(4) 所有关键领域企业强制执行全球安全最佳实践、商业持续性管理和网络风险管理计划,降低中断风险和保持安全态势。

(5) 鼓励和适当强制使用经过验证和认证的 IT 产品。

(6) 强制对关键信息基础设施开展定期安全审计工作。

(7) 对所有直接来自 CISO/CSO 和涉及关键信息基础设施运行的安全任务推行强制认证。

(8) 强制执行基于全球最佳实践的安全应用程序/软件开发程序(从设计到退役)。

8. 推动网络安全研发

(1) 开展研发项目,以实现各个方面的短期、中期和长期发展目标。研发项目应覆盖各个方面,包括可信系统开发、测试、部署和维护,贯穿系统运行生命周期全过程,包括前沿安全技术的研发。

(2) 鼓励研发具有成本效益的、量身定做的本土安全解决方案,满足巨大的网络安全需求,并瞄准出口市场。

(3) 协助研发成果的转化、扩散和商业化,将研发成果变为供公私部门使用的商业产品和服务。

(4) 在网络空间安全的战略性重点领域设立卓越中心。

(5) 在前沿技术和解决方案的定向研究方面,与产业界和学术界开展合作研发项目。

9. 降低供应链风险

(1) 建造和维护测试基础设施和设备,按照每一个全球标准和实践要求,对 IT 安全产品进行评估和认证。

(2) 与产品/系统供应商和服务供应商建立可信关系,提高端对端供应链安全的可视性水平。

(3) 管理有关 IT(产品、系统或服务)采购的供应链风险。

10. 人力资源开发

(1) 在正式部门和非正式部门加强教育和培训,以支持国家网络安全需求和建设。

（2）通过公私伙伴关系，在全国设立网络安全培训基础设施。

（3）设立网络安全概念实验室，用于关键领域的技术的开发。

（4）设立用于执法机构能力建设的制度性机制。

11．培养网络安全意识

（1）推动和发起综合性的有关网络空间安全的国家宣传项目。

（2）通过电子媒体持续开展安全素质意识教育和宣传活动，帮助公民意识到网络安全面临的挑战。

（3）管理、支持和帮助网络安全讲习班/研讨会的开展和认证工作。

12．培育有效的公私伙伴关系

（1）帮助利害关系企业（包括私人部门）在一般性的网络安全领域和特定的关键信息基础设施方面建立协同与合作关系，采取有关网络威胁、脆弱性、破坏和可能的保护性措施等方面的行动，并采纳最佳行动方案。

（2）与利害关系人一起建立合作和承诺模式。

（3）建立网络安全政策引入、讨论和策划思想库。

13．信息共享与合作

（1）在网络安全领域与其他国家开展双边和多边合作。

（2）强化国家和全球安全机构、CERTs、国防部门和军队、执法机构以及司法系统的合作。

（3）与产业界建立有关技术和运行方面的对话机制，以便协助包括关键信息基础设施在内的系统的复原和恢复。

14．执行的优先方式

采取优先方式贯彻该政策，首先处理最关键领域中的问题。

五、政策的可操作性

本政策应该通过细化各个层次的行动指南和计划，使之具有可操作性，例如在国家、行业、邦、部门、局和企业等层面，这对于应对网络空间安全的挑战具有重要意义。

——J. Satyanarayana
印度电子和信息技术局局长
（谢永江译）

日本网络安全战略
——构建一个世界领先、强韧、充满活力的网络空间

(2013年6月10日)

> 前言
> 1. 环境变化
> 2. 基本方针
> 3. 任务领域
> 4. 推进体制等

前　　言

为了从根本上(彻底)达成强化应对信息安全问题的措施,自2005年4月,在内阁官房设立信息安全中心(NISC),同年5月在高度信息通信网络社会推进战略本部(IT战略本部)设立信息安全政策会议,等等,时间已经过去8年了。

在此期间,信息安全政策会议连续制订并通过了《第一次信息安全基本计划》《第二次信息安全基本计划》《保护国民信息安全战略》等计划和战略。

在注意到确保信息自由流通与切实应对危机工作两者之间平衡的基础上,这些计划和战略提高了日本信息安全水准。

围绕信息安全而发生的环境变化极其迅速。在前面提到的安全战略制定后的3年之内,网络风险已经扩散,成为全球性问题。针对国家重要基础设施产生的"网络攻击"已成为现实,升级为"国家安全保障"和"危机管理"层面的课题。如今,必须采取最有力的措施来保护国家和重要基础设施的安全。

我们很快将进入一切都与互联网连接的被称为"物联网"的时代,这也将是一个使一切都带上信息网络安全风险的时代。而且,即使不连接互联网的防御系统,风险系数同样升高。换言之,即将进入的是国民生活的任何方面都不能缺少信息安全对策的时代。在这个时代,信息安全将成为与"国民生活安全"和"经济发展"

等问题紧密相关的课题。

日本正致力于建设"世界最先进的IT国家"。而在世界最先进的IT国家,有与之相匹配的"安全的网络空间"。要想在急剧变化的环境中构建安全的网络空间,在确保每个主体一直以来的信息安全的同时,还必须要求所有主体在涉及网络空间方面做出贡献。

综上所述,日本不但要推进以前固有的,为保障"信息安全"所做的一切,还必须明确进一步推进更广泛的网络空间建设的必要性。故此,日本将本战略名称定为"网络安全战略"。

在认识到有必要基于原来工作成果而开拓新维度的基础上,提出了很多新的课题。期待本战略能通过这些课题,使一切得以实施,早日实现拥有"领先世界的强韧而有活力的网络空间"的"网络安全立国"计划。

1. 环境变化

1.1 网络空间的扩大与渗透

1.1.1 网络空间与现实空间的"融合、一体化"的发展

由信息系统和信息通信网络构成的输送多样、大量信息的空间,以及其他虚拟的全球空间——"网络空间"正在急速扩大,并渗透到现实空间中来。现如今,网络空间正变成人们进行日常生活、社会经济活动、行政活动等一切活动所不可或缺的大脑神经系统,网络空间和现实空间的"融合、一体化"正在进一步展开。[1]

网络空间的扩大、渗透是信息通信技术的普及、提高及相关技能的利用、活用得以发展的结果。也就是说,以覆盖全国的宽带设备、智能设备、IPV6、M2M[2]、感应网、云计算服务器等的普及和提高为背景,各项技术被灵活使用在电子商务、医疗、教育、交通、社会基础设施管理、行政等各个领域。

网络空间对强化日本成长力而言不可或缺,而且今后必将进一步延展、渗透。举例来讲,为强化成长力,日本必须拥有安全、方便的下一代基础设施,为实现干净

---

〔1〕 例如,总务省《平成24年版信息通信白皮书》、《网络在全球化社会中对社会经济活动起到不可或缺的基础作用》、警察厅《平成24年版警察白皮书》、《网络成为国民生活和社会经济生活中不可或缺的社会基础》、防卫省的《平成24年版日本防卫白皮书》、《信息通信是军队从指挥中枢到末端部队的指挥基础,因为IT革命,军队对于信息通信网络的依存度进一步增高》。

〔2〕 Machine to Machine。通过网络连接的机器在无人操作的情景下互相交换信息,自动采用最为适合的防御应对行为。例如,将各类自动感应设备(信息家电、汽车、自动售货机、建筑物、智能手机等)通过网络进行协调,实现能源管理、设施管理、设备老化监控、防灾、福祉等不同领域的服务。

而经济的能源供给,日本必须拥有为灵活使用开放数据和大数据的ITS[1]和智能网格线。组成这些设备的信息系统和信息通信网络必将带来网络空间更大规模的扩大和渗透。

另外,就网络空间本身而言,它有望在全球范围内日益延伸、渗透,成为推动经济增长和技术改革,甚至解决社会问题的不可或缺的东西。全世界都在关注这足以提升本国生产力的力量。

1.1.2 围绕网络空间的"风险深刻化"

网络空间的特征是:匿名性强,难以留下痕迹,且很少受地理性和时间性条件限制,并且可以在短时间内对非特定的多数人形成影响,等等。

因此,恶意利用信息通信网络及信息系统等,经由网络空间进行的不正当登录、窃取、篡改或破坏,导致信息系统停止运行或错误运行,执行不正当程序,行使DDoS[2]攻击等这些所谓的"网络攻击"的威胁,日益严重。

最早的网络攻击以满足自我表现欲、自我夸示、故意惹人不快等"愉快犯"弄出的引人注意的网络威胁居多。然而渐渐地出现了以金钱及示威等为目的的威胁。最近,甚至明显地出现了企图窃取国家、企业的机密情报的、企图破坏重要数据或系统的威胁案例。更有甚者,在国外,有人指出存在一种与军事行动结合起来的网络攻击,而且很多外国军队已经在培养攻击网络空间的能力了。还有人指出,有一些国家存在为收集情报而入侵别国信息通信网络的行为。

网络攻击的手法也日渐复杂化、巧妙化。比如,篡改网站、通过DDoS攻击而造成在线服务停止等。另外,攻击形式还包括借助网络感染型病毒进行的下载驱动器攻击,通过USB存储器等进行的攻击,通过浏览器植入木马篡改通信信息等的攻击,还有利用社交工程学进行的所谓"社交型"攻击,以及利用先天脆弱性等进行的目标型攻击,等等。

网络攻击的对象也由原来的个人、家庭等私有空间扩展到社会基础设施等公共空间中来:个人所拥有的智能手机等智能设备的快速普及,家庭中可以远程操控的信息家电的普及,职场上BYOD[3]及多机型复印机等复合机的使用,店铺里POS终端及防盗电子眼等设备,社会重要基础设施中的感应器等。这些机器越来越分散到各种各样的人、物、场所中去了。

---

[1] Intelligent Transport System(智慧道路交通系统)。人与车辆和道路之间通过网络实现道路利用率、人员便利性的提高,拥堵的减少,交通网络管理的最优化。导航系统和自动收费系统已经实现普及。今后,要通过车车间、车路间通信实现安全驾驶系统和自动驾驶的实用化。

[2] Distributed Denial of Services,分布式拒绝服务攻击。

[3] Bring Your Own Device。在企业中,职工通过个人私用的智能手机等信息终端连接企业等的信息系统,浏览、编辑或用其他方式操控信息,在信息终端利用个人设备开展业务。

日本已经能够应对自然灾害、事故所引起的机器的损坏,也能够应对合法使用者因系统操作错误所引起的信息泄露及系统错误运转所带来的风险等。同时日本也一直致力于发展对网络犯罪、网络攻击的应对措施。然而,网络攻击带来的风险已经因其目的、手法的变化而远远超越了原先设想的水平。

特别是"重大化风险""扩散性风险""全球性风险"显著增多,从而导致了"风险严重化"的新情况。这种局面不仅会影响日本的安全保障和危机管理,还可能动摇日本的国际竞争力,给国民带来极大的不安。

重大化风险

现在已经出现了有可能给国家的安全和国民的生命、财产带来危害的风险。甚至有人认为,在日本,已经明显地出现了以窃取国家机关、防卫产业、重要基础设施企业以及研究机构的机密和技术情报为目的的目标型攻击威胁。

在这些威胁中,甚至有一些情况是在发现受到攻击的时候,才知道攻击者早在几年前就已经开始有盗取情报的情况,而受害者对其攻击和自己的损失却毫不知情。更有甚者,有些受害者即使在确认自己遭受了网络攻击的情况下,为了规避更大的损失和其在舆论、股市方面所受的影响,而采取不对外公开的措施。也就是说,现在弄清楚的这些案例只是冰山一角,很有可能就在此时此刻,就有事关国家和企业存续的重要信息正在被继续窃取着。

在国外,有诸如针对控制交通信息的计算机系统进行的网络攻击,甚至有复杂而巧妙的疑似有国家组织参与的对主干基础设施控制体系系统进行的高度网络攻击,这些攻击可能会引起大规模的社会混乱,这种风险已经成为现实问题。

可以认为,今后,随着通信基础设施的 SDN[1]、交通基础设施中的智能交通系统、电力基础设施中的智能电网的普及,各行各业的社会基础设施都将时常与网络连接,而且都将发展到由软件进行管理、控制的状态。可以想象,利用这些控制软件的脆弱性而进行的网络攻击将会引起通信障碍、交通混乱、机能停止等事件。这必将导致社会混乱,甚至直接关系到人们的生死。

扩散性风险

网络空间的风险还具有扩散性。随着智能手机在国民中的急速普及[2]和

---

[1] Software Defined Network,软件定义网络。通过软件制作假想网络的技术。在物理接续的网络前提下,有可能构筑另外的假想网络。

[2] 平成 23 年年末,智能手机普及率相比前年增加了 20%,并以 30% 的速度急剧推进。总务省《平成 23 年通信利用动向调查》(平成 24 年 5 月 30 日)。以下简称《通信利用动向调查》。

M2M、感应器网络的扩大,以及万物互联状态(物联网)的出现,可以成为网络攻击对象的机器遍布在我们身边的各个角落。由此便导致了网络的扩散性风险。

长时间待机、保持网络连接状态并随身携带的智能手机,拥有高度信息处理机能的智能设备已经以一般用户为中心急速普及开来。这些用户,或因利用了公共无线局域网等信息通道或因操作系统限制使用安全软件,他们的位置信息、电话簿信息、通话信息等被非法软件发送到外部的案例[1]时有发生。即使在办公室,由于智能手机等的BYOD的普及也会面临同样的威胁。

另外,由于M2M、感应网的普及,网络风险甚至扩散到家电、汽车、复印机等复合机,监视器等设备上去了。那些在过去并不连接网络的机器设备,也在连入互联网后,被植入不经由人工进行信息交换的控制系统,恐怕针对这些设备的网络攻击会不期而至。

举例来讲,曾有案例显示,在针对外国政府机关进行的DDoS[2]攻击案件中,设在日本的便利店的防盗监控器却成为被利用的手段。还有,连接了互联网的家电、汽车的信息,竟成为关于家庭内部生活的信息和个人行走的场所等的位置信息,并通过网络攻击而外泄;甚至办公室里的复印机等复合机器,都有可能成为营业信息等被窃取的据点[3]。

不仅与互联网相连接的信息系统会被攻击,更有甚者,像与信息系统网等外部网络断绝连接而处于封闭状态的独立系统,也会成为网络攻击的对象。比如,通过USB储存器让关键基础设施的防御体系感染病毒,让有关的基础设施不能启动,等等,都将成为现实问题[4]。

不仅上述攻击对象在扩散,在网络空间里,攻击者的范围也在扩散。现实环境是,由于轻易即可掌握具有高度攻击力的网络攻击工具,所以即便没有资金和相关知识的人,即使不是专业人士,也可以实施网络攻击。

全球性风险

有关网络空间的风险在跨国蔓延着。互联网的使用者已经达到了世界人口的三分之一[5],并且它已在全球范围内普及,包括新兴国家和发展中国家。日本既然已经发展到在所有现实活动上都依赖网络空间的状态了,那么在应对超越国界

---

[1] 关于智能手机,目前已确认有不当扣钱、夺取管理者权限、不明来由的电话呼叫、通过远程操作盗听电话以及窃取数据、登录使用者的电话簿向外部发送个人信息、透露使用者个人位置信息等恶意软件。
[2] 2011年3月,在韩国发生的针对政府机关40网页服务器的DDoS攻击事件。
[3] IPA"2012年度电子复合机安全调查"报告书(平成25年3月12日)。
[4] IPA《新型攻击》相关报告"(平成22年12月17日)。
[5] 2011年,世界互联网使用者共计22.65亿人,占总人口的32.5%。

延伸的网络风险方面,就要做到更进一步的应对。

举例来说,在日本就发生过这样的案例:在外国发生的针对他国政府机构的DDoS攻击事件中,被伪装成发出攻击指令的攻击平台竟然是私人家庭使用的个人计算机[1]。而被判定为这样的发生在海外的大规模网络攻击事件的不法程序,在同一时期也在日本出现过。还有,在国外还发生过这样的案例:有人恶意使用由多个网络节点实现的高度匿名化技术,通过远程操作使他人计算机感染病毒,从而导致被感染病毒的个人计算机所有者被误认为是攻击者而被逮捕。

另外,在国外,在以窃取企业机密为目的的目标型网络攻击中,疑似他国政府参与的迹象也十分明显。今后,日本也随时会发生牵涉他国政府的网络攻击。值得担忧的是,针对全球型供应链的某一点的攻击,也很可能对某个据点造成影响。

网络攻击的手法简单易学,再加上可以隐瞒或者伪装成国家或其他很多主体的行为,因此它在世界任何地方都有可能实施。也就是说,网络攻击既有可能是从其主体所在国直接对日本进行攻击,也有可能是经由其他国家而进行的,甚至还有可能借由日本经营的网络空间而实施攻击的情况。另外,虽然网络攻击和武力攻击之间的关系在国际上并无定论,但是,不可否认的是,以上述方式发生的相当于武力攻击的网络攻击都是有可能的。

1.2 目前为止的措施

在日本,为了制定基本战略及官民统一的具有横跨性的信息安全对策,并对其推进进行策划、制定方案并统筹性调整,2005年4月,在内阁官房成立了信息安全中心(NISC,National Information Security Center),作为掌控信息安全政策的指挥塔。同年5月,为了推进官民统一的具有横跨性的信息安全对策,在高度信息通信网络社会推进战略本部成立了信息安全政策会议(以下简称"政策会议"),提高了政府机关和关键基础设施从业者的信息安全水平,并强化了其对网络攻击的应对能力。

迄今为止,政策会议从制订《第一次信息安全基本计划》[2](以下简称《第一次计划》)起,总共三次,制定了总括性的中长期安全战略。

在第一次计划中,关于信息安全方面,把通过使用信息通信技术达到经济的可

---

[1] 2011年3月,在韩国发生的针对政府机关40网页服务器的DDoS攻击事件中,被伪装成发出攻击指令的攻击平台便是私人家庭使用的个人计算机。警察厅《韩国3月发生的针对政府机关的网络攻击的应对措施》(平成23年9月22日)。

[2] 2006年2月2日信息安全政策会议决定。

持续性增长和实现更好的国民生活,以及在遇到安全威胁时,将保障国民安全等定为国家目标。同时,关于应对信息安全问题,由原来的先巩固自身立场、对明显化问题对症下药式的应对方式,推进到了制定事前防备措施的阶段。而且关于政府机关关键基础设施从业者和企业等各个主体的职能,也改变了原来纵式结构中各自独立对应的状态,制定了让大家各自明确自己的责任、履行与各自的立场相对应的职能的责任结构。

在《第二次信息安全基本计划》[1](以下简称《第二次计划》)中,保持推进先前制定的事前防备措施的同时,还推行了处于紧急状态下的迅速应对措施。

采取以上措施的同时,在《保护国民信息安全战略》[2](以下简称《保护国民战略》)中,把应对网络空间威胁的能力提高到世界最高水平设为目标,面对国外大规模网络攻击事态造成的环境变化,应着眼于完备的应对体制。注意平时收集信息,构筑并强化共有体制等,从安全保障、危机管理的视角推进工作。

如上,自制订第一次计划、启动信息安全政策以来,在为经济持续发展和解决社会问题而构筑信息技术可利用环境方面,以及应对"事故前提社会"、着眼安全保障和危机管理的措施都得到强化,切实适应了环境变化。可以说,各个战略指导下的措施都基本上实现了预期成果。

然而,随着网络空间的急速扩大和渗透,网络空间风险的重大化、扩散化及全球化特征日趋明显,趋向深刻化的风险发展要求应对措施必须升级。

1.3 国际动向

在官方和民间等多种主体参加的国际会议、国际联合等方面,有关网络空间里的行动规范、国际法的适用,以及互联网统治等有关网络空间应有状态的话题被频繁开展。

在国外,一些国家为应对网络空间的风险,从国家安全保障和经济增长等立场出发,制定了各自有关"网络安全"的国家战略。有关网络空间应有的状态问题已经成为一个全世界共有的话题,有必要制定以全球性为视角的措施。

美国

在美国,网络安全已经被视为国家面对的最深刻的经济和国家安全保障方面的问题,即便在"美国国家安全战略"中,也是把关于网络安全的威胁,定位为对国家安全保障、公共安全及经济发展最具挑战性的问题。因此,美国于2011年在几

---

[1] 2009年2月3日信息安全政策会议决定。
[2] 2010年5月11日信息安全政策会议决定。

个领域分别制定了几个战略。比如,关于未来国际网络空间,美国将建成支持国际贸易、强化国际安全保障、促进表达自由和技术改革、开放的、拥有相互运用性的安全可信赖的国际性网络空间,并将之写进《网络空间的国际战略》;还有不妨碍互联网贸易领域技术革新而保护最大经济社会价值的战略;在陆、海、空、宇宙中增加宇宙空间而制定的"为网络空间作战的国防总部战略";还有为支撑安全而强大的基础设施,带来技术革新和繁荣而制定的"国土安全保障方面的网络安全战略"。该战略从设计阶段就以保护隐私等保障市民的自由为目的,是为保护重要的信息基础设施和确立网络生态而制定的战略。

欧盟

在欧共体诸国,除原有的自然灾害、恐怖袭击等危害以外,由诸如经济间谍及国家指使的网络攻击等超越国界的新型威胁带来的频繁的、大规模的网络安全事故必将给各国的健康管理、电力、汽车等重要服务业供给造成破坏,从而给国家安全和社会经济造成重大损失。基于以上认识,欧盟于2013年2月出台了总括性的"欧盟网络安全战略",用于防范和应对网络攻击。

该战略认为,网络空间应该是开放的、自由的,因此,基本的人权、民主主义及法的支配等基本原则和价值观,应该在不上网状态下是同样适用的。而且,政府要在应对事故和恶意活动中起到重要的保护作用。

英国

在英国,随着互联网的发展,一些重要数据和系统对网络空间的依赖性增高,由此带来了难以检测和防御的新型风险。认识到这些后,英国于2010年制定了把网络攻击视为最优先考虑威胁的"国家安全保障战略"。

在应对网络攻击威胁方面,英国于2011年出台了"网络安全战略"。该战略希望从活跃的、可复原的且安全的网络空间中创造出众多的经济社会价值,在自由、公正、透明且由法律支配的核心价值下,建设繁荣的、安全有保障的且强大的未来社会。

法国

法国于2008年发表了有关国家安全保障战略的《法国国防和国家安全白皮书》。白皮书把网络安全作为安全保障中新的、处于脆弱性中的一个主要课题。

2011年,在"国家安全保障战略"的基础上,法国进一步出台了"信息体系保护安全战略"。该战略表明了以下目的:建设世界性网络防务大国、保护与国家主权相关的信息、保持国家意志决定能力、强化国家重要基础设施的网络安全、确保网络空间中的信息安全,等等。

德国

德国把网络空间的利用可能性与其数据的完整性和机密性当作21世纪最重要的课题,而且把确保网络安全定位为由国家、企业、社会所应共同承担的,于国内和国际都同等重要的课题。基于以上认识,德国于2011年2月制定了以维持和促进经济、社会繁荣为目的的"网络安全战略"。

韩国

韩国认为网络攻击已经发展到危及国民财产和国家安全保障的程度了,为了应对日益高度化、综合智能化的网络威胁,必须完善体制,明确相关行政机关的职能。韩国于2011年8月制订了"国家网络安全基本计划",以保护网络安全。

2. 基本方针

2.1 理想化的社会状态

在网络空间与全球化联系在一起的情况下,为了保障国家安全,保障社会经济的发展,确保国民的安全、安心,使日本既能应付网络空间日渐深刻化的风险,又能确保与现实空间的一体化融合,确保网络空间的持续发展的工作就尤为重要。

为此,在日本,构筑"强韧""有活力"的网络空间,并将此作为社会体系的建设过程,最终建成不怕网络攻击、充满创新思想、实现"网络安全立国"的社会。

2.2 基本思路

以下为实现网络安全立国的基本思路。

2.2.1 确保信息的自由流通

在日本,一直以来,通过不过度行使管理和规制,确保开放性和相互运用性,实现了保证信息自由流通的、安全可靠的网络空间。

其结果是,在网络空间里,我们享受到言论自由、隐私保护的同时,也享受到技术创新、经济增长、社会问题得以解决等所带来的好处。

本战略也应当把"确保信息自由流通"作为基本思路,从容应对发生在日本网络空间中并日益深刻化的网络风险。

2.2.2 针对深刻化网络风险的新策略

滋生于网络空间的风险还在继续严重化,因此紧急应对十分必要。特别是面对日益凸显的重大化风险、扩散性风险以及全球性风险,现有的对策都已经穷于应付了。

当网络空间在网络攻击面前显得脆弱的时候,不仅信息的自由流通难以保障,甚至会让民众对于网络空间失去信任。

因此,要不断完善事前事后对策并建立完备的应对体制,在个案应对措施的基础上,有必要创建一套能够迅速、准确应对伴随信息通信技术革新而产生的新型风险变化的社会体系,由多层面措施构成新型体系。

2.2.3 以风险库强化应对

迄今为止,日本的目标一直是把应对网络空间威胁的能力提高到世界最高水平,采取的基本方针是:政府机关、重要基础设施从业者、企业以及个人等各个主体均拿出最大的努力来投入信息安全对策的建设中。

然而,随着重要信息和信息系统对网络空间的依赖程度增加,网络攻击的手法更为复杂、巧妙,威胁也随之增大。在这种情况下,以上各主体即使采用一直以来的应对措施,在应对时刻都在变化的风险威胁时,它们作为社会体系的一部分,也有必要适时适当地进行资源分配,并随时随地地做出灵活能动的应对。

面对网络的脆弱性,日本要提高网络攻击事故的认知能力和事故解析能力,通过促进各机构联系,共享信息,提高对风险威胁的分析能力。强化各主体与CSIRT[1]的联系合作,以及国际CSIRT间的合作等,日本有必要通过这些灵活能动的应对能力,强化风险库的应对能力。

2.2.4 基于社会责任的行动和协作

日本在线下进行的一切活动都已依赖于网络空间,涉及"官公学产民"的各主体都享受到这样的利好。

因而,在网络空间风险日趋严重的情况下,以上各个主体在建设领先世界、强韧而充满活力的网络空间的目标的带动下,有必要自主地积极行动起来,各自采取相应的信息安全对策。

在风险扩散的情况下,网络空间会使危害扩大化,除了以上各个主体制定对策,在面对不法侵害和恶意软件感染以及导致这些情况的网络漏洞时,推出由全社会参与献计献策、预防性的"网络空间卫生"措施就显得尤为重要。

---

[1] Computer Security Incident Response Team,计算机安全应急响应小组。企业及行政机关等,在监视是否发生威胁信息系统等安全问题的同时,在问题发生的情况下进行原因解析和影响范围调查的体制。

所以说，多方利益者在网络空间里有必要一边发挥自己基于各自社会立场的作用，一边促进以国际协作、官民协作为主的相互间的合作共助。

2.3 各主体的职能

目前为止的战略都是由各主体在认识到各自的责任，并在各自分担了与自己立场相应的职能的前提下实施的。具体而言，即实际运用信息安全对策，通过对实施对策的"主体"及其所采取的应对策略、环境整备等进行侧面支援，提示促进问题的梳理和解决的"对策支援主体"应承担的职责和协作方式，从而推进信息安全对策的实施。

另外，在第二次计划制定以后，在强化"事故前提社会"的同时，日本国民与社会已经不再追求信息安全的绝对无误性，树立了"个体"与"社会"的观点，推进了把"信息提供主体"和"信息管理主体"也归入视野的措施。

本战略充分考虑了网络空间与现实空间日渐融合进而一体化的发展现实，考虑到网络空间滋生的风险日益严重化等新局面。给各主体分配职责的时候，把依赖网络空间的各主体看作政策实施对象的同时，也看作对策制定的主体。

依赖于网络空间的多种多样的主体在发挥各自职能的同时，通过相互联合协作，强化由社会全体构成的具有能动性的应对能力也是很有必要的。

2.3.1 国家的职能

国家必须强化其基本机能。具体讲就是，首先必须积极参与规划国际性规范等与网络空间有关的外交活动中。

针对有外国政府参与的网络攻击，行使保护日本网络空间的"网络空间防卫"，采取措施应对网络空间犯罪。

另外，作为重要的信息运用系统，在进行对策强化的同时，希望其采取的措施对其他主体的对策措施有指导性。同时，必须要强化网络攻击发生时国家的应对态势，力图最大限度地减小针对政府机关发生的网络攻击带来的危害。

另外，包括政府机关在内的各个主体，为了最大限度地发挥其职能，国家应该强化作为司令塔的 NISC 的职能，促进包括相关省厅在内的各主体间的协作，同时，必须积极完善制度、开发尖端技术、培养高级人才、提高应对能力。

2.3.2 重要基础设施从业者的职能

在提供服务等方面很难被取代的与国民生活、社会经济活动密切相关的"重要基础设施"一旦遭受网络攻击，引起功能障碍的时候，很有可能给国民生活带来巨大的损害。

因此，日本要求信息通信、金融、航空、铁道、电力、天然气、政府行政服务（包括地方公共团体）、医疗以及物流等领域的重要基础设施从业者在确保信息安全方面具备等同于政府机关的对策等级的措施。而且,这些领域的从业者今后也必须更进一步地完善各自的对策。

另外,日本还存在另一种情况,即那些没被定性为重要基础设施,但若其服务信息体系遭到破坏的话很可能给国民的社会经济活动造成巨大损害的领域。具体来讲,比如智能城市、智能城镇、智能交通控制系统等新型的互联网服务系统,以及在美国已被列入重要基础设施的防卫产业、能源相关产业等。

今后,政府在对这些没被定性为重要基础设施的领域的信息系统进行定位时,要对重要基础设施的范围及其各自特性应具备的对应方式等进行讨论。重新界定重要基础设施的范围后,对新被定性为重要基础设施从业者,一定要求其实施必要的对策。

2.3.3 企业、教育机构、研究机构等的职能

企业、教育机构、研究机构拥有技术信息、财务信息、制造技术、设计图等信息,还有顾客名单、人事信息及学习指导信息等个人信息资料。

重要信息是日本拥有国际竞争力的源泉,当重要信息遭受网络攻击而被窃取、破坏时,很有可能阻碍日本社会经济发展。因此,对于企业和教育、研究机构而言,在它们各自拥有信息安全对策的基础上,政府还希望它们能与其业务托付单位及合作单位保持协作,同时,采取有关网络攻击方面信息共享等集体性对策。

而且,还希望各个主体在采取信息安全对策之际,能够接受第三方专门机构进行的评估、监查,达到经营管理标准,从而加强各自的应对能力。

此外,作为技术开发和人才培养的核心主体,希望企业、教育机构、研究机构在"产官学"联合的形式下,各自协调,为日本建设领先世界的强韧有活力的网络空间而提供高水平的技术和人才。

2.3.4 一般使用者和中小企业的职能

一般使用者和占日本企业全部供给链中心的中小企业,具有高度便利性、业务效率化和服务快速化等特点,日常灵活使用着信息通信技术带来的新的服务。

日本全部人口中大约 80% 是网民[1],企业的互联网使用率几乎达到 100%[2]。需要信息安全对策来保护的对象已经十分广泛,一般使用者的个人计算机和智能手机等已成为安全漏洞的载体,当它们一旦成为网络攻击对象时,很可

---

[1] 根据《通信利用动向调查》显示,推测平成 23 年互联网使用人数合计为 9 610 万人,人口普及率为 79.1%。

[2] 根据《通信利用动向调查》显示,平成 23 年年末,企业互联网利用率为 98.8%。

能会经由网络空间给其他主体带来危害。

一直以来对一般使用者采取的都是"自己保护自己"的政策。今后,对于一般使用者,在沿用"自己保护自己"对策的同时,还要使他们有"不可给别人添麻烦"的意识。

另外,在中小企业中,管理着日本重要信息和系统的从业者们要与重要基础设施从业者和尖端技术持有者之间缔结契约关系,在其各自采取信息安全对策的基础上,共享有关网络攻击的信息。

2.3.5 网络空间相关从业者的职能

构成网络空间的机器、网络、应用软件等,都是由以终端装置制造商、互联网连接服务商、网络管理商、软件开发商等为中心的民营企业来提供的。而且,就连应对网络空间中产生的风险危机所需的工具也都主要由民营企业提供。

直接提供信息安全工具的"信息相关从业者",他们在极力排除自己提供的产品和服务中存在的脆弱性,同时也致力于提高其国际竞争力,他们在努力提供更加安全、安心的产品。因此,在战略中,一直把这些主体放在十分重要的位置。

然而,商品中存在的软件脆弱性,很难在开发阶段就彻底被除掉,而且,仅凭对一般用户等各主体实施的对策,很难全方位地应对网络空间存在的风险。

因此,对于提供涉及网络空间的产品、服务、技术的"网络空间相关从业者",我们期待他们在产品开发伊始就尽量不留下脆弱性,同时,期望他们拿出对策,在产品开发后被发现弱点的第一时间就能采取适当的对策来排除其脆弱性,并通过对网络攻击事故进行认知、解析来防止受害范围的扩大。

另外,现阶段信息安全类产品在很大程度上依赖于外国供应商,国内从事安全方面工作的人员不足,在这种情况下,对于网络空间相关从业者来说,可以一边引进世界最先进的尖端技术,一边通过开发高端技术和产品,培养高水平的信息安全人才,并通过将其活用到信息安全对策上从而打开市场,最终达到提升日本在"网络安全产业"领域国际竞争力的目的。

3. 任务领域

为了构建领先世界、强韧有力的网络空间,实现网络安全立国,日本政府一直在践行"事故前提社会"应对措施,同时还与国内其他主体及相关国家协同共助,2013—2015年朝以下方向努力。

提高政府机关及重要基础设施应对网络攻击的信息共享体制覆盖率;提高CSIRT设置率,减少恶意软件感染率、降低国民的不安全感。同时,还要力求成为针对国际性事故能够联合应对协调的国家,增加三成在应对网络攻击方面能够联合或对话的国家的数量。到 2020 年前要主要达成两点目标：一是国内信息安全市场的规模翻倍，二是安全人才不足比例减半。

另外，在致力于下述工作时，还有必要注意：由于网络安全已经成为世界共通的课题，对有关网络攻击事件和网络安全相关政策的海外动向的调查、分析工作也很重要。同时还要注意与外国进行信息交换，携手进行这些工作。

政府还应当重新审视"为政府机关信息安全对策而制定的统一基准群"[1]《关于重要基础设施信息安全对策的第二次行动计划》（以下简称《第二次行动计划》）[2]《信息安全研究开发战略》[3]《信息安全人才育成企划》[4]及《信息安全普及开发企划》[5]等文件，必要时还需制订新的计划。

3.1 构建"强韧的"网络空间

为确保网络空间的持续性，日本在增强应对网络攻击能力的同时，还应通过提高关于网络攻击事故的认知、解析及事故相关信息共享技能，从而构筑"强韧的"网络空间，加强对网络攻击等风险防御能力和事故后的恢复能力。

3.1.1 针对政府机关等的对策

对于政府机关等主体，应在更进一步提高其信息和信息系统相关安全水准的同时，更加强化其对网络攻击的应对姿态。

进一步提升信息及信息系统相关的安全水准

政府机关为了对有关国家机密等信息及信息安全系统的重要度实施不同程度的信息安全对策，通过确立应对目标型攻击时的风险评估手法，强化政府机关统一机制。在保持规律的情况下采取恰当的信息安全措施进行环境整备，从而保证应对远程办公、BYOD 等多样化国家公务员工作形态。利用社交网络服务向国民提供重要信息时，要以能够"履行日本责任，遵从日本规律"为前提。

采取政府横跨式信息系统强化对策。也就是说，通过借助政府公关平台实现政府信息系统云化，从而建构能承受网络攻击和大规模灾害的政府信息系统基础。在社会保障、税务编号制度等方面，也要谋求政府机关和地方自治体等主体协助、强化管理运用信息等对策。在推进发展电子行政开放数据方面，也要确保有信息

---

[1]《政府机关的信息安全对策的统一规范》(2011 年 4 月 21 日信息安全政策会议决定,2012 年 4 月 26 日改定)以及《政府机关的信息安全对策方面政府机关统一管理基准以及政府机关统一技术基准的测定和运用的相关方针》(2005 年 9 月 15 日会议决定,2012 年 4 月 26 日改定)等。

[2] 2009 年 2 月 3 日信息安全政策会议决定,2012 年 4 月 26 日改定。

[3] 2011 年 7 月 8 日信息安全政策会议决定。

[4] 2011 年 7 月 8 日信息安全政策会议决定。

[5] 2011 年 7 月 8 日信息安全政策会议决定。

安全措施。

对于政府机关信息系统,在设计、制造、设置(安装)等阶段就有必要对其信息安全进行技术标准化,参考对其适合性评价结果。对软件脆弱性的处理和存在危险的技术的利用,以及植入了恶意软件的供应链危机等,都要强化应对方面的准备。具体来说,就是在国际承认的范围内,探讨在下列问题上政府的协调方式:即参考基于国际规格的适合性评价制度,采用为保障国家安全而采取的必要措施。在密码技术上,要推进利用通过安全评价的技术。电子政府的推进要谋求与信息安全对策推进的紧密结合。有关国家安全的重要信息,在本国以外的从业者进行操作时要强调信息的安全性。关于这样的信息,在信息处理业务的外部委托、一般调用及辅助事业等情况下是要有重要事务担保的。除此之外,还要向负责处理网络攻击事故的主管省厅报告,以及促进从业者之间的信息共享。另外,还要构建可灵活运用于上述政府机关的风险评估体系。

与国家有密切关系的独立行政法人、特殊行政法人等,在与政府机构进行工作时,不仅要强化对供应链风险的安全管理,还要强化事关网络攻击的事故认知机制。事故发生时要积极防止事故造成的损失扩大,并向管理事故信息的省厅报告,推进基于法人自主性判断的事案应对处理和相关机构间的信息共享。

充实强化网络攻击的应对态势

大幅度提高政府机关对网络攻击认知和解析能力,充实和强化应对突发事件发生时的态势。

根本性地强化 GSOC[1]的作用,在进一步扩大监视范围的同时,有效地收集监视对象处的突发事件的信息,提高深度解析的技术,整顿组织体系,将攻击手法的分析结果等作为反映强化风险评价手法的体制。在收集突发事件信息和攻击手法分析结果等方面,有必要对成为监视对象的省厅等政府机关以及重要基础设施从业人员等关联机关的共有架构进行整顿。

在事故发生时,强化 GSOC、CYMAT[2]和各府省厅等与 CSIRT 间的合作,并构筑应对突发事件的快速化信息共有和政府一体化的相应体制。目前为止,假定日本发生大规模网络攻击事件,制定初期行动应对策略的同时,也必须强化平常案件发生时的信息收集体制。今后也将强化每年度实施的有府省厅等参与的大规模网络攻击事态应对训练。

在强化政府日常以及紧急态势下的应对能力,促进国际合作方面,必须保证人

---

〔1〕 Government Security Operation Coordination Team(跨政府机关及信息安全的监视和应急调整团)。

〔2〕 Cyber incident Mobile Assistant Team(信息安全紧急支援团)。

才供应和培养。具体而言主要有三种方式:积极录用优秀的外部人才;促进官方及民间、省厅之间的人事合作;加强人事流转。通过以上方式提升可持续开发能力。此外,为了迅速且准确地进行对应处理,需要强化对各省厅等的 CSIRT 要员以及 CYMAT 要员的培养。

目前,针对日本的信息收集活动越发活跃。最近,以窃取行政机关资料为目的的目标型邮件攻击手法越发复杂、巧妙,行政机关的重要信息泄露风险正不断增加。在推进各行政机关紧密合作,以收集、分析、共享与网络空间的反情报活动相关信息的同时,需要强化与外国机关的合作,构筑更为强固的信息保障体系。

3.1.2 针对重要基础设施从业者等的对策

在重要基础设施领域,保证国民生活、社会经济活动以及行政活动等各方面活动稳定运行是不可忽视的内容。需要根据受保护的信息系统的特性,着手制定以政府机关为基准的信息安全对策。

具体来讲,在重要基础设施方面,为了实现相关从业人员风险评价手法的信息安全对策重点化,需要在各个领域把握、评价并对安全基准的制定和变更状况进行风险分析,并通过跨领域协商降低风险,确立可反映在制定安全基准时实行的准则步骤。

在关于残缺信息以及攻击、威胁、脆弱性等相关信息方面,要继续推进重要基础设施从业人员以及 CEPTOAR[1] 之间的信息共享。同时,针对不同行业间难以实现信息共享的目标型攻击,更需要深化和扩充基于保密合同的信息共享体制。此外,重要基础设施从业人员应迅速向其所属主管省厅报告,并根据自主判断向关联机关实现信息共享。这项工作需要在充分考虑个人信息和秘密信息的情况下加以推进。重点是在重要基础设施从业人员、网络空间相关从业人员以及关联 CSIRT 等民间组织间的信赖关系的基础之上,促进网络演习等工作,加强针对网络攻击的合作应对能力。

重要基础设施领域中存在供应链风险。为强化应对风险能力,推动信息安全评价、导入认证体系是很有必要的。具体来说就是,在脆弱性信息和攻击信息的信息共享方面,重要基础设施从业人员等网络空间关联者之间要加强合作,推动 SCADA 等控制系机器和系统的采购,在运用中导入并遵循国际标准评价和认证体系,设立控制系机器和系统的评价及认证机关。

目前在日本,并没有对重要基础设施进行定位。其地位大致等同于现行的十

---

[1] Capability for Engineering of Protection, Technical Operation, Analysis and Response (CEPTOAR),十个重要的基础设施领域的信息共享和分析体制。

个重要领域,其信息系统一旦受到损害将会对国民生活和社会经济活动产生巨大影响。对于存在这一风险的领域,今后应对该基础设施领域进行信息系统定位,并根据其范围以及各自特性,分别探讨应对方法。

综上所述,应在重新审视第二次行动计划的基础上制订新的行动计划。

目前,假想在日本出现大规模的网络攻击事态,在构筑初期应对训练以及事件发生时应对态势的同时,应强化日常以及事件发生时的信息收集和汇总机制。今后也将加强发生大规模网络攻击情况时官方与民间携手应对训练,必要时将参考国外案例,对关联人员实施年度训练,强化出现大规模网络攻击态势时的应对能力。

3.1.3 针对企业、研究机构等的对策

企业和研究机构,作为使日本拥有国际竞争力的源泉,拥有商业机密、知识产权以及个人信息等重要信息。因此均需要强化有关网络攻击突发事件的认知和解析能力,实现对突发事件信息的共享。此外,还需要加强企业海外延伸地的信息安全建设。

中小企业留住信息安全方面的专门人才并对其进行充分的投资变得十分困难,因此有必要强化关于网络攻击突发事故的认知机能的环境整顿。具体来说,就是给中小企业提供信息和对话机制,探讨促进信息安全投资税制等的激励对策,为加强信息安全而配置方便利用的指导工具,并通过灵活运用云技术,促进企业向已确保安全的共同利用系统转移。

在促进中小企业对于突发事件信息的认知分析和信息共享的同时,在网络攻击防御模型以及利用演习测试床并实践防御演习方面,无论是大企业还是中小企业,都需要提升应对网络攻击的能力。

企业研究机构需要提高针对突发事件的灵活应对能力,立足于防止受害面扩大,促进构筑 CSIRT,强化 CSIRT 间的合作应对能力。

网络空间的风险正逐渐增长,企业经营的不确定性高涨,上市企业在遭受网络攻击的可能性方面,需要考虑竞争条件的公平性,以及把风险向投资人公示的可能性。另外还要探讨为鼓励实施公开共享相关信息的激励措施、机制、方法。

此外,对于教育机构,为了减轻初等中学教育学业并本质性地改善和实现教育活动的效力化,通过校务信息化等在学校教育中灵活运用信息通信技术,实现确保包含作为地方公共团体的学校设置者应对网络攻击的信息安全性,并推进信息安全知识的普及。

3.1.4 网络空间卫生

在网络空间与现实空间的融合以及一体化进程中,网络空间中相互依存的各个主体,必须通过预防不法侵入和病毒感染来确保网络空间卫生。但是,风险程度越深,普通网民通过个人努力应对这些问题就显得越发困难。为了加强应对能力,非常需要其他主体积极援助。

每年2月份通过开展"信息安全月"和每年10月份通过开展"信息安全国际宣传活动"等关联活动,对一般网民进行信息安全的综合性普及教育。今后,政府将把保障网络空间的卫生作为国民运动开展起来,例如与设置以信息安全为基础的"信息课程"的广播大学合作,对有贡献者进行表彰,设立"网络卫生日",让普通网民也能够对网络信息安全有充分的认知。

此外,在日常有效普及教育活动方面,在推进对软件脆弱性信息收集和各类互联网定点观测系统合作的同时,探讨日本网络空间的脆弱度和恶意软件感染度等整体倾向性的可视化,构建向普通网民准确传递信息的网络体系。

政府机关和网络空间相关从业人员进行合作,提高对网络攻击的认知、解析技能,让普通网民提高警惕。具体来说,就是通过"网络攻击解析协会"等组织的工作,维持与突发事件信息提供者的信赖关系,并集合各机关的专业能力和收集的信息,在进行深度解析的同时,能够单独应对突发事件,唤起普通网民的警惕性并利用中长期对策探讨和研究开发等活动,强化针对网络攻击的应对能力。

应对网络型僵尸病毒感染,在实施官方和民间共同合作的项目CCC[1]上需要得到ISP[2]的通力合作,而CCC项目还将致力于提高普通网民的警惕。今后将建立数据库,用以记录发布恶意软件等网站信息,并提醒试图登录危险网站的普通网民。通过ISP构筑施行架构,强化对危险网站的检测技能并推进数据库技术的先进化。

在应对潜在恶意软件活动方面,需要开发出能够进行高效并迅速检测恶意软件的技术。网络攻击变得复杂和巧妙,相关风险性逐渐升级。这种情况下,在考虑以信息安全为目的的通信解析的可能性,以及通信的隐秘性等方面,都需要制定可灵活运用的制度。

信息家电、医疗器械、汽车以及通信网络等作为社会基础设施的构成要素,处于以软件进行控制的环境中,如果这些软件发生了故障,就有可能危及人的生命。在这种情况下,需要进行国际化的整合,在探讨实施与上述情况相关的软件脆弱性应对制度的同时,也需要这些器械的提供者向消费者进行软件品质的充分说明,加大对软件品质的说明力度。

3.1.5 网络空间犯罪的应对策略

为了能够应对今后在网络空间中可能发生的各种情况,需要通过提升处理网

---

[1] Cyber Clean Center,网络净化中心。
[2] Internet Service Provider,网络服务提供商。

络犯罪的能力并吸收民间从业人员的建议等方式，应对有可能对国家治安和安全保障以及危机管理产生影响的网络攻击。

具体来说，就是录用有专业知识和能力的人员，通过教育和训练，加强对新技术的研究，强化搜查能力和解析能力。除此之外，通过扩建网络攻击分析中心、网络攻击特别搜查队、非法程序解析中心等，实现对体制的整顿，并充实信息收集和分析用的材料，整顿互联网观测系统的高机能化材料。

重视民间从业人员的意见，创设日本版的 NCFTA[1]，并构建与新型病毒相关的非病毒卖家的信息共享机制，利用"构建网络智能对策防止非法通信合作协议会"等，与民间组织合作，加强信息共享，并加强电子机器等技术信息共享方面的合作，从而促进信息共享。推进强化网络巡察和智能手机应用程序安全性以防止受害扩大的对策，同时，通过让民间从业人员了解到常用网络犯罪手法，进而寻求民间的见解和建议。

为了确保网络犯罪事后追踪的可能性，需要探讨一种措施，了解如何从相关从业人员处取得通话记录并能够实现电子设备鉴定取证。在通话记录保存方面，需要特别考虑如下要素：是否关乎通信秘密、安保方面有效通话记录种类、从事保存通信记录工作人员的压力、国外通话记录保存时间、作为普通用户的国民对此举的各种意见，等等，应在充分考虑以上情况的基础上，摸索搜查网络犯罪时该如何利用这些数据的方法。

在检察以及公安领域，为了妥当地应对网络犯罪，需要强化人才培养监管体制。

3.1.6 网络空间防卫

对于窃取或破坏关键信息（如国家机密）的目标型攻击，作为外国政府武力攻击一部分的网络攻击，以及怀疑存在外国政府参与的国家层面的网络攻击等情况，日本必须作为一个整体来应对这一事态。

具体来说就是，平时强化对网络攻击事件的认知，明确攻击事件发生时的信息收集和共享以及高效解析等关联机构的功能，强化其体制，并加强这些机构间的合作。

网络空间正与陆海空并列成为新的"领域"，与此同时，通过制定政策和调遣部队等业务，作为对现实陆地领域等各项活动的支援，网络空间成为不可或缺的基础设施，确保网络空间的稳定和有效利用十分重要。

尤其是当网络攻击作为武力攻击的一环时，在受到网络攻击的情况下，自卫队肩负应对的任务，为了完成这一任务，自卫队在系统遭受网络攻击的情况下，能够

---

[1] National Cyber Forensics and Training Alliance，国家网络取证与培训联盟。

进行妥善处理就显得十分必要。具体来说，即通过 DII[1] 网络中的态势监视，在模拟环境中进行实践性训练，提高网络防卫分析装置的机能，建立"网络防卫队"（暂定称号）等体制，确保具有高度专业性的人才能够长期稳定地工作以及进行深度研究开发，提升自卫队在网络空间中的能力。

除与防卫相关的系统外，还必须明确以下工作：当重要基础设施遭受信息系统上的攻击时防卫省和自卫队等政府机关该扮演怎样的角色；接收到国外非法通信时网络空间从业人员该如何发挥作用；在包含相互支援条件下需要理清楚各关联机构的定位，整顿必要体制、机密信息等方面的共有系统和制度。同时还需要考虑个别具体的国际法适用问题。

3.2 构筑"有活力"的网络空间

为了确保网络空间的发展，作为应对网络攻击的核心，通过施行产业活性化、技术研发、培养人才及全面普及互联网知识等措施，构筑"有活力"的网络空间，从而实现独自应对网络空间风险的创造能力和知识能力。

3.2.1 产业活性化

关注新兴市场，在海外市场上收集网络攻击动向，对新出现的风险做出恰当而迅速的反应。在网络安全产业方面，日本对于外国技术、服务和产品的依存度较高，需要大力加强本国在网络安全方面的国际竞争力。

高端技术和产品的创造者是处于前沿地位的研究者和技术人员，他们在信息通信技术的普及和提高以及推动这些技术灵活运用方面，起着不可或缺的基础性作用。随着信息通信技术边界的扩大，多领域中实现了服务革新和生产力提高，大数据等带来的创新性商业机会，使信息通信技术的活用变得十分重要。综合以上情况来看，在信息安全对策方面，很有必要对包含高端技术的研究开发、国际标准化和评价、认证等制度进行调整。

具体来说，就是在以 M2M 为基础的智能社区、智能都市、智慧城镇中，通过活用信息安全技术、个人数据等促进新服务的发展，加强安全度较高的设备技术、匿名和密码技术的发展。在不同类不同量的数据方面，通过软件实现网络整体的控制技术，加强开发网络空间上的个人识别技术。

今后，灵活利用信息通信技术的产品和服务，在国际交易中，需要依靠网络安全技术，作为其证明，国际标准化、评价和认证以及信息安全监察的重要性正在与日俱增。因此，为了使日本在国际贸易中处于有利地位，日本需要积极参与制定国际标准。同时，日本有必要支援相关民间部门以调整国内评价和认证机能。具体

---

[1] Defense Information Infrastructure，国防信息基础设施。

来说就是,在云计算服务方面制定国际标准,推进复合机械的国际通用安全条件和安全检证设施。

政府通过采购运用新技术的产品,在促进民营企业进行产品开发、商业化生产并争夺海外市场的同时,培育创新企业。此外,在信息安全领域为了应对国际竞争,需要在国内培育出具有国际竞争力的企业。从这一观点出发,需要促进跨产业和跨组织的合作,对具有潜力的企业进行国际化发展支援。

另外还需要改革可能对实现产业活性化产生阻碍的规章制度。比如把"安全目的再生工程学知识产权法"的适用明确化,以及通过大数据分析实现高层次服务,等等。

3.2.2 研究开发

网络空间所面临的风险,伴随着网络攻击手段的复杂化和巧妙化正发生急剧变化。如果还是按照以前的信息安全对策进行应对的话,很可能无法形成有效对策,造成立案和对策实施延迟。因此,为了应对急剧变化的形势,需要培育具有创新功能的信息安全技术。

具体来看就是,始终以保持和提高日本前沿领域研究开发能力为目的,加快促进研究机关提高网络攻击检测能力和实验检测能力。

其中,对于潜在型病毒,伴随着信息通信技术的发展,对于多样化和高度化的网络攻击,需要明确有效的革新性技术。在密码研究等信息安全研究中导入理论探索的同时,对目前以及今后将会面对的网络攻击进行前沿技术的开发。此外,开发支撑网络安全基础性的半导体元件也十分重要。

出于保护国民信息、权利以及社会体系的考虑,为防止IC芯片出现故障,需要开发相关信息安全对策的前沿技术。同时,因为软件定义网络的普及,如何确保包括构成大数据的个别数据以及处理数据的软件在内的所有网络系统的可靠性,需要进一步进行研究开发。

通过这些研究开发而产生的知识和见解,需要实现产业界、教育界以及政府机关的共享,从而提高日本网络防御能力。此外,上述努力可以对日本整体的信息安全人才培养做出贡献。这些前沿技术将会在全球范围内得到拓展,更会促进日本的产业创新,甚至对于促进世界经济增长方面都会起到一定的作用。

3.2.3 人才培养

日本目前所有行动都要依赖网络空间,如果靠政府机关和企业单方面培养相关人才,那么在面对日益严重的网络风险时会变得比较困难。因此,需要通过灵活运用、扩大和渗透网络空间的信息通信技术,拓展培养国际性人才的视野。

现在,日本从事信息安全工作的技术人员约有26.5万人,缺口大概有8万人。在这26.5万人中,满足必需技能的人才大约有10.5万人,剩下的16万人还需要对他们进行教育和培训[1]。

不仅传统意义上的信息通信技术安保人员不足的问题严重，随着信息通信技术的深度发展，还必须应对新产生的问题，因此今后网络安保人才缺口很可能会逐步扩大，对于人才的发掘、培养和使用会越来越重要。

在积极应对人才数量不足方面，如何确保对在普通教育中无法展现能力的这类人才的培养，是一个比较重大的课题。保证这类人才的培养，挖掘在软件领域拥有独特想法并能自由运用技术的人才，可以通过民间和政府的合作，开展集中研修以及信息安全人才实践技能竞赛等。

提高日本网络安全从业者的技术能力，挖掘和培育突出人才，需要实行社会全体培养的机制。具体来说就是，信息安全人才具有多样性，所要求的技能也因为人才属性的不同而有比较大的区别，通过改善技能标准和自由运用，明确所需要的能力和知识。

基于以上认知，日本需进行如下努力：灵活运用技能标准，充实富于实践性的大学专业教育课程，强化产学合作，改善、新设国家承认的资质和能力评价制度，培养能够满足不同安全等级的多种资质和能力评价制度的信息安全人才。

培养能够活跃在全球领域的人才十分重要，对参加国际会议以及前往国外专业性大学进修的人才给予支持，并推进在日本国内召开国际会议。

人才的挖掘和培养与人才的灵活选用紧密相连。为此，政府机关应身先士卒，进行信息安全人才的外部录用。

3.2.4　知识普及

目前网络空间正全方位渗透我们的日常生活和社会经济活动中。在所有的国民都依存于网络空间的情况下，要以拥有较广阔视野的一般国民为对象，实现网络安全知识的普及。这也将会对高层次人才培养提供基础性保障。

具体来说就是，从初等、中等教育阶段开展互联网安全领域启蒙教育，通过张贴标语海报、开展竞赛等来实现这一目的。此外，在初等和中等教育阶段，根据学生的熟练掌握程度，通过各学科的指导，以要求熟练运用计算机以及熟知信息通信安全等网络信息手段为目的，充实学习活动，并推进包含信息安全的信息道德教育。今后，通过灵活运用软件和编程教育以及电子教科书等，实现教育领域的信息通信技术灵活运用和人才培养一体化。

对中老年群体开展信息安全工作也将日益重要，通过培养信息安全人员，实现能够对中老年群体进行全方位帮助的网络安全环境。除此之外，还需要促进针对普通家庭和年轻人群体的关于网络信息安全知识的普及工作。

---

[1] IPA 试算。

智能设备,尤其是长时间待机、随身携带并维持网络连接的智能手机,使用者的地理位置等信息时常会被使用,在其构造上,因为信息安全策略软件所带有的局限性,所以需要强化个人的信息识别能力。

具体来说就是,随着各方面工作向智能手机上转移,SNS 工具的使用率大幅度增加,如何在智能手机使用方面实行有效应对策略,需要确保相关从业人员的支持与合作。此外,在智能手机的应用程序方面,普通使用者需要加强对风险的认知,还需要构建出让普通使用者对于应用程序进行自主判断的机制。

信息通信技术的迅猛发展,要求普通使用者的认知能力有相应提高。因此,政府机关需要通过建立针对网络攻击的防御机制,以便对信息进行收集并加以分析,以普通人也能够看懂的形式在全国范围内推广。

3.3 构筑"领先世界"的网络空间

为了应对网络空间全球化,日本需达到以下目标:通过强化内阁层面的提案,积极参与制定国际规则、开拓海外市场、支援发展中国家构筑一定的网络安全体系,不断增强可信赖措施,从而构筑"领先世界"的网络空间,强化对全球化战略空间的贡献。

3.3.1 外交

日本一直把确保网络空间的信息自由流通当作基本方针,因此,在能够确保言论自由的同时,日本也享受到了经济发展带来的多种多样的好处。

因为应对全球化危机仅凭一国之力是无法做到的,所以要和共同拥有此方针并尊重民主主义、基本人权、法律至上等这些基本价值观的国家和地区加强伙伴关系,这一点十分重要。因此,即便是在国际层面上,国家也并不应该实施过度的管理和规定,在确保开放性和交互运用性的同时,有必要实行能够促进安全可信网络空间平衡的外交方案。

在利用网络空间行为的国际法的适用性方面,从网络空间要确保一定秩序的观点来看,之前的国际法中关于利用网络空间行为的规定同样非常重要,所以关于联合国宪章、国际人道法等个别具体的国际法的适用问题,也需要继续深入探讨。

在网络空间方面,海外实施的网络攻击可能会有外国政府的参与,但是想要锁定攻击主体却相当困难。因此,为避免诸如误认攻击主体或以超出当事人预期的形式扩大影响而造成的意外情况,有必要切实推进增强信赖的措施。

在继续维持迄今为止实施的与国家或机构之间的双边协议、对话的同时,要扩大和其他国家的协议、对话或意见交换范围。此外还要参与以联合国的相关会议、

ARF[1]等地域性的组织为首的多边协议、会议等。不仅是政府机关,还有多方利益关系人筹办的网络安全相关会议和全球化社区等,都要以"面对面"的形式积极参与。

如果要对网络攻击采取迅速有效的措施,在以日美安保体制为基轴的同盟关系中,美国的协助就显得十分重要。今后,通过网络对话等形式,围绕最近发生在网络空间的各种各样的问题,在与安全保障和经济这两方面相关的紧急问题上达成共识的前提下,应与美国在保护重要基础设施为主的网络空间领域,分享威胁意识,展开共同训练,共同参与国际规则的制定。

3.3.2 国际推广

在全球网络空间中,时常会发生针对网络安全较为脆弱的国家或地区的网络攻击。各国应对网络攻击的技术水平参差不齐,在这一情况下,构筑一定的应对网络攻击的能力,正成为国际社会间的共识,并且也能够更好地抑制网络攻击的发生。

因此,需要构筑 ASEAN(东南亚国家联盟)中各发展中国家与日本共同成长的关系,并积极支援该地区应对网络攻击的能力。

具体来说,包括支援各国 CSIRT 的构建,为它们普及安全管理知识,培养国际网络安全意识。另外,同外国合作收集网络攻击相关的信息,实施能够预知网络攻击的发生并做出应急反应的技术研究开发项目,并扩大该项目的对象国。

推动政府和民间合作应对网络病毒,介绍国内的成功案例、实施共同项目、促进国外网络从业人员的互联网演习。

确保电子化政府的安全性和可信赖性需要实施密码评价项目,并将其成果分享至国内外,促进密码技术的运用。

在国际贸易中,利用信息通信技术的产品和服务需要保障网络的安全性。从产业活性化的观点出发,为了保障日本优势产品如多功能机器(如复印机)以及控制系统等不会受到不利影响,需要构建网络安全的国际化标准以及国际间互相承认的评价和认证体系,对此日本要进行积极的参与和推动。

发展中国家常会以信息安全为名义进行进口限制,并给国产品牌优惠待遇。针对这一情况,在整合国际贸易规则的同时,通过保证国内外相关制度的整合性,促进日本企业的国际化发展。

3.3.3 国际合作

应对跨国网络犯罪,需要加强国际合作。具体来讲,即在继续保持与国外搜查机关交换网络犯罪有关信息的同时,学习与网络犯罪相关的新型搜查手法,并互相

---

[1] ASEAN Regional Forum,东南亚国家联盟区域论坛。

派遣员工,强化与外国搜查机关的合作。

收集证据需要得到国外搜查机关的帮助,要积极地向国外搜查机关申请搜查协助,切实推进国际搜查工作。

在关于网络犯罪对策的国际合作方面,日本曾经缔结了网络犯罪条约,要以扩大此条约缔约国数量为契机,强化法律执行机关间迅速且高效地在搜查共助等方面的合作。

此外,要推进国际合作的信息共享,把握与网络攻击相关的国际形势十分重要。具体来说,即促进 CSIRT 间关于网络攻击信息共享运用层面上的合作,同时,查找并整理出各国与网络犯罪相关的刑事司法制度,在培养网络犯罪搜查和追诉人才方面给予一定的支持援助。

为了避免因为互相不信任而导致的不可预知的情况,需要推进实施增强信任的措施。为此,需要共享基本立场和最优秀的实践成果。此外,为了防止出现全球性的网络意外事件,需要平日里便构建假定情况下的互相联络体制。推进国际共同研究,并进行多国间应对网络攻击的演习,将国际合作作为资本,改善国内和国外网络连接手续复杂的问题。

4. 推进体制等

4.1 推进体制等

NISC 作为日本构筑"具备世界领先水平的强韧并具有活力"的网络空间的司令塔,其机能需要进一步强化。具体来说,即从根本上强化 GSOC 的同时,还要强化其下述功能:收集与网络攻击相关事件的信息,分析并了解网络安全层面国内外趋势以及政府实施的相关策略,将分散于政府机关以及独立行政法人等关联机关的各种职能进行整合,实现灵活应对。在应对国际性的网络意外事件的时候,需要综合考虑作为日本窗口性存在的 CSIRT 的职能。

综上所述,通过进行 NISC 正式员工录用和人才培养等人事方面的管理,改善人才保障和权限等必要的组织体制,以 2015 年为目标进行"网络安全中心"改组。

以促进网络攻击事件的信息共享为基础,实现政府机关和重要基础设施从业人员等关联机关之间的有机合作。因此,在对网络攻击者进行情报保密方面,维持目前方案的同时,需要在考虑到共享目的、共享信息内容以及共享者范围等问题的基础上,制定保密措施。

4.2 评价等

从确保基于本战略实施的各类应对政策以及各政策间有机合作的立场出发,在实现网络安全立国的中长期目标管理的同时,自 2013 年开始,每一年订立新的年度计划以及同网络安全相关的国际战略。

另外,根据国内外环境的变化,在必要的情况下,为确保本战略或在本战略指导下的各类政策的切实实施,或为确保目标管理的可持续性改善,需要实施依照本战略所制定的年度计划评价。该评价体系必须是可纳入国民对于各类政策实施情况进行评价的体系。

（左汉卿译）

附录 世界各国网络安全战略一览表

序号	国家或地区	网络安全战略	公布年份
	欧洲		
1	比利时	《网络安全战略-保障网络空间安全》 *Cyber Security Strategy-Securing Cyberspace*	2012
2	捷克共和国	《捷克共和国网络安全战略(2011—2015)》 *Cyber Security Strategy of the Czech Republic for the 2011—2015 Period*	2011
2	捷克共和国	《捷克共和国网络安全战略(2015—2020)》 *Cyber Security Strategy of the Czech Republic 2015—2020*	2015
3	丹麦	《网络和信息安全国家战略》 *National Strategy for Cyber and Information Security*	2014
4	爱沙尼亚	《网络安全战略》 *Cyber Security Strategy*	2014
5	法国	《法国信息系统防卫与安全战略》 *Information Systems Defence and Security, France's Strategy*	2011
5	法国	《法国国家数字安全战略》 *French National Digital Security Strategy*	2015
6	德国	《德国网络安全战略》 *Cyber Security Strategy for Germany*	2011
7	匈牙利	《国家网络安全战略》 *National Cyber Security Strategy*	2013
8	爱尔兰	《国家网络安全战略(2015—2017)》 *National Cyber Security Strategy (2015—2017)*	2015
9	意大利	《国家网络安全战略框架》 *National Strategic Framework for Cyberspace Security*	2013
10	拉脱维亚	《拉脱维亚网络安全战略(2014—2018)》 *Latvia's Cyber Security Strategy for the period 2014 to 2018*	2014

续 表

序号	国家或地区	网络安全战略	公布年份
11	立陶宛	《电子信息安全发展规划(2011—2019)》 Programme for the Development of Electronic Information Security for 2011—2019	2011
12	卢森堡	《国家网络安全战略》 National Strategy on Cyber Security	2011
13	荷兰	《国家网络安全战略Ⅱ：从意识到能力》 National Cyber Security Strategy 2: From Awareness to Capability	2013
14	挪威	《挪威网络安全战略》 Cyber Security Strategy for Norway	2012
15	波兰	《波兰网络空间保护政策》 Cyberspace Protection Policy of the Republic of Poland	2013
16	罗马尼亚	《罗马尼亚网络安全战略以及实现国家网络安全之国家行动计划》 Romania's Cyber Security Strategy and the National Action Plan on Implementation of the National Cyber Security	2013
17	斯洛伐克	《斯洛伐克信息安全国家战略》 National Strategy for Information Security in the Slovak Republic	2008
18	西班牙	《国家网络安全战略》 National Cyber Security Strategy	2013
19	瑞典	《瑞典提高网络安全战略》 Strategy to Improve Internet Security in Sweden	2006
20	土耳其	《国家网络安全战略以及2013—2014年行动计划》 National Cyber Security Strategy and 2013—2014 Action Plan	2013
20	土耳其	《国家网络安全战略(2016—2019)》 2016—2019 National Cyber Security Strategy	2016
21	英国	《英国网络安全战略：安全、可靠、可恢复的网络空间》 Cyber Security Strategy of the United Kingdom: Safety, Security and Resilience in Cyber Space	2009
21	英国	《英国网络安全战略-在数字世界中保护和提升英国》 The UK Cyber Security Strategy-Protecting and Promoting the UK in a Digital World	2011
21	英国	《国家网络安全战略(2016—2021)》 National Cyber Security Strategy(2016—2021)	2016
21	英国	苏格兰:《安全、保障和繁荣：苏格兰网络可恢复性战略》 Scotland: Safe, Secure and Prosperous: A Cyber Resilience Strategy for Scotland	2015

续表

序号	国家或地区	网络安全战略	公布年份
22	奥地利	《奥地利国家ICT安全战略》 National ICT Security Strategy Austria	2012
		《奥地利网络安全战略》 Austrian Cyber Security Strategy	2013
23	塞浦路斯	《塞浦路斯共和国网络安全战略》 Cybersecurity Strategy of the Republic of Cyprus	2013
24	芬兰	《芬兰网络安全战略》 Finland's Cyber Security Strategy	2013
25	黑山	《黑山网络安全战略（至2017年）》 Strategy on Cyber Security of Montenegro to 2017	2013
26	俄罗斯	《俄罗斯联邦信息安全学说》 The Information Security Doctrine of the Russia Federation	2016
27	瑞士	《瑞士防范网络风险国家战略》 National Strategy for Switzerland's Protection Against Cyber Risks	2012
28	斯洛文尼亚	《斯洛文尼亚网络安全战略》 Cyber Security Strategy in Slovenia	2016
29	克罗地亚	《克罗地亚共和国国家网络安全战略》 National Cyber Security Strategy of the Republic of Croatia	2015
30	保加利亚	《保加利亚网络可恢复性2020》 Cyber Resilient Bulgaria 2020	2016
31	马耳他	《马耳他网络安全战略》 Malta Cyber Security Strategy	2016
32	乌克兰	《乌克兰网络安全战略》 Cybersecurity Strategy for Ukraine	2016
33	欧盟	《欧盟网络安全战略——构建一个开放、安全和有保障的网络空间》 Cybersecurity Strategy of the European Union: An Open, Safe and Secure Cyberspace	2013
亚洲和大洋洲			
1	阿富汗	《阿富汗国家网络安全战略》 National Cyber Security Strategy of Afghanistan（NCSA）	2014

续表

序号	国家或地区	网络安全战略	公布年份
2	澳大利亚	《网络安全战略》 Cyber Security Strategy	2009
		《澳大利亚网络安全战略——推动澳大利亚创新、发展与繁荣》 Australia's Cyber Security Strategy: Enabling Innovation, Growth & Prosperity	2016
3	孟加拉国	《国家网络安全战略》 National Cybersecurity Strategy	2014
4	印度	《有关国家网络安全的政策》 National Cyber Security Policy	2013
5	格鲁吉亚	《格鲁吉亚网络安全战略(2012—2015)》 Cyber Security Strategy of Georgia 2012—2015	2012
6	日本	《网络安全战略——构建一个世界领先、强韧、充满活力的网络空间》 Cybersecurity Strategy—Toward a World-Leading, Resilient and Vigorous Cyberspace	2013
7	约旦	《国家信息保障和网络安全战略》 National Information Assurance and Cyber Security Strategy (NIACSS)	2012
8	马来西亚	《国家网络安全政策》 The National Cyber-Security Policy	2006
9	蒙古	《信息安全规划》 Program on Information Security	2010
10	新西兰	《新西兰网络安全战略》 New Zealand's Cyber Security Strategy	2011
11	卡塔尔	《卡塔尔国家网络安全战略》 Qatar National Cyber Security Strategy	2015
12	新加坡	《国家网络安全2018年总体规划》 National Cyber Security Masterplan 2018	2013
13	韩国	《国家网络安全战略》 National Cyber Security Strategy	2011
14	阿拉伯联合酋长国	《国家网络安全战略》 National Cyber Security Strategy	2014
15	菲律宾	《2005年菲律宾国家网络安全计划》 Philippine National Cyber Security Plan 2005	2005

续表

序号	国家或地区	网络安全战略	公布年份
16	中国	《国家网络空间安全战略》	2016
	美洲		
1	美国	《保障网络空间的国家战略》 National Strategy to Secure Cyberspace	2003
2	加拿大	《加拿大网络安全战略——为了一个更加强大和繁荣的加拿大》 Canada's Cyber Security Strategy—For a Stronger and More Prosperous Canada	2010
3	哥伦比亚	《国家网络安全和网络国防政策》 National Cybersecurity and Cyberdefense Policy	2011
		《网络安全战略创新议程》 Strategic Innovation Agenda on Cybersecurity	2014
4	牙买加	《牙买加国家网络安全战略》 Jamaica National Cyber Security Strategy	2015
5	巴拿马	《网络安全与关键基础设施保护国家战略》 National Strategy for Cyber Security and Critical Infrastructure Protection	2013
6	特立尼达和多巴哥	《国家网络安全战略》 National Cyber Security Strategy	2012
	非洲		
1	肯尼亚	《网络安全战略》 Cybersecurity Strategy	2014
2	毛里求斯	《国家网络安全战略（2014—2019）》 National Cyber Security Strategy 2014—2019	2014
3	尼日利亚	《国家网络安全政策和战略》 National Cybersecurity Policy and Strategy	2015
4	南非	《南非网络安全政策》 Cyber Security Policy of South Africa	2012
5	乌干达	《国家信息安全战略》 National Information Security Strategy	2011

（数据截至 2016 年 12 月，谢永江 整理）